陳明正

著

江山
不能留與
後人愁

財富傳承與
家族憲法

Success is Not to Be a Burden to Inherit and Fortune
is Passed on with Family Constitution

目 錄

推薦序·企業與家族的傳承非常重要　　　　　　陳飛龍　007

推薦序·家族不斷延續，精神傳承為傳承之本　　陳春銅　009

推薦序·送給戰後嬰兒潮的最佳禮物　　　　　　許仁華　011

自　序·家族傳承是一生的志業　　　　　　　　　　　　013

楔　子·妥善安排所有事，是留給家人兒孫最　　　017
　　　　　好的禮物　　　　　　　　　　　陳芝樺

第一章·**財富傳承導論**　　　　　　　　　　　　　035

第二章·**遺囑**　　　　　　　　　　　　　　　　　059
　　　　　從人生自古誰無死到靈魂永生，人不會死　060
　　　　　什麼是遺囑　　　　　　　　　　　　　　066
　　　　　遺囑的方式　　　　　　　　　　　　　　067

遺囑的撤回 071

特留分 072

遺囑執行人 074

兩岸繼承比較 081

毛小孩 082

遺囑的例行性 084

第三章・精神傳承 087

前言 088

自立 讀書 清儉 行善 092

以產遺子孫，不如以德遺子孫，以獨有之產遺 107
子孫，不如以共有之產遺子孫

顏氏家訓 110

精神的力量 115

共時性 120

藝術與音樂 131

誠信 145

忍耐 149

精神三變 153

YEP（Youth Exchange Program） 155

運動 156

第四章 · 信託　　165

信託案例　　166

信託法介紹　　173

信託實務運用的種類　　182

第五章 · 保險　　191

保險契約　　192

保險契約相關之人士　　196

保險之種類　　206

保險節稅　　208

「實質課稅」原則　　210

租稅法律主義　　219

境外保單　　220

第六章 · 家族辦公室　　221

家族辦公室的意義與現況　　222

家族辦公室的範例　　227

家族辦公室的功能與發展　　233

私人銀行　　236

家族辦公室的目標與服務　　238

家族辦公室在台灣　　241

CRS 共同申報準則   251

第七章 · 基金會   255

基金會是典型的財團法人   260

基金會的門檻   261

基金會的營運   261

基金會的節稅   262

慈善與企業   267

第八章 · 家族憲法   275

前言   276

家族憲法的定義   281

家族憲法的內容   284

何時制定家族憲法   286

家族憲法的任務說明   288

家族憲法的成功企業   289

家族憲法的範例   304

第九章 · 意定監護   341

法定監護   342

意定監護   343

監護宣告與輔助宣告　　　　　　　349

意定監護的受託人　　　　　　　　352

監護宣告的必要　　　　　　　　　353

意定監護的辦理　　　　　　　　　356

意定監護制度的十大重點　　　　　359

結語　　　　　　　　　　　　　　370

參考書目　　　　　　　　　　　　375

企業與家族的傳承
非常重要

陳飛龍

　　企業的傳承是最近非常熱門的一個話題，對於克承父業的我，如何能將父親傳承下來的事業基礎予以維持，並繼而擴張，一直是我彌日累夜，焚膏繼晷終身學習的功課。

　　事實上，南僑企業能夠在競爭激烈的自由經濟商場上爭得一席之地，有些經驗及作法確實是可行之計。如本書提到西方百年企業，有絕大多數都採取所有權與經營權分離原則。目前南僑的 11 個事業部中，有 7 位負責人不是南僑的家族成員，確實也在南僑企業中運行多年，且真正獲得實際的效果，奠定所謂百年企業經營權與所有權分離的基礎。

　　南僑 70 年來秉持「以人為本」的價值理念，將「人事公開」、「財務公開」奉為圭臬，傳承南僑企業文化永續經營，關注員工的職涯發展與公司經營目標一致，用人唯才只問能力不問血緣親疏、以專業素養及特質態度為拔擢考量。

　　本書中提到的家族教育暨學習委員會，印證南僑也是靠著不斷的學習，本質性思考、追求徹底、分享知識，通力合作，才有

現今的企業發展，從開創第一塊水晶肥皂開始，做中學，創造條件，有目標的差異化，還有師徒文化（Mentorship）的建立，這也是企業得以傳承的關鍵因素，讓新進同仁能在主管老師的啟發教導下，得以在實務上鍛鍊與精進，最終能讓繼任者獨當一面，開拓發展。

在細譯本書內容時不斷地讓我心有戚戚焉，對於在實戰中累積眾多經驗的南僑企業，我們確實也很樂意分享這些經驗給大家。欣聞本書出版在即，個人藉此機會向明正學弟獻上祝福之意，更相信此書的淵博論述一定會使讀者受益良多，可作為諸多面向的方針指南。

南僑集團會長
第五屆立法委員
第八屆國家公益獎得獎人
陳飛龍

推薦序

家族不斷延續，
精神傳承爲傳承之本

陳春銅

　　宗族是同姓的血族團體，其衍生發展無可限制，顏氏家訓說：「同昭穆者，雖百世猶稱兄弟；若對他人稱之，皆云族人。」始祖原籍同安，復徒居登瀛，自第七氏祖來台，子孫開枝散葉，遍居台北市各處。

　　陳德星堂是陳氏宗祠，始建於清朝咸豐十年（西元 1860年），原址為台北府城核心之地，日據時代（明治 44 年，即西元 1911 年）為建總督府，乃以台北廳大稻埕之前清營地奎碧樓互換，復由宗親鳩資，重建祠堂，如是幾經遷徙，徵收，修建，終以古蹟落定今址。

　　幾年前接下宗祠重擔，首要延續傳承任務，在建築方面，對三川殿的假四垂屋頂、二通三瓜、雙層疊斗、步口石柱的一柱雙龍、木雕的瓜筒、插角、獅座、員光、還有石雕的龍柱、石獅、麒麟堵、龍虎堵、門神彩繪、屏門彩繪、剪黏、泥塑等等工事，無不嘆為觀止；另外文物方面，牌匾、掛匾、柱聯文、碑及其他祭祀性文物，亦是品類豐盛，這些作品處處匠心獨具，均屬大師

之作，無一不是祖先傳承下來的珍寶，念茲在茲，不僅是如何維護三級古蹟，更多的是如何延續宗族命脈，發揚先祖瀛海柏台盛千秋的精神。

　　明正是我的堂弟，從事律師工作多年，對於出生的大家族頗有情懷，躬行孝悌忠信，親睦鄰里族人，自律甚嚴，喜歡學習並且樂於分享。多年前跟我說，他研究許多西方百年企業，發現他們都有家族憲法，所以想寫一本跟家族傳承與家族憲法相關的書。當下我就鼓勵他，因為我們戰後嬰兒潮的這個世代，隨著台灣人口一樣漸漸老化，確實也面臨了傳承的問題，我們都一致同意厚德載物的重要性，咸認唯有奉行祖先道德傳家的精神，才可能讓家族不斷延續，所以精神傳承確為傳承之本，在繁忙的工作中還能利用假日休息時間，完成本書的書寫，誠屬難得。今詳閱該書之內容，不只是僵硬的法律，更多的是充滿故事性，生活性的引述，而且面向廣，針對各種傳承的議題都會深入淺出，引經據典讓大家很容易了解各個議題，對我們有需要傳承的世代來說，實在是非常值得一讀，相信書中所分享的許多知識，都可以做為家族傳承的基石。

良茂機構董事長
財團法人陳德星堂董事長
台北市不動產開發公會理事長
陳春銅

送給戰後嬰兒潮的最佳禮物

許仁華

　　我認識 Joseph 已經 20 年了，15 年前我們一起從圓山扶輪社出來創立華山扶輪社，他就是當初三位創社社員之一，從我擔任創社社長到 3521 地區的成立，這段篳路藍縷的過程，他都是一路相挺，不離不棄，是一位非常正派而且講義氣的好友，他除了在律師這個專業領域相當有名望以外，同時也是多才多藝、能文能武。不僅在運動方面，游泳、騎單車、高爾夫球、保齡球，樣樣精通；同時也是我們華山樂團的創團團長、吉他手兼主唱；而且又寫得一手好書法，特別擅長草書，我們華山的 logo，就是他的墨寶，在現實生活中，他就是一位對生命充滿熱情並且不斷學習的榜樣。

　　從開始研究家族憲法迄今，終於看到他的作品問世，今詳閱其內容，果然是一本底蘊深厚的傑作。本書幾乎算是送給戰後嬰兒潮的最佳禮物，因為我們這個世代現已面臨傳承的議題，而除了財富上的傳承，我們也特別注意到如何教育好下一代的課題，以及祖先所累積之事業要如何源遠流長。

這本書從物質及精神兩方面著手，讓傳承這個課題非常全面，不會只限制於物質上的，可以說是一帖治標又治本的持家良方。而且本書內容豐富，又能引經據典，讓大家能在熟悉的歷史典故中得到很多的啟發，同時書中也呼籲我們大家要終身學習，讓自己的人生發揮到極致，確實也很能振奮人心。

今欣聞本書即將付梓，特別以序推薦，相信讀者都能夠從本書得到很多財富傳承的知識，並且也能讓自己在擅長的領域，持續奉獻一己之力，傳承給下一代，而且也能將所知所學貢獻給社會，讓自己活得更自在，更精彩。

國立台灣大學物理系教授（退休）

國際扶輪 3521 地區 2017-2018 年度總監（第一屆）

美國約翰霍普金斯大學 物理博士

許仁華

家族傳承是
一生的志業

　　戰後嬰兒潮出生的我們，歷經台灣最黃金的年代，親眼目睹台北從良田千畝蛻變而成廣廈萬間，親身經歷台灣經濟從斷壁殘垣掙脫而出衝上雲霄，這中間的物質短缺、通貨膨脹、戒嚴時期、美援時期、加工出口、九年國民義務教育、能源危機、十大建設、工業轉型、兩岸開放等等議題歷歷在目，最終成為亞洲四小龍。

　　在成長的過程中，隨著時間的推移，每個人也歷經國民小學、民國 56 年以前的初中聯考、民國 57 年度入學的則直接讀國中，大家都受到教育的薰陶，中學畢業後無論是繼續參加高中聯考、大學聯考，這批人出了社會躬逢其盛台灣經濟起飛的黃金年代，這中間絕大多數的人，都獲得了比以往的祖先更多的財富。

　　然而隨著年歲的增長，慢慢也經歷周邊親人的離去，一開始是祖父這一輩，再來是父母這一輩，再來就是我們自己這一輩。

　　面對著生死的議題，我們不禁時常想起這一生我們所為何

來，這一生還有什麼未竟之志？

　　阿公阿嬤那一代，生死是一個禁忌的話題，但是當大家對這個議題都保持沉默的時候，生死的問題卻絲毫沒有停止它的運作，正如《沉默之聲》的歌詞談到的「silence like cancer grows」，沉默就像是癌症的成長，除了生死的問題繼續不停地發生以外，沉默的結果甚至引來後代手足相殘的悲劇。在執業的生涯中看到這樣的故事不斷地重複上演，讓我不得不正視傳承這個事情。

　　由於出生在大家族的背景，從小對「家族」這個議題就耳濡目染，加上「傳承」這個使命的催促，所以「家族傳承」就逐漸成為一生的志業。

　　幾經研究發現，西方企業的傳承祕方裡面有一帖良藥，就是「家族憲法」，於是就在一種莫名的使命感催促下，開始著手這本書的誕生。最終發現傳承中的議題既深又廣，它不只是將錢財留給子女，或是一本家族憲法就大功告成的事，更多的是一種生命價值的實現。生命價值的實現就是心性有沒有提升，靈魂有沒有更加粹化的過程，這中間最根本的就是精神方面的、道德方面的，後來發現精神傳承才是整個傳承的根本，因為如果一個人內心的精神力量、道德力量夠強大，真的不必留太多錢財給他，他就應該可以為家族光宗耀祖。基於傳承能夠更全面，我特地將可能涉及的議題放入書中，剛好平常就有閱讀其他書籍的嗜好，同時也有做筆記的習慣，所以有時候討論到某個議題時，就會引用多年的讀書心得，甚至自己的經驗跟大家分享，因為吾少也賤，

故多能鄙事。雪萊所說的:「你有一個蘋果,我有一個蘋果,我們互相交換還是一個蘋果;你有一個朋友,我有一個朋友,我們互相交換就是兩個朋友;你有一個知識,我有一個知識,我們互相交換就是兩個知識。」我想再加上一句:「你有一個經驗,我有一個經驗,我們互相交換就是兩個經驗。」這也是我在家族憲法中特別強調的,要在家族委員會中放入學徒制的原因,盡量不要因為本書的書名有「憲法」兩個字而嚇跑大家。

　　本書花了一年多的時間,剛好碰到新冠疫情的肆虐,讓大家有比較多的時間沉靜自省,現在終於要出版與大家分享,此時此刻純粹就是野人獻曝的心情,衷心冀盼能夠得到各方高人的批評及賜教,並且希望本書的某個章節,某個段落,或是某句話能夠提供給讀者些許的意見與幫助,讓大家在傳承的這個人生畢業論文交出亮麗的成績,把一生所得,無論是財富、知識或是經驗都能夠流傳下來!

陳明正 律師

妥善安排所有事，是留給家人兒孫最好的禮物

跟了一位腦子充滿想法的老闆，我該怎麼做？

我跟服務了 25 年的公司申請退休，那年我 48 歲，不年輕也不算太老，退休只因為我想自己做生意當老闆；我在網路看了一間餐酒館要頂讓，跟前店家聊了幾次後就決定頂下，其實那一年全世界都被新冠疫情的海嘯包圍，朋友都勸我不要做，但是我簡單的認為正因為新冠疫情的打擊，很多店家藉此裁員、重新裝潢、轉型、暫時歇業來節省店租或是乾脆吹熄燈號，於是我學買股票一樣的概念「逢低進場」。但現實來了，我的餐酒館從開幕到結束只經營了半年。

這半年沒賺到錢是肯定的，充其量是打平，我是在環境最糟的情況下創業的，對於一個勇闖叢林的小白兔來說下場應該算不錯了吧，我是這樣安慰自己的。

很快，結束餐酒館後，我丟出了履歷表，通知我參加面試的是一間法律事務所。當天的面試官就是本所的執業律師，他也是本所的所長陳明正律師；我先說明，我不是讀法律的，前一份工作是在媒體業，這裡……我能勝任嗎？在會議室，我與陳律師全程配戴口罩面談，我簡單清楚扼要的講述我前一份的工作內容及相關經歷，陳律師也講述錄取者將要做的事，就這樣在嚴肅的氣氛下完成我的面試。不過，我倒是在面談結束後問陳律師，律師，您知道我的年紀吧？這句話雖然很多餘，因為履歷表上面清楚寫了我的年齡。陳律師說：「我知道，我要的員工只要肯學習我都願意教。」就這樣在農曆年前我收到錄取通知。

到公司後我接受的第一個新資訊是「家族憲法」，其他同事正忙著幫陳律師準備簡報，因為陳律師即將在喜來登飯店舉辦一場演講。我拿簡報內容上網查了一些我認為很陌生的字眼，例如家族憲法、家族治理、家族辦公室……等等，我初步的了解一些。幾天後，陳律師在喜來登飯店的演說，整場輕鬆幽默的氛圍，不時與台下的聽眾互動，演講的內容將複雜的事情簡單表達、簡單的事情有趣表達，真是高招啊，雖然台下的聽眾有醫生、會計師、房產業、金融業、科技公司 CEO，都是社會上金字頂端的高端人士，不論在知識或是事業都有崇高的成就，但陳律師的演講方式選擇用深入淺出的方法傳遞，在一旁協助操作投影機的我，也完全能聽得懂，聽得入神而且欲罷不能的還想聽下去。

重點來了，光是一個家族憲法涉及的層面非常之廣泛，我的功課就是不斷求知、不斷閱讀、不斷學習。但您知道嗎？走進書局，光是單一專業的相關書籍就有幾千幾萬本，假如您本身不懂法律，難道您讀一本六法全書就懂法律了嗎？何況還有複雜的稅務條款等數字方面的專業，這些號稱武林祕笈的書，我很不禮貌地說，用字遣詞賣弄專業成分過高，跩文功夫一流，可能有些讀者還要邊看書邊 Google，這讓我想起我前公司的一段小故事。某日總經理跟各部門主管開例行月會，每個部門主管輪番上台報告當月業績，我們都知道那種會議的氛圍是非常緊繃的，如果業績不好時會更加沉重，其中一個部門主管上台報告時，投影機上

所呈現的內容已經是讓人有看沒有懂了，沒想到他講述的內容更是滿嘴的專業術語，此時總經理已經在忍了，這種報告簡直是對牛彈琴嘛，太不實際了，而總經理看著其他主管頻頻點頭，更生氣了，他們真的聽得懂嗎？

我想表達的是，不管您在公司的位階有多高，學歷有多高，社會地位有多高，一定有一些領域是您不懂的，我的想法是，開會或演講不要用術語表達，例如理專會說：「投資的目標是創造高於 3% 的報酬，但是把儲蓄險、壽險 IRR 攤開來看，都沒有超過 3%。」他認為這些都是常識，但對隔行如隔山的非專業人士而言，這就是在講火星文。

回到主題，我的老闆提出想法時，我要如何協助他執行？

當我走進這間辦公室時我就知道，我要做的工作有多專業。陳律師喜歡閱讀，他常常買書，也固定到圖書館看書，學無止境的風範值得學習。有時他分享他靈光乍現的發想時，我就要快速捕捉，聽重點、聽關鍵，然後寫下筆記，會後不要耽誤，趁印象深刻時趕緊匯集整理，然後再跟陳律師討論。在工作中我接觸了各行各業的職場菁英，並且跟他們一起開會，通常我就是扮演聽眾及紀錄的角色，在某種層面上，其實我也是個學生，講說者即是老師，每天都有免費的課可以上，多好呀，即使我有聽不懂的地方，也盡可能不打斷對方講話從中插嘴提問，我會寫下疑問點再找時間尋求解惑。但是，明明已經是演講、上課、開會、出書

的性質了，為什麼還有與會者聽不懂或看不懂的呢？陳律師發現了這個問題。

我們要做的是提供一個新的觀念，事實上在別的國家早已盛行，在台灣比較不被普及接受而已。華人有些觀念是財產留子不留女，事業傳子不傳賢，我無法批評你錯了，畢竟錢是你的，但是如果想法變通一下呢？

有個數據指出，樂透得主都留不住財富。因為不勞而獲易讓人失去理智，更何況是上億元的不勞而獲。所以要提早規劃不留遺憾。只是台灣人對於錢是敏感的、保守的、神祕的，拚了命握在手中的東西，總有放手的一天。我講一個笑話，一位往生阿嬤的靈魂，在自己的告別式上遊走，看著孝子賢孫為她送行，阿嬤甚是滿意，但突然看到靈堂前自己的那張遺照，阿嬤氣得說：「醜死了，是沒有別張照片嗎？為什麼偏要放這張？」真的很諷刺，明明自己有一輩子的時間可以準備的事情不做，非要到最後假別人之手。這種事有什麼好逃避的，大自然的規律，每個人都要遵守的不是嗎？說了一大堆，總結不就三個字「立遺囑」。

遺囑並非遺言，這個觀念要改一下了

即使你才 30 歲，正常來說至少還可活個 40、50 年吧！

即使你已經 60 歲了，但仍然身強體健，關鍵是還有勞動能力！

但你永遠不會知道，下一秒會發生什麼事，「You never

know」。

　　我們有誰會事先想到，2020 年時，走在路上，所有的人都只有露出雙眼的半張臉，口罩、酒精居然是供不應求的搶手貨？還有最近發生的事情，鐵軌上無端端停放一台從上滑落的工程車，正常行駛的火車在毫無預警的情況下煞車不及撞上發生嚴重車禍，導致車上 49 名乘客枉死，他們什麼都來不及交代，甚至無法好好跟親人道別，留下一堆遺憾永遠消失在這個世界。

錢、利益、權力，是神也是鬼，即使是親兄弟，也不會和諧談判

　　這種為爭財產，家族不合、兄弟鬩牆的事新聞都有報導，把家族紛爭變成宮廷悲劇一樣在播出。家大業大在社會上有一定的貢獻及地位，最後因為分家不均公諸於世，旁人當笑話在看，不知道當事人又是怎麼看的。身前給是財產，死後給就是遺產，不是要你現在就統統分出去，而是建議你提早部署，全世界有近 80 億人，能成為一家人是多美的緣分，手足永遠是關係最親密的，若因為財產分配不均而造成子女間的衝突，一定不是父母所樂意見到的，但這齣悲劇的出品人往往都是父母，是不是很奇怪呢？

創富也要守富

　　你年輕時拚了命建立事業並且有成，下一代也順利完成學

業，年老時也騰的出時間做自己想做的事，一切都很順利美好，但是你老了，是不是該部署如何延續這些順利及美好……，以前老一輩的說要做才有得吃，中生代的常覺得做再累也不一定吃得飽，現在的年輕一代有些不想做只想吃。身為戰後嬰兒潮的一代，正是經歷台灣經濟及政治的黃金時代，真的要好好規劃傳承，所謂「前人種樹，後人乘涼」，留給下一代珍貴的資產，除了期盼家族世代興旺之外，更希望家族的價值和精神也能夠一代一代傳承下去。

說到傳承有太多東西要傳承了，精神傳承、事業傳承、股權傳承、動產傳承、土地傳承、現金傳承……等等，為什麼把現金傳承排在最後，因為現金是一種存量的概念，它會有用完的一天，不管您幾歲，金錢本來就是要規劃使用，年長者，辛苦勞動了一輩子，也該好好享受退休後的生活。我引用網路上的一段俏皮話：「人在天堂，錢在銀行，兒女對簿公堂，老公正在睡小三的床。」雖然又是笑話，但真實發生後，還笑得出來嗎？

對大多數的華人來說，不會想到要寫遺囑這種事，努力工作盡情享樂比較實際，誰想要去煩惱死後的事呢？但，後事的交代影響很大，不可不慎，如果你連問題都看不到，就更別提未來可能發生的風險了。以下我們舉幾個例子。

如果已經離婚了，可以考慮更多可能會發生的問題

　　某位大陸喜劇演員王先生，2009 年與馬小姐結婚育有一雙兒女均未成年，2016 年 8 月 14 日凌晨，王先生透過個人微博發表聲明，宣布和結婚七年的太太馬小姐離婚，表示馬小姐和他的經紀人宋先生存在「婚外不正當兩性關係」、「隱藏、轉移夫妻共同財產」和「破壞家庭傷害家人」，故決定結束夫妻關係；法院公開王先生離婚案判決的結果是，兒子歸王先生撫養，女兒則判給了媽媽馬小姐。

　　我們倒退一萬步來想，如果王先生在離婚後不幸身故，在未立遺囑的情況下，王先生的遺產由誰來繼承？依大陸的法律，子四分之一、女四分之一、父四分之一、母四分之一。問題來了，尚未成年的女兒由媽媽馬小姐監護扶養，女兒所繼承爸爸四分之一的遺產，依法會先由媽媽保管，但媽媽是否會假藉各種名目來動用這筆錢？比方說，以保障接送女兒安全為由，媽媽認為有必要購買一台比較好的車子來開，這台昂貴的車子在送完女兒上課後，有沒有可能車子都是導致夫妻離婚的宋先生在開的？馬小姐雖不是繼承人，實際上確享受了該利益，這四分之一爸爸留給女兒的遺產，會不會女兒還沒成年時，這筆錢早已散盡見底，萬一未成年的兒子也歸給媽媽監護扶養了呢，恐怕馬小姐就是遺產最大受惠者。

兩岸繼承順位大不同	
台灣	大陸
第 1 順位：配偶、子女 第 2 順位：父母 第 3 順位：兄弟姊妹 第 4 順位：祖父母	第 1 順位：配偶、子女、父母 第 2 順位：兄弟姊妹、祖父母、 　　　　　外祖父母

就台陸繼承順位來比較，大陸的繼承順位較符合中國傳統觀念，回饋父母為首要精神，台灣則是有了子女就忘了爹娘。

想做的事，就要做到合法，成為一種永恆的承諾

我們大家都熟悉的羅霈穎（羅姐），在 2020 年意外驟逝，未婚無子女的她所留下來的遺產，也成為外界關注的焦點，羅姐過世後，她的友人在媒體前透漏，羅姐生前曾表示想把上海其中一間房子送給她的前大嫂，但由於沒有立下任何遺囑，依法是不能完成羅姐的遺願。相信羅姐應該會非常遺憾吧。

媽在哪家就在哪，媽不在了，家不是家

前主播李小姐，她的母親於 2017 年 2 月 18 日逝世後，李家隨即上演兄弟鬩牆的戲碼，李小姐上面有四個哥哥，她是家中唯一的么女，據悉，失智後的李母日常生活全由李小姐在照料，而李小姐工作繁忙時，大哥也會協助照護母親。如今李家二哥控告大哥盜領母親存款犯偽造文書罪，李小姐出庭指出，由於大哥最得母親的信賴，母親郵局帳戶存摺由大哥保管，印章則由她保管，她知道大哥領了母親的錢，但該筆錢是大哥領出來支付母親

的醫療費、喪葬費、墓園整修及稅金，兄嫂並沒有從帳戶裡挪用一毛錢做為私用。

問題來了，就法律層面來看，除非李母有明文授權大兒子可使用自己帳戶的錢，來支付自己一切的開銷，否則盜領是成立的，但就家族事件來說，二哥是否太在乎自身的權益，而忽略大哥用錢的動機。

家人是百世修來的緣分，卻為了遺產對簿公堂，日後形同陌路，李媽媽一定相當難過吧。

人最可悲就是求生不能，求死不得

平鑫濤，皇冠雜誌社的創辦人，與第二任妻子瓊瑤結婚 40 年；他在晚年時飽受病痛之苦，治療期間，平鑫濤與前妻的子女為了一隻鼻胃管與瓊瑤阿姨決裂，即所謂的「插管之爭」；當時的平鑫濤已經失去認知，瓊瑤為了是否繼續給丈夫插鼻胃管治療，與三名繼子女意見分歧，但最終平鑫濤還是插了鼻胃管。平鑫濤的子女是想盡力挽救父親的生命，但瓊瑤則認為就算挽救也是讓丈夫繼續痛苦，更何況 2017 年，瓊瑤簽署了「不施行維生醫療同意書」。在那份文件裡寫道：「病人×××因罹患嚴重傷病，經醫生診斷為不可治癒，且有醫學上的證據，近期內病情進行至死亡已屬不可避免，茲因病人已意識昏迷或無法清楚表示意願，且無醫療委託代理人，特由同意人×××依《安寧緩和條例》第七條第三項所賦與之權利，不施行維生治療。」瓊瑤認為

他的子女對那份「不插管」的親筆簽名似乎沒有很在意。瓊瑤在送走丈夫後，在其臉書發了一篇悼念文章，其中有一段話：「插管、插管……幾時休？你很痛吧？你無法抗議吧？你只能被迫接受吧？你沒有人權，沒有發聲的能力，你只能隨人擺布！」

人終其一生，難道連最後的善終權都沒有了嗎？

豪門宮鬥戲，一代傳一代

穎川建忠，可能很多人對他不熟悉，但提起他的父親，6 年級以上的人應該都知道，他是赫赫有名的傳奇商人，香蕉大王陳查某。1959 年，陳查某參與創建味王，之後投資航運、保險、廢船解體及建築業等。1963 年，日本開放台灣香蕉進口，陳查某控制青果輸出公會，壟斷台灣青果銷往日本的通路，並在日本成立株氏會社，行銷台灣水果，開始將自己的事業越做越大，之後致富，曾被列為台灣五大富豪之一。

陳查某死後，其子女爆發爭產，長子陳建忠（改名為穎川建忠）與長女陳惠育、次女陳瑞珠，一同控告么子陳清忠侵占家產。陳查某的遺體停放在陽明山自宅中 4 年多無法下葬。2001年開始，國稅局陸續移送法務部行政執行署執行陳查某的土地、股票、上市公司股份、現金及土地徵收補償金，以清償遺產稅；但因其兒、孫輩等共 11 名繼承人對遺產分配多所爭議，長期無法繳清遺產稅。1997 年，陳查某遺體下葬，歷經 19 年的遺產紛爭及 11 年稅金執行，2012 年，陳查某家族達成協議，繳清最後

一筆遺產稅，結束爭議。

陳查某下葬後，其子女都有不錯的發展，長子穎川建忠事業版圖越來越大，目前仍擔任味王名譽董事長，但卻失智而無法管理名下千億資產。如今，第二代穎川建忠仍健在，但第三代女子卻分裂成二派爭相替父親管理財產，因雙方相持不下，台北地院已對穎川建忠裁定「輔助宣告」，指定台北市社會局擔任穎川建忠的輔助人，協助管理他的千億資產，穎川建忠的二派子女均暫被排除對父親財產的主控權。

代代相傳的竟是爭權奪利？千億資產最後淪為「北市社會局」監管，意思是如要出售、過戶、贈與或重大改變以及購買不動產或投資甚至買車，全都得由台北市社會局同意，穎川建忠的二派子女均暫被排除對父親財產的主控權。

看得到卻拿不到的遺產

日本喜劇天王志村健 2020 年因新冠肺炎病逝。在他離世滿 1 年之際，日媒爆料，因為志村健走得太突然，加上他沒結婚，也沒有小孩，按照日本法律規定，志村健的遺產將由他的 2 名哥哥繼承。然而若要繼承遺產，志村健的哥哥們就要先各自繳納新台幣約千萬元的遺產稅，且 10 個月內就要完成繳納手續。因為志村健過世後，其名下高額的遺產繼承出現卡關，成為繼承人的 2 名哥哥至今未辦理繼承程序，據說志村健的遺產和房產仍處於閒置狀態。

付不出龐大的遺產稅，這情況甚至讓繼承人產生「乾脆全部放棄繼承算了」的想法，最終遺產變成天上掉下來的負擔？所以，不做任何規劃的代價，就是把一生辛苦的結晶全歸屬於——國庫。

無法預知的意外

NBA 球星布萊恩（Kobe Bryant）2020 年因直升機墜毀過世，震驚全球，也讓無數的球迷不捨，他留下的 26 億美元（約新台幣 750 億）遺產，恐讓布萊恩家庭掀起一場風暴。年僅 41 歲的他當然未預料會發生這起意外，因此也沒有立下遺囑，按照美國法律，這筆財產將全歸妻子凡妮莎（Vanessa）所有，布萊恩父母喬（Joe Bryant）與帕梅拉（Pamela Bryant）恐無緣分產。Kobe 的遺產高達 750 億，美國媒體認為恐掀起一場婆媳風暴。

值得注意的是，布萊恩曾和自己的妻子凡妮莎有個約定，「永不乘坐同一架飛機」。相信這個約定的背後一定代表一種特殊責任，如果萬一發生空難，他們不會在空難中雙雙遇難而讓他們的孩子淪為孤兒。既然有這層顧慮了，為什麼不再更多一層顧慮呢？

一個失去人生的摯愛，一個是白髮人送黑髮人的母親，應該是互相取暖，互相安慰的攜手走出傷痛，怎知卻是一場悲劇還沒結束，下一場戰爭恐在醞釀了。

淪落到破產的好萊塢巨星

很難想像奧斯卡影帝尼可拉斯凱吉宣布破產了。根據美媒報導，凱吉的財務管理觀念相當糟糕，除了花光數十億的家產，更是欠稅約 3 億新台幣，他到底是如何花光他的財產？是終日過著紙醉金迷的奢華生活？還是投資失敗？恐怕都是吧，他獨到的興趣及眼光下曾經買過超誇張物品有哪些呢？

恐龍化石、白化國王眼鏡蛇、動物、重機與汽車、豪華遊艇、私人灣流噴射機、巴哈馬小島、多處房地產及城堡，他甚至買下紐奧良史上最令人毛骨悚然的鬼屋「拉勞瑞大宅」，還有乾縮人頭（凱吉的獨特品味不是我們能理解的，就連「死人骨頭」也要收藏，這玩意價格昂貴，用途不詳，有錢人果然想得跟我們不一樣）。

凱吉除了揮霍無度、慾望膨脹之外，他的財務顧問團隊問題也很大，也難怪當國稅局找上凱吉時，凱吉的第一個動作就是解聘他的財務管理人。看看一代巨星的下場，只能說，有錢也不要亂花。

一封跨越生死的情書！妥善安排所有事，是留給家人兒孫最好的禮物

老天對眾生都是一樣的，每個人都是光著屁股來到這個世界，確實有少部分的人，一生得過且過，到老到死都兩袖清風，這樣的人，就當來此世界瀟灑走一回吧！我說的再白話一點，

有人一生努力奮鬥事業有成，財產累積有好幾個億，家族成員也開枝散葉，人生也算圓滿，但是，有這樣身家的人，卻對事先立遺囑有所忌諱，有這麼多歷史教訓，活生生血淋淋的案例，心存僥倖的還是大有人在，對自己對家人都是不負責的行為，一生成功又如何，像長榮集團創辦人張榮發，雖然生前有立下「密封遺囑」，但大房與二房仍上演爭產風波。當遺產擺在眼前時，才真正要考驗手足間血濃於水的感情。

非常抱歉把這些名人的事件當成範例，但我們最終的本意是提醒大家，不要等到將來自己魂歸天國後，自己的名字依然牽扯這些人間的瑣碎事，除了傷心，內心應該也是很崩潰吧。

遺囑是最基本的財富傳承工具，其目的是確保財產能夠按本人的意願進行順利繼承。

如果你希望將來離開這個世界時，所有該交代、該安排的事情都完全按你的本意執行，不能有半點違背或是爭議，不是不行，幾個重要的事項要先懂。公司法、保險法、特留分，這些細節都考慮到了，也事先規劃好了，才能確保身後遺願能夠順利實現，千萬別傻傻的一廂情願覺得寫下來就如同聖旨，就會按照你的交代執行。錯，這是個法治國家，你得照規矩來。

遺囑的面向很多廣，不單單僅談節稅及傳承，談到更多的是——不要造成不甘願。

當我們下決心要完成一件事時，全世界都會來幫你

有人說富不過三代，非也，不好好規劃，恐一代就玩完了。與其指望子女和睦共治，不如及早做好傳承布局。財富要細水長流，家業要世代相傳，凡事先有交代，以免獨留遺憾。無論您是名門望族或者市井小民家庭都該正視並且做好超前部署。約法團隊正在推動「傳承」的重要與必要性，我們幫您規劃傳承，也保障法律的制約，我們的團隊要傳遞的就是您一定看得懂的知識，而不是一本讓您讀了只知其然而不知其所以然的書。我很幸運能加入這個擁抱正能量的團隊，我們不是在製造人要悲觀，大禍隨時臨頭的預言，我們是一群在對的時機，做對的事的人，接下來，請讓陳明正律師帶領的約法團隊帶您進入「傳承之旅——意志留聲機」。

陳芝樺

財富傳承相關名詞

　　保險法：所謂受益人，指被保險人或要保人約定享有賠償請求權之人，要保人或被保險人均得為受益人。（例：張某生前有立遺囑，指定所有財產由唯一的兒子繼承，唯獨保單的保險理賠金受益人為張某的親妹妹。在張某過世後，財產的部分由其兒子繼承，兒子不可依遺囑之意，視保險理賠金為遺產的一部分。必須按保險法之規定，保險公司會依照要保人的意志，讓受益人順利領得到保險金。）

　　特留分：我們可以把它解釋成「法律特別留給法定繼承人的一部分」。也就是說，你的遺產分配再怎麼樣都不能獨留給任何人，法律會強制你必須保留給每一個法定繼承人，你透過遺囑自由分配是有法定上限的。

　　公司法：所稱公司，謂以營利為目的，依照本法組織、登記、成立之社團法人。公司經營業務，應遵守法令及商業倫理規範，得採行增進公共利益之行為，以善盡其社會責任。（例：王某有三個兒子，王某生前所立下之遺囑，指定所有財產由大兒子繼承，包括現金、公司股份、不動產……等等），在不違背「特留分」前提下，可按照王某的意志分配遺產，至於公司董事長職權必須由董事會以全體董事過半數同意選舉產生。）

第一章

財富傳承導論

二次世界大戰（1937-1945）結束後，戰士們卸甲歸田，天下恢復太平，引發了戰後嬰兒潮（1946 年，也就是民國 35 年次以後出生的人們），這批被英國學者封為「享盡特權的人類」，打拼了一輩子，卻還是要面對人生另一波的挑戰，那就是財富傳承的課題，講到財富，當然就得從財富最為集中的西方國家去借鏡。

　　在我們研究西方財富傳承的個案裡面，我們發現有許多的百年企業他們都有一個共通點，就是他們都有一套家族憲法（Family Constitution）。

　　這就是本書要討論的內容，講到家族憲法，總會讓人神經一下緊繃起來，因為憲法這個名詞總會讓人感覺到威權、嚴肅、戒嚴、統治，更何況不是讀法律的人。但是我們要強調，這裡不是國民大會，本書是要跟讀者交換一些知識，分享一些經驗，既然法律是要解決社會問題的，自然應該是要多使用社會尋常百姓用的語言，而不是使用那些只有法律人才懂得的專業術語，本書的目的就是要用最生活的東西跟大家分享，如何傳承您的財富並讓您的傳承能夠一代接一代。

　　真的很湊巧，筆者在 2021 年 3 月 4 日初次演講財富傳承與家族憲法，剛好有提到默克家族，當天早上我就收到一個默克家族的新聞訊息，這是一個很振奮世界的事情，兩大對手罕見合作，全美成人 5 月底前都可打疫苗。默克藥廠（Merck）協助嬌

生公司（Johnson & Johnson）製造單劑新冠疫苗！兩大競爭藥廠為了公共利益合作抗疫，加速抗疫又是只打一劑就可以產生抗體，這是在二次世界大戰之後首次看到這類的企業合作。好事已經開始發生了！加油啊！

在當日演講之前，筆者也向大家分享了這個訊息，並且要利用這次的機會，現在疫情這麼嚴峻，台灣這麼平安，我們大家也應該互相掌聲鼓勵一下，也為默克家族及嬌生公司掌聲鼓勵。

我們希望用很平靜的方式，很社會的語言來切入這個財富傳承與家族憲法的主題，不要很嚴肅，我們正式開始。

我們先從時尚老佛爺開始，他是香奈兒的創辦人卡爾・拉格斐（Karl Lagerfeld），他在 2019 年過世，留下了 3 億美元遺產，結果他要把他的全部遺產給他的繼承人邱比特（Choupette），各位認識這位邱比特是誰嗎？他其實是一隻貓，寫到這裡，我真希望下輩子能成為一隻貓。問題來了，在外國能不能這樣做？像現在目前台灣 10 歲以下的小孩有 304 萬人，毛小孩已經有 262 萬隻，毛小孩快比小孩多了。另外有一個訊息是根據 2020 年 12 月 26 日的《英國每日電訊報》（TELEGRAPH）報導，台灣的寵物數量約 300 萬隻，已經超過全台 15 歲以下的青少年總數，在我們家確實是這樣的，我們家的毛小孩有三隻，確實比小孩多出兩位。類似這樣的事情將來是很有可能會發生的，即便是你的財產不是全部給毛小孩，只是其中一部分，也是可以的，要怎麼做？

就律師的立場而言，我們在跟當事人溝通時，你把你的想法提出，我再幫你規劃。關於毛小孩的議題，本書在後面會有討論。

今天講的家族憲法跟財富傳承是什麼？

孟子說：「君子之澤，五世而斬。」

俗話說，富不過三代，為什麼會富不過三代？我們舉幾個大家耳熟能詳的案例，大家會更明白。

我們都知道長榮集團的張榮發，1985 年，長榮就是世界第一的貨櫃船公司，他擁有大房及二房的妻子，二房妻所生的排名第四的兒子叫張國煒。在阿公阿嬤那一代，「遺囑」是一個不能提到的單字，但是對戰後嬰兒潮的人就沒有那麼忌諱，這是時間差不多的時候就該面對的問題，所以我們姑且就用「發哥給家人的情書」來避諱「遺囑」這兩個字。問題來了，你可以憑一張「情書」就把整個公司給小兒子嗎？答案是不行的，因為公司有公司法的規定，另一個問題，發哥要把全部的遺產給張國煒可以嗎？答案也是有問題的，因為有特留分的問題，這是我國法律的規定，因為特留分的規定很多人會想，這個孩子就是很不孝順，不想留給他該怎麼辦？當然是有變通的方法。

後來大家都可以從新聞媒體看到張榮發身後子孫對簿公堂的情節，但這樣的故事可不只是發生在現今的 21 世紀，翻開歷

史，這樣的事情不勝枚舉。大約 1500 年前隋朝的顏之推寫了一本書叫《顏氏家訓》，其中一段：「人之愛子，罕亦能均，自古及今，此弊多矣。」袁紹的故事更久遠，大約 1800 年前，講的是兄弟鬩牆，「袁紹之地裂兵亡，可為靈龜明鑑也」。這些歷史的教訓就像從鏡子照出的影子一樣，後人應引以為鑑。張榮發或許就是沒有好好規劃傳承吧，家族討論傳承，第一代、第二代坐下來好好溝通協商是可以的，第一代創辦人在杯觥交錯間就可以交代很多事，甚至使出杯酒釋兵權，幫第二代接班鋪路，讓功臣告老還鄉，那到第三代、第四代怎麼辦？回到最原始的層面來看，當你不去面對時，就會產生很多的問題，結論是，發哥創富成功，傳承沒有很圓滿。

傳承的另外一個重點是精神傳承，所謂千金人物享千金之財，如果你有辦法讓你的子孫教育成一個千金人物，日後他自然有辦法享千金之財，不用擔心有沒有留財產給他。

王安，在筆者小時候常聽到這個名字，1955 年王安就已經開電腦公司了。1955 年，那是什麼概念？1962 年台灣才有第一台電視，也就是當我們連電視是什麼都不知道的時候，王安已經在美國製造電腦了，還有比爾・蓋茲也是 1955 年出生，也就是比爾・蓋茲還在娘胎的時候，王安已經在玩電腦了。1980 年王安成為華人首富，為什麼後來「王安電腦」大家聽都沒聽過？實際上他也是因為他的二個兒子吵架不和，造成「王安電腦」這麼偉大的事業無法傳承下去。

為什麼我們要講傳承，它到底有多重要，再舉個例子。在 1901 年美國有位學者 A・E Winship，在〈A Study in Education and Heredity〉這篇論文中他針對二個家族做比對，觀察這二個家族後面七至八代的結果，並寫了一本書《Jukes-Edwards》。一個是愛德華茲家族，愛德華茲本身是一位大學教授也是牧師，信奉基督教；另一個是馬克・尤克斯家族，這個人是開賭場的，對孩子都是放任管教。

　　200 年後，愛德華茲家族人口總數為 1394 人，其中：100 位大學教授、14 位大學校長、70 位律師、30 位法官、60 位醫生、300 位牧師及神學家、還出了 1 位副總統。

　　而馬克・尤克斯家族人口總數為 903 人，其中：310 位流氓、440 位患有性病、130 位坐牢 13 年以上、7 位殺人犯、100 位酒徒、60 位小偷、190 位妓女、20 名商人，其中有 10 名是在監獄學會經商的。

　　在台灣一個殺人犯的平均刑度是 12 年，坐牢 13 年以上，恐怕不只是殺人，還兼放火吧。

　　有部電影《刺激 1995》，描述主角是會計師因為被冤枉而坐牢，進去之後他把圖書館弄得很棒，讓受刑人讀書，有些同在坐牢的夥伴還因此考上一些學歷。說到這，為什麼要做家族傳承，以上這二個家族的例子值得引以為鑑。

　　誰要做家族傳承？就是這本書一開始提到的戰後嬰兒潮

（Baby Booms），指的就是在世界二次大戰後出生的人，美國指的是 1946 年至 1964 年出生的，台灣指的也是 1946 年至 1964 年出生的，但也有一種說法是 1946 年至 1984 年，台灣比美國多了 20 年，這些人的特色是什麼？

1. 受教育。

2. 處於台灣黃金年代。

3. 白手起家。

4. 有信仰。

5. 愛公益樂分享。

6. 人生使命。

小時候聽老師說，三不朽，立功、立德、立言，傳承如果做得好，對你的子孫都有幫助，就像我們前面提到的默克家族，創始人弗里德里希‧默克（Friedrich Jacob Merck； 1621-1678），他如果在 300 多年前知道 300 年後全球會爆發可怕的疫情，而他的家族事業可以幫助全球的人類，這有多偉大啊，有什麼比能拯救全世界人類更偉大更酷的事啊。

如果你是戰後嬰兒潮而且也是企業主跟生意人，那更應該留意傳承這個議題，為什麼我要特別強調企業主及生意人，在此先介紹二首歌，一首是《Happy Birthday》，另一首是《Stand by Me》，這二首歌的版稅都非常高。試想，在工作上若能研發創作出一項產品成為曠世鉅作，不旦可以提升自己的人生高度還可留

名青史，後代子孫更可坐享其成，《Happy Birthday》是目前全球版稅最高的一首歌，這首歌價值 5000 萬美元，光是這一首歌，作者的子孫就分不完了。也就是當個藝術家，不管是唱歌、彈琴、畫畫、作詞作曲，或是拍一部電影，寫一本暢銷小說，都可能因一個作品的完成，就讓您不愁吃不愁穿，但是如果您是做生意的或是企業家，您就得時時刻刻不停地讓企業處在賺錢的狀態，即使哪天您離開了地球到天堂享福，只要您留下您的企業或生意，您的後代子孫就要傳承您的使命，積極努力，照料好您的事業，所以我才特別強調企業主及生意人更應要注意傳承這個議題。

最近我發現家裡的有線電視第 950 台，就是生日快樂歌的專屬頻道，24 小時播放的歌就是《Happy Birthday》。

為什麼要傳承？傳承不能只是針對現金，因為錢一定有用完的時候，甚至國家破產也不無可能，2008 年冰島就曾發生過金融卡領不到任何錢，因為國家破產的情節。除了現金之外更要針對精神傳承、股權傳承、信託傳承、保險傳承、土地房屋傳承……等等，我們都應該事先好好規劃。

另外，除了考量自己的傳承之外，各位也要有自知之明，照顧好自己，養兒防老已經是可遇不可求。大家知道嗎？現在台灣有《病人自主權利法》，以前還有發生病人被孔武有力的看護霸凌的事件，自己都無法反擊，為避免這樣的情況再發生，「意定

監護」就是可以提前做的事；台灣現在平均餘命可活 80 歲，但是跟歐美國家比起來差了 7 年的健康壽命，據統計約有 12% 的人，最後的 7 年會在病榻上渡過，等於說我們的健康餘命在 70 歲到 80 歲的時候，身體可能就會有一些病痛，所以要早一點規劃。各位知道嗎？我們台灣的遺囑能力 16 歲以上就可以立遺囑了，所以不必等到 60 歲、70 歲時才要立遺囑。舉個例子，我有個客戶 A 先生，他是國中老師退休，目前人在美國，他回來找我幫他做財產規劃，他想把他全部的財產分給他所指定的人，我聽完後很替他覺得心酸，為什麼呢？他說他孫子已經 10 歲了，他在他孫子才 3、4 個月大的時候相處過一段時間，之後就再也沒看過他孫子了，他還想留一筆錢給他在澳洲哥哥的小孩，但是這個小孩他從來都沒見過。於是我給他建議，先做「養老專戶信託」，說白一點就是等錢沒花完的再給他們，現在就把財產都分完了，接下來你自己該怎麼辦？他聽完我的分析後也覺得很 OK，我鼓勵他未來的日子還有很多事情可以做，包括自己未來若生病的自主權利，及先決定自己的監護方式、內容及終身的學習。有個百歲人瑞，在他 100 歲生日的時候記者問他，你活到 100 歲了有什麼感想，他說：「我很後悔我 80 歲的時候沒去學鋼琴。」我跟 A 先生說，你現在才 60 歲，想學什麼就去學，免得到 80 歲後悔一次，100 歲時又後悔一次。因為接下來百歲人瑞會越來越多，想做什麼就去做，不要認為退休就是老了。

在美國的小鄉村，有個老奶奶，大家都親切地稱呼她摩西奶

奶，她像任何一個普通的主婦，操持家務，養育了 10 個孩子，繁忙的摩西奶奶熱愛大自然，中意刺繡，直到 76 歲因關節炎不得不放棄刺繡，開始繪畫。

1940 年，她 80 歲，在紐約舉辦繪畫個展，引起轟動。

1960 年，她 100 歲，有個叫春水上行日本年輕人給她寫信，信中寫道他不知該不該放棄那份令人討厭卻收入穩定的職業，想從事自己喜歡的寫作行當，摩西奶奶親筆回信，做你喜歡做的事，上帝會高興地幫你打開成功之門，哪怕你現在已經 80 歲了。這個年輕人就是著名的作家渡邊淳一。

摩西奶奶一生從未接受過正規藝術訓練，但對美的熱愛使她爆發了驚人的創作力，留世 1600 餘幅作品，在全世界範圍舉辦畫展數十次。半個世紀以來，她的畫作穿越了國界，感動的力量從美國蔓延到全世界。

摩西奶奶說：「繪畫並不是最重要的，重要的是保持充實。」

有一次我跟一位曾經擔任過全國總工會理事長的長輩一起吃飯，他的媳婦在安和路靜巷開一家西餐廳，這家西餐廳原本是一位香港藝人開的，後來這個藝人回香港，才由他的媳婦接手，我特別喜歡他們的法式烤田螺。那次吃飯隔壁桌來了四位客人，有兩個中年人陪兩位更年長的夫妻一起在吃牛排，由於理事長是一位非常豪爽，非常好客的長者，他說要過去跟這位兄哥打個招

呼，後來理事長也坐下來，跟他們聊了一會兒。這位兄哥知道理事長想知道到底誰比較年長，誰才是大哥，便拿出他的健保卡給理事長看，一看不得了，這位兄哥是民國 7 年出生的，而理事長是民國 26 年次的，二人足足差了 19 歲。我跟理事長講：「你是幼齒的。」這是 2021 年 3 月，Covid-19 疫情還沒暴發的事，這位兄哥已經 103 歲，還在吃牛排，哇，真的很振奮人心！

所以百歲人瑞的時代已經來臨，在做財產傳承之際，千萬別忘了，你才是真正的男（女）主角，對退休後還有 20 年、30 年的生涯，確實也要有所規劃，將你一生中的豐功偉業，過往經驗一起傳承，才是真正的傳承之道。

大家有聽過「賽斯心法」嗎？它其實是講一些心靈的東西，鼓勵大家去做想做的事。賽斯心法提到，人是來地球出差、旅遊、學習、考察兼玩耍的，直到你回去的那天，代表結束來地球出差的旅程而已。

每次演講的時候，我都會問大家有沒有看過《我就這樣過了一生》、《望海的日子》、《嫁妝一牛車》這幾部電影？這些是楊惠姍跟陸小芬等人演的電影，還有一部《阿嬤的便當》是誰拍的各位知道嗎？大家都面面相覷，搖頭說不知道，當然不知道，因為根本還沒拍，其實是筆者一直想要拍的，只是還沒拍。以前聽我父親說，在日據時代，民國 34 年時，他收到召集令要入伍當兵。當時我們老家在濱江街的四合院，現在這個房子還在，因為它是松山機場的紅線區，所以百年古厝依然矗立在茂密的榕樹

下，看著每天起起落落的飛機往返。然而經過百年歲月的摧殘，早已人事全非、殘破不堪。以前沒有大直橋，濱江街要到大直橋只有一座吊橋，大直到內湖就是一片荒蕪。記得小時候我有一次跟許多兒時玩伴走到江南街，印象非常深刻，就只有一間土角厝，我們還說這裡可以拍武俠片，因為放眼望去，看到的就是紅土的道路，綠色的雜草。而那時候根本也沒有自強隧道，所以要到士林只有從濱江街走到新生北路經過圓山動物園，在台北長大的讀者對此地應該很熟悉，除了圓山動物園，還有陪我們一起長大的兒童樂園及再春游泳池，可以再延著中山北路一直走到泰北中學附近。當時我父親帶著我阿嬤幫他做的雞腿便當及簡單的行囊出發，準備入伍，途中遇到一位同梯的弟兄，他也帶了一個雞腿便當，二個人很開心的把雞腿便當吃完了。第二天碰到一個更開心的事，就是日本宣布投降，吃完便當的二個人就各自回家了。當我在聽我父親講這個故事的時候，我腦中其實是非常有畫面的，我覺得我應該要把這個故事拍成電影，也就是我鼓勵每個人都要寫回憶錄或拍成影像，因為你的子孫一定想知道你的過去，現在科技這麼發達，這些技術並不困難。像我們小的時候照片都是黑白的，只有過年才能拍一次，然後經歷一次搬家、二次搬家，每次都會不見一些照片，只能空回憶那些日子。想留下來的家族故事，你可以把你的風範及德行留給子孫，如果好的話還可拍成電影，拍成電影就可以公諸於世，甚至像我前面提到的版權問題，可賺版權金。

再回來看看前面我們提到的默克家族，他們現在要跟嬌生合作創造二合一疫苗。默克集團創立於 1668 年，1668 年是什麼概念？是荷蘭人被鄭成功打敗棄守雞籠退出台灣的時候，也就是《安平追想曲》的故事，至今 350 年了，這間公司為什麼有辦法存活下來？而且還經歷過 2 次世界大戰。所謂國有國法，家有家規，現在有很多的富一代、富二代……，這種家族應該都沒有成立「家族憲法」吧，默克家族早在 300 多年前就成立了「家族憲法」，為的是家族治理，子女的教育及公司的經營，並任用專業經理人的制度，所有權與經營權的分離。再舉一個大同公司的故事，大同公司董事長盧明光，他 50 年前曾經在大同公司上班，當年他念大同工學院，課餘時間也有在餐廳打工，大同目前已經是第三代在經營了，但是好像經營的不是很理想，就在經過了 50 年之後，大同又把盧明光找回來擔任董事長，想想看，一間公司經營了 100 年，到最後還能想起 50 年前曾經有個非常優秀的員工，如果在 30 年前就把他找回來做專業經理人，或許大同公司也不必如此辛苦經營，每天擔心股票會跌、擔心被股東罵，甚至受到牢獄之災、訴訟纏身，所以有很多歷史的經驗可以讓我們借鏡。像默克家族在 350 年前就有這種觀念，我們為什麼不去學習他們的優點，讓你的家族能夠傳承。然後學習他們「暫時の表親」（Cousin of Time）的制度，是指事業接班人，概念是這個員工在你的事業裡面有所成就及貢獻，你也可以給予他視同家族成員一樣同等的權利及福利，無形中也把你的家族擴大了。

松下幸之助（松下電器創辦人），他有二個小孩，長子松下幸一因病夭折，長女松下幸子，還有一位婿養子松下正治。以前有聽過日本人很喜歡生女兒，為什麼？因為如果是生兒子，結果是個阿斗，你的事業不給他又不行，怕傳承不了，所以生女兒對日本企業家來說是非常可以接受的事情。為什麼喜歡生女兒還有一個原因，因為他可以找女婿，而這個女婿也會是未來的接班人，所以他可以選擇，如果可以就能成為婿養子，婿養子是指在日本，女婿入贅後，女婿變成兒子，女兒就變成了媳婦，聽起來很奇怪，在台灣就不需要這麼做，因為台灣已經可以從母姓了。所以家族只生女兒的也不用擔心，可以透過這樣的方式找到合適的接班人，松下幸之助就有這種觀念。他還有一個小故事我跟大家分享，他小時候有一次經過農田，看到一個農夫在洗甘藷，他看著甘藷在水桶裡上上下下，他當時年紀很小，但他體會到人生就是這樣像起起伏伏，像我們台灣有一首歌叫《愛拚才會贏》，裡面有一段歌詞，人生可比是海上的波浪，有時起有時落。我們只是哼哼唱唱沒什麼感覺，但松下幸之助就非常的有慧根，造就他以後碰到問題都不覺得是什麼大問題。

　　有時人生會在某個階段，碰到某件事情，然後開悟，經過這一段之後你的人生就會到另一個層次，這就是所謂的「王陽明時刻」。各位有聽過「王陽明時刻」嗎？我個人是沒有像松下幸之助這麼小就能夠開悟，我是在年紀大一點的時候有個「豬血糕理

論」。我小時候很喜歡吃豬血糕,當時一支兩塊錢,小時候沒錢吃不起。就在五、六年級的時候,老家隔壁成立了台灣第一家高爾夫球練習場(國賓高爾夫球練習場),我去應徵,經過球場老闆的面試,有了去那裡打工的機會。就這樣,我獲得了人生第一份工作,球僮。

練習場的總經理是大名鼎鼎的林益三,在他 12 歲的時候以竹子做的土制球桿打敗歐美的舶來品,後來受到許丙的支持,到日本深造。曾經在 1937 年得過日本關西公開賽的冠軍,那時候他們用的木桿,真的就是木頭做的,打出去的球都是一直往上竄的球。在我小六那年,他還帶我去老淡水球場跟別人球敘,看到淡水夕陽照射在碧草如茵的果嶺上,讓我大開眼界,長大後才知道原來淡水夕照就是台灣八大景之一。

我們球僮的工作就是客人來的時候,幫他們把球桿拿下來,然後在他們打球的時候,負責把球放在人工草墊上。客人通常先會打 Approach,短桿打完之後我們要負責去把球撿回來,一盒 30 顆球,打幾盒就撿幾盒回來,在撿球的同時,還有其他的客人也在繼續打球,我們必須眼明手快,在撿球的同時練就一番在槍林彈雨中躲球的功夫,每個小球僮都很厲害。在我工作的那二年寒暑假時間,從未有任何一個人被球打到,反而是我的二哥是在長距離的時候被球打到,還在馬偕醫院住院一個禮拜;還有我的一位堂哥在走路回家的路上,一顆飛過圍牆的球直接擊中他的臉頰,瞬間鼻血不止。當年球僮的時薪是 15 元,我把賺來的錢

都交給我的母親，同時母親給我的零用錢也增多了，吃豬血糕這件事，再也不是什麼大問題了。現在隨時要吃一支豬血糕是都可以，為什麼吃豬血糕小時候是問題，長大了就不是問題？因為以前年紀小沒錢，現在長大了吃得起當然就沒問題了。生活中有時候碰到許多問題，其實問題本身不大，而是因為我們太小，這也是人生為什麼要不斷讓自己提升的原因。稻盛和夫在初始創立京瓷公司的時候，因為理工的背景，對如何經營一家公司一竅不通，某日忽然想到以「人心」為基礎開始經營，之後再以「人心」為基礎統一人體內的數十萬億個細胞，讓他們能相互協調運作，繼而發明阿米巴經營管理方式，這也是「王陽明時刻」。

而伊隆・馬斯克，在 2002 年一個下著雨的夜晚，跟大學同學在長途車程中聊天。他的同學問他說：「離開 PayPal 後，你要做什麼？」馬斯克隨口答道：「我以前就對太空火箭感興趣。」車子在黑夜中繼續前進，雖然因為賣出 PayPal 讓馬斯克成為億萬富豪，但開發火箭是多麼燒錢又多麼複雜啊！馬斯克不禁想著：「我一個人能做什麼？我什麼都不會。」聊著聊著兩個年輕人竟異口同聲說：「可是人類總有一天需要到火星去吧？」忽然，馬斯克像得到天啟（Apocalypse）一般開始思考很多問題……。接下來的故事大家都知道了，這個下雨天夜晚的對話，就是他的王陽明時刻，而這一刻的出現，讓馬斯克引領人類發展多星球的居住環境，並準備一步步付諸實現他移民火星的夢想！

在人生的旅途上，總會在黑暗困頓中出現一道曙光，就像瑜珈大師韋達・帕若堤說的：「時間到了，一句話，甚至一個字，對你都有不同的意義。你可能讀過一百萬本書，有一天坐在那兒看著書架上豐富的藏書，不自覺地站起來走向書架，不知道為什麼，伸手把擺在第三排的第十二本書抽出來，信手翻開某一頁，某一行的某一句話映入眼簾，那就是盤距在你心中的問題的答案。」

回到松下幸之助，他到 2019 年的時候採取「所有權與經營權分離」，像我們比照松下企業及默克集團的例子，你會發現，到最後企業一定會走向「所有權與經營權分離」的概念。

接下來再介紹羅斯柴爾德家族（Rothschild Family），他是西方國家一個非常富有，影響力巨大的猶太家族。1967 年有部電影叫《青樓怨婦》，它是當時法國第一美女凱撒琳・丹尼芙（Catherine Deneuve）主演的。裡面有一個橋段，一位青樓女子指著身旁的女主角然後跟她的客人說：「老闆，你能不能買那件香奈兒的衣服送我。」這位客人是一家糖果公司的老闆，回答說：「我又不是羅斯柴爾德。」以前會看不懂這在講什麼，因為不知道羅斯柴爾德是誰，這句話如果換成現代的場景就會說「我又不是王永慶」或「我又不是郭台銘」。

羅斯柴爾德是猶太人，行事非常低調，拿破崙在攻打歐洲的時候，他發現黑森公爵是許多國家軍隊的背後金主，所以他要殺

掉黑森公爵，黑森公爵跑路的時候就把一大筆錢寄放在羅斯柴爾德那裡。後來拿破崙失敗了，羅斯柴爾德就把錢如數並且加些利息還給了黑森公爵，從此羅斯柴爾德在社會上留下了一個非常誠信的名譽，而且有做不完的生意。

之前大陸發生過三聚氰胺毒奶粉的事件。三鹿集團成立於1950年，這間公司做奶粉超過50年，曾經是中國最大的奶粉製造商，連續15年奶粉銷量在中國排名第一名，營業額高達150億，毒奶粉事件後，3個月內讓它從150億掉到負成長，最後公司破產，董事長判無期徒刑，製造銷售三聚氰胺毒奶粉的奶農還判處死刑！大家都要引以為鑑。

羅斯柴爾德也有執行家族憲法，家族還有族徽，是五支箭。在我們小時候的國語課本有這樣一個故事，有個富翁臨終前把孩子全叫到身邊，拿了一把筷子，然後拿一支折斷，二支折斷，三支折斷，拿了十支後就折不斷了，大家應該都有印象。羅斯柴爾德跟他的五個孩子說：「只要你們團結一致，你們就所向無敵；你們分手的那天，將是你們失去繁榮的開始。」有兩個孩子以上的父母記住，這句話一定要跟你的孩子們說。

2021年3月4日，筆者在喜來登飯店演講後，有一位好朋友Karen跟我說，幾年前，羅斯柴爾德家族也有人來台灣訪問過，是一位氣質非凡的第八代媳婦，讓她印象非常深刻。看來，羅氏家族的市場分散，不只是歐洲而已，連我們小小的台灣也被他們

看上，事業版圖原來早已經擴及全世界。

接下來我們就要講法律層面的東西了。

這些縱橫全球的百年企業都有一項共同特徵就是創立「家族憲法」，在法律上有一個東西叫做「法位階」，憲法是最高的，基本上這個概念是下面位階不能違背上面位階，所以有「家族憲法」制定後的事，將來家族或是成員想違背你的意思，這是不行的，屆時就可以像憲法依違憲主張無效的概念。

所以一定要先有「家族憲法」，再來規定各種條款，像我們講傳承，你傳承的是家族成員或是家族企業，如果家族企業成員全是你自己家族的股東，那如果家族成員不是股東該怎麼辦？你要不要分一些給他？如何分？又如果成員不是家族的人怎麼辦？這些都是要先規劃的事情。很多人都是碰到事情後才想到「家族憲法」，舉個例子，二代總裁（家族成員）要退休，如何選下任家族成員侯選人？還有第 4 代年紀最大的將高中畢業，你是不是要考慮他接班的問題，是要讓他從工讀生開始做，還是直接讓他當董事長？這家公司碰到挑戰，要如何改善？就像我前面舉大同公司的例子，建立明確的 KPI，當家族成員之董事會人數不足時，如何建立治理體系、外部人才，「家族憲法」就是在講這個。

家族憲法的目標有幾點：貫徹創辦人的意志、管理好企業資產與安全和平傳承下一代。

重點在「意志」，就像我們前面舉張榮發的例子，到最後整個傳承是他的意志嗎？我跟各位報告，律師跟法官有什麼差別？有人說律師是正義的一方，但實際上，律師也不是什麼正義的一方，保護好人是法官的工作，律師的工作是保護當事人。所以你要把你的意志告訴你的律師，他就會幫你想辦法，做到你要的東西。

　　家族憲法不會只是一部憲法就萬事俱備，就好像我們也不會只是一部憲法就可以管理整個國家，各位如果有看過六法全書就會知道，還需要許多實體法及程序法才能解決實際的問題，甚至還需要透過行政機關自己制定自己的行政命令或規則，事實上這些東西多到沒有辦法編列到六法全書裡面。六法全書的內容只是立法院以上制定的東西，行政機關的單行法規或命令，那就得各別去研究了，所以說我們的法令多如牛毛一點也不為過，所以家族憲法內容玲瑯滿目，有家族憲法、家族治理、家族企業治理、家族信託、家族傳承規劃……等，還有一個叫家族辦公室，當家族成員很多的時候，就需要成立家族辦公室來規範所有的事，不是只有法律而已，例如如何投資藝術品，如何品嘗紅酒，當然還有會計師或律師的一些例行的工作，這些都是家族辦公室可以做的。制訂家族憲法的好處是你可以把家族跟企業的利益結合在一起，從倡導到同意執行的時間上大約要 1 到 2 年的時間，執行之後約 3 到 5 年要重新評估一次。

家族憲法的制定，不會是爸爸跟兒子關起門來閉門造車，而還要第三方或顧問的共同制定，第三方或顧問的作用是什麼？有很多種，除了律師、會計師之外，更重要的是企業顧問，因為公司如果經營不好怎麼辦？難道要收起來，不，當然還是信任專家，就像專業經理人，透過專業經理人的規劃，才能改善這間公司接下來要走的方向。我們拿《中華民國憲法》跟家族憲法做一個比較，例如前言，「依據孫中山先生遺教」，就變成「依據陳某某之遺教」；國旗，「青天白日滿地紅」，變成「羅斯柴爾德拳頭握五支箭」；權利義務，「平等權」，變成「血統、姻親、暫時之表親」；組織，「國民大會」變成「家族大會代表」；「立法院」變成「家族立法委員會」；「總統」變成「族長」；「行政院」變成「家族行政委員會」；「司法院」變成「家規委員會」；「監察院」變成「家族監察委員會」；「考試院」變成「家族教育委員會」。這樣的概念一定可以幫助你的企業上軌道，把規則都訂清楚，就不用擔心兄弟鬩牆。兄弟鬩牆在結婚前都還好，若是結婚後會更嚴重；小孩在小的時候就要教了，千萬不要等到翅膀硬了才教；什麼堯舜之道都不及夫妻間床頭的細語，夫妻間講一句話勝過一切的大道理；或者你要教育你的小孩，叫菲傭去跟你的小孩講都還更有用。傳承不止是錢，精神傳承才是最重要的。

　　家族憲法的門檻是怎麼訂的，未成年人？姻親？股份數？人數？選舉人票數？要用多少的比例來做多數舉？100%是行不通的，像台灣現在有很多都市更新計畫，其中協議分建要等到

100%才能核建，那就是 100%的難度。我再舉個例子，看 Youtube 上隨便點一首江蕙的歌，這支影片有 1 萬人點閱，其中有 8 千人按讚，另外 2 千人按倒讚，這 2 千人是覺得江蕙唱的不好聽嗎？還有郭泓志對教士隊的比賽影片，連續三個人都被他三振，但還是有一堆人按倒讚，我就不懂這些人按倒讚是什麼意思？所以要達到 100%確實不容易，看是否訂個 60%或 70%做門檻，做為一個以後要訂定家族憲法及家族法令的一個依據。那未成年要怎麼辦？未成年可以旁聽，等到他 20 歲後可以做一個成年禮，批准契約不是一個複雜的政治過程，通常是一個慶典的過程，也是年輕一代參加這些慶祝活動的成人禮。家族會議也可以用輕鬆的形式進行，例如先辦一些趣味的活動，若是愛打球就打球，喜歡打麻將就打麻將，輕鬆過後再進入家族會議的程序。

家族傳承一定要配合遺囑的訂立，遺囑要符合法律要式性，種類有自書遺囑、公證遺囑、代筆遺囑、密封遺囑、口授遺囑。自己寫遺囑可以，但要合乎法律的規定，要如何訂一個沒有爭議的遺囑，這個必須跟律師討論。遺囑若不是在法院或公共場合立的該怎麼辦？遺囑的重點不是你怎麼寫，當然是寫你的意願，重點是誰要來執行？對遺囑內容有不服從的家族成員，律師要有辦法解決讓對方接受，這才是重點。目前在台灣的社會上有幾個例子可以供我們參考。張榮發先生的密封遺囑案件中，看見了過分簡要的遺囑，將造成更多的混亂，王永慶則是生前安排不夠，各

位知道嗎？王永慶的股權信託到現在還不斷的再幫他的子孫賺錢，為什麼還要告來告去，因為沒有一個遺囑執行人，才造成子孫都在吵架，在寫遺囑時，通常會寫什麼東西要給什麼人繼承，但繼承人本身就是利害關係人，通常是要找律師或會計師陪同，如果自己處理，通常是會出問題的。我們導論的部分就先講到這些，先概略講一下家族憲法的概念，詳細內容下面的章節會再陸續提到。這一章我們就用張載的橫渠四句：「為天地立心，為生民立命，為往聖繼絕學，為萬世開太平。」及好萊塢明星馬修‧麥康納所言：「當我們離開這世界時，關於我們所留下的隻字片語，將永遠代表我們。」當作本章的結尾。

第二章

遺囑

從人生自古誰無死到靈魂永生，人不會死

人類的歷史，無論你是從演化的角度，與黑猩猩共同祖先分支出來的 500 萬年；或是盧貝松來台灣拍的《露西》，320 萬年前的人類始祖；還是大約 250 萬年前開始的舊石器時代、約 50 萬年前的北京人、解剖學上東亞最早的現代人柳州人約 10 到 20 萬年前、尼兒德塔人約 2 到 3 萬年前、山頂洞人 1 萬 8000 年前、5000 年前的仰韶文化、4700 年前的黃帝、3000 年前的甲骨文殷商文化及古埃及文化⋯⋯這些曾經來地球出差、考察、學習、旅遊兼玩耍的人類，可能有幾個兆，甚至京、垓、秭⋯⋯之多。如恆河中的所有沙粒，數量之多，不可計數。這無可計算的人類到最後都要離開地球，這個以我們物質世界的說法就是死亡，「萬物所異者生也，所同者死也」，所以死亡是真理，是必經之路，但死亡有那麼可怕嗎？

古埃及人相信生命的循環就像是太陽的輪迴過程，死亡不是結束，而是另一個生命全新復甦的開始。

基督教與天主教認為人都有一死，死後還有審判，一個人只要誠心悔改，承認自己所犯的罪刑，信仰上帝還可獲得永生。

佛教認為生死更生，反覆循環，六道輪迴。

道家說：「人之生，氣之聚也，聚則為生，散則為死，故曰通天下一氣耳。」死亡不是生命的終結，而是物質變化的結果。

回教《可蘭經》說：「每一個生命之物都要嘗到死亡的滋

味。」死亡是今生過渡到後世的一個階段。

其實,人,不會死,死亡根本就是一段靈魂脫離肉身的過程。

矢作直樹(Yahagi Naoki),一位東京大學的醫學教授,因為遭遇車禍及山難的兩次生死交關,而有了瀕死經驗,對於讓自己的母親一個人獨居,最後因為心肌梗塞而孤獨死於家裡的浴缸,一直愧疚在心上。

在 2009 年一次偶然的機會,他的一位具有某種強烈感應力的朋友告訴他,他的母親很擔心他,想找他說幾句話,後來有了透過這位朋友與母親靈魂對話的機會,母親告訴他,每天晚上他的合十祝禱母親都看到了,母親也說她自己也看到外公、外公、阿姨,而且也一直守護著家人。

出於愧疚感,他還問母親說:「媽,您是否覺得在您生前,我應該強迫您跟我住在一起?」

母親說:「我覺得沒那個必要耶!」

「可是,最後您已經行動不便了,不是嗎?」

「我還沒到行動不便的程度啦!」

原來他對母親孤獨死去的愧疚感,是因為母親簡單的幾句話,立刻讓他得到被原諒的感覺。

艾妮塔‧穆札尼(Anita Moorjani),一位住在香港的印度裔女子,在得到癌症被醫生搶救後宣告不治又復活,經歷瀕死經驗後,也提到了與死去的父親相遇的過程,因為她與父親的關係一

直不好，父親在生前曾幫她安排婚姻，就在婚禮前，她逃婚了。

這件事讓她們家在親友面前抬不起頭來，終其一生一直對父親感到很愧疚，直到她跟父親在另一個世界再度相遇，才知道父親對她的愛，是完全純粹無條件的愛（Pure and unconditional love）。

也讓她得到比原諒更有價值的釋懷。

伊曼紐‧史威登堡（Emanuel Swedenborg, 1688-1772）出生於瑞典，是一位在科學領域與英國的牛頓同樣出類拔萃的天文學家、機械工程學家、土木工程學家、醫學家，在科學與醫學領域的成就超乎想像。大家熟知的左右腦功能的不同，就是他眾多的發現之一。在 1744 年 4 月 6 日的夜晚，史威登堡因全身猛烈顫動而跌落床下，清醒之後突然感覺有一位聖人在他身邊，於是他開始祈禱，並且和耶穌對話。後來他放棄科學，還出了一本《靈界記聞》（Spiritual Diary），談到死後世界的時間和空間感不同於人間，想去之處瞬間可達，欲見之人當下即見。

在 18 世紀的年代，公開他能夠自由往來於人間及靈界，以及可以知道往生者的去處，這個說法是震驚全瑞典的。最後連瑞典皇后都透過他與死去的哥哥通靈。

《賽斯資料》（Seth Material）是來自一個名為賽斯（Seth）的靈體，這個靈體曾經以人類的形體在地球上輪迴幾次，現已不具形體，居於多次元實相中，在 1963 年開始透過靈媒珍‧羅伯茲（Jane Roberts, 1929-1984）通靈口述，給其夫婿羅伯特‧巴茲

（Robert Butts）留下大量的訊息，就是《賽斯資料》。這些資料保存在美國的耶魯大學，是新時代一個非常重要的思想，在台灣經過一位正統醫學院出身的許添盛醫生發揚光大，目前已經蓬勃發展，這當中也談到了輪迴，珍・羅伯茲（Jane Roberts）與羅伯特（Robert Butts）這一世是夫妻，前一世是父女。

布萊恩・魏斯（Brian Weiss）是一位耶魯大學的醫學博士，精神科主治師，在臨床治療病人時透過催眠的方式，赫然發現他的病人凱瑟琳（Catherine）曾經歷經 86 次的輪迴：「人之所以要到世間以肉體形式存在，是為了做事或還債。人來到世間只記得這一生的境遇，而忘記了前生的境遇。在一生中，每一個人都會有不好的習氣嗜好，如貪婪、好色等。你必須要在這一生中克服這些習氣，否則習氣會帶到下一生，而且在下一生會更嚴重。債務也是一樣。前生未還清的債務也要帶到這一生來還，而且要還得更多。只有這一生還完了，下一生才能比較輕鬆自在。你下一生的生命境遇，完全是你自己造就的。」以上是魏斯醫生的現場錄音。

凱瑟琳對前生輪迴的經歷述說了很多，都詳細記錄在魏斯醫生發表的著作裡。她說自己總共在地球上輪迴已經 86 次，時間跨度四到五千年，地理跨度到全世界各國，有義大利、法國、德國、俄國、西班牙、埃及、摩洛哥、美國、日本等等；做過男人和女人；做過士兵、教師、女僕、奴隸，和貧民等等。

而魏斯本人更從凱薩琳口中得到他父親和只活了 23 天便逝

世的兒子訊息，原來兒子僅僅活了 23 天是為了來償債，為了讓魏斯明白醫藥的限制，要他回到心理治療這個領域，當他從凱薩琳口中得到這個訊息，他是非常震驚的，但是同時他也感到一股巨大的愛，讓他不再有死亡的恐懼，不再害怕自己的去世，也比較不怕失去他人，雖然還是會很想念過世的親人。但當你真正明白生命的真正目的，就不會再像其他對死亡感到恐懼的人類一樣產生中年危機，並做出與年輕人發生婚外情，甚至去整容讓自己變年輕等等行為；同時也明白必須和別人分享所學所知，完成人生該完成的德行與功課，再進化到另一個不同的空間。

從以上的宗教觀以及受過現代科學訓練過的醫師、科學家等專業人士的親身體驗所提供的案例，幾乎可以確定一件事，就是人不會死，靈魂永生，人類來到地球，有地球的功課要做，功課做完就要交作業，這不只是我們生為人類應該要完成的事，同時也是將一生的愛傳承給後代子孫要完成的事。

相信各位讀者了悟到生死的真面目時，就會以更積極、正向的態度來面對「立遺囑」這個課題。既然死後還有另一個世界在等著你，那死亡就不是一件可怕的事。

當大家真正明白死亡的意義，就會明白「氣變而有形，形變而有生，今又變而之死，是相與為春秋冬夏四時行也」。也會明白為什麼莊子的妻子死亡，莊子卻鼓盆而歌。有瀕死經驗的艾妮塔再度回到人間，述說著死亡的經驗：「我覺得病床上那具了無生氣的軀體，似乎跟我毫無關係，甚至不像我自己的身體。我所

有的疼痛、悲傷與憂愁都煙消雲散了，這是全然的無拘無束，我從未有過這種自由的感受，從來沒有。接著我有一種被環抱的感覺，我只能說，那是一種純粹無條件的愛，甚至用愛這個字尚不足以形容。我沐浴在這股能量之中，覺得煥然一新，心中充滿了歸屬感，就好像我終於擺脫了多年來的掙扎、痛苦、焦慮與恐懼。那是一種回家的感覺。是的，我終於回家了」。

就如同賽斯所說的，我們既然是來地球學習、旅遊，當你結束這段旅遊時，是不是應該要做一個「Check Out」的動作，把旅店的帳單結算清楚再離開，這應該就是遺囑的真正意義。

或許有人會說我是「無神論者」，如果你是無神論者，萬一發現死後並非只是一片虛無，或是死後忽然後悔沒有把後事交代清楚，改變心意要補立遺囑，那你就更應該立遺囑。

根據一項聯合國的統計，調查了三個世紀 300 位傑出的科學家，不信神的只有 20 位，明確信神的有 242 位。但不信神的如愛因斯坦，他自己也說他只是不相信有一個「人格化」的神，但卻相信宇宙有一個令人驚嘆的、神祕的、有組織、有規律，但令人難以理解的法則。

古希臘羅馬帝國的斯多葛主義（Stoicism）所提倡的生活哲學有一種心法練習，就是思索自己的死亡。「就當自己已經死了，你已經過完一生，然後帶著剩下的人生，好好過日子」，「Memento mori（記住你是凡人）」，你會更加珍惜你的人生和所

愛的人，你的日子也會過得更精彩，因為你不會再將所有的一切視為理所當然，反而會更加欣賞並細細品味每一分每一秒，馬可·奧理略（Marcus Aurelius）建議大家每日提醒自己：「當你清晨醒來，想想能夠活著呼吸，去思考、去享樂、去愛，是何其珍貴的一項恩典。」

正向的面對死亡這個議題，你就會更正向的完成遺囑這件事。

大津秀一在《死前會後悔的 25 件事》中有一項就是「沒有決定如何處理遺囑」，為了避免等到死後才由家人處理，又會導致紛爭，所以關於遺產與遺囑，最好立刻著手進行。

什麼是遺囑

遺囑是遺囑人生前依照法律的規定，對他的財產以及其他事物做一個處理方式，然後會在死後發生法律效果，在法律上遺囑是一種所謂的單方行為。什麼叫單方行為，在法律上有很多不同的法律行為模式，像我們一般看到的是雙方行為，比方說契約，例如說你早餐吃漢堡，那麼你跟店家就產生一種買賣的契約行為，一個買方，一個賣方，賣方提供你食物，你提供他對等的金錢關係，一般就是這樣子。但是遺囑是沒有相對人的一種單方行為，就是說只要你說了就算數，也不用對任何人做意思表示，也不需要得到任何人的承諾，所以遺囑根據法律的規定是可以自己寫的，不需要得到任何人的同意。

根據我們中華民國法律《民法》的規定，遺囑能力是 16 歲，就是滿 16 歲就可以立遺囑，這跟我們一般理解在刑事責任上是 18 歲成年，跟舊《民法》成年人 20 歲是不一樣的，為什麼 16 歲就可以立遺囑，可能是立法者考慮到覺得人生無常吧。實際上，世界各國的人對於立遺囑的年齡也都有不同的規定，從 14 歲到 21 歲都有，所以我們國家對於 16 歲就可以立遺囑，跟其他國家相較看來，其實是差不多的，像西班牙及奧地利的遺囑能力是 14 歲就可以了，英國要滿 21 歲，美國要滿 18 歲，我們台灣的法律對遺囑的能力未做修改，但是要注意的是，一般人還搞不清楚，到底成年人是 18 歲還是 20 歲，所以在 2020 年 12 月 26 日，我們中華民國立法院已經修法，把《民法》成年人 20 歲的年齡降為 18 歲，從 2023 年 1 月 1 日開始正式實施，所以只要年滿 18 歲，不管在《民法》或是《刑法》上就是具有完全行為能力，也就是說所做的事情，不管在《民法》或是《刑法》上要自己負責，但要特別注意，投票還是要年滿 20 歲，因為投票是依《憲法》130 條的規定，這部分還沒有修改。

遺囑的方式

　　遺囑發生的法律行為效果很大，會影響到您的子孫的許多權利，所以法律為求慎重，規定要求要有「要式性」[1]，也就是說

1　要式行為是指依照法律規定，必須採取一定形式或履行一定程式才能成立的行為。

我們《民法》上面的遺囑，一定要按照《民法》關於遺囑規定的方式，目前法律規定就是第一章提到的那五種方式：自書遺囑、公證遺囑、密封遺囑、代筆遺囑、口授遺囑。

為什麼叫「要式性」？這個法律行為一定要有一個形式上面的東西，這也是在《民法》〈親屬篇〉跟〈繼承篇〉裡面講到的，關於遺囑方式特別的規定，很多人都以為契約一定是白紙黑字的書面，其實不是這樣的。就像我前面講的，你去吃一個漢堡，這樣的一種買賣，是不需要任何買賣契約來成立，《民法》上的法律關係絕大多數都不需要白紙黑字的，但是遺囑為求慎重，所以這五種遺囑裡面，都要根據不同的要件。基本上，大家如果有看法條，你會發現，每個遺囑的方式規定的形式上的「要式性」都不太一樣。比如說自書遺囑，自己寫，也不需要有人在現場，所以沒有見證人；公證遺囑及密封遺囑就要有 2 個見證人；代筆遺囑要 3 個見證人，因為有 1 個人要幫忙寫遺囑，口授遺囑用講的，但也是需要有 2 個見證人。關於這 5 種遺囑的方式，我們做一個簡單的表格。一定要按照表格上的方式才符合遺囑規定，未按照表上所列出的方式，就不是遺囑。

我國遺囑種類一覽表

遺囑方式	法定要式行為	公證人	見證人	簽名或按指印
自書遺囑	1. 遺囑人須親自書寫遺囑全文。 2. 載明立遺囑時之年、月、日。 3. 遺囑人親自簽名。 4. 若有增減塗改，須註明增減塗改處所及字數，另行簽名。	0	0	1. 須親筆簽名。 2. 不能使用蓋章或按指印代替。
公證遺囑	1. 指定二人上見證人。 2. 在公證人前遺囑人口述遺囑意旨。 3. 由公證人筆記、宣讀、講解。 4. 經遺囑人認可後，載明年月日。 5. 公證人、見證人、遺囑人於封面同行簽名。	1	2	1. 遺囑人不能簽名，由公證人記名事由，按指印代替之。 2. 《民法》第三條印章代簽名之規定不適用，故不能使用印章。
密封遺囑	1. 遺囑人於遺囑上簽名，將其密封。 2. 於密封處簽名，指定二人以上見證人。 3. 向公證人提出，陳述其為自己之遺囑。 4. 由公證人於封面記載遺囑提出之年月日及遺囑人所為之陳述（含非自己書寫應載繕寫人姓名住所）。 5. 公證人、見證人、遺囑人於封面同行簽名。	1	2	1. 遺囑人須在遺囑上、封縫處及封面等三處簽名。 2. 不能使用印章或按指印代替之。

遺囑方式		法定要式行為	公證人	見證人	簽名或按指印
代筆遺囑		1. 指定三人以上之見證人。 2. 遺囑人口述遺囑要旨。 3. 見證人中一人筆記、宣讀、講解。 4. 遺囑人認可後記明年月日及代筆人之姓名。 5. 見證人全體及遺囑人同行簽名。	0	3	1. 遺囑人不能簽名，可按指印代替之。 2. 《民法》第三條印章代簽明之規定不適用，故不能使用印章。
口授遺囑	筆記口授	1. 指定二人以上之見證人。 2. 遺囑人口授遺囑意旨。 3. 見證人中一人將意旨據實作成筆記並載明年月日。 4. 見證人同行簽名。	0	2	1. 遺囑人不須簽名或按指印。 2. 筆記口述遺囑之見證人須在遺囑上簽名。 3. 錄音口授遺囑之全體見證人須在密封的密縫處簽名。
	錄音口授	1. 指定二人以上之見證人。 2. 遺囑人口授遺囑姓名、遺囑意指及年月日。 3. 見證人全體口述遺囑之為真正及見證人姓名全部予以錄音。 4. 將錄音帶當場密封，記明年月日，由見證人全體在封縫處同行簽名。			

遺囑的撤回

有人問，如果立了遺囑，之後又後悔了，怎麼辦？

這種情形當然要尊重立遺囑人的意識，在《民法》的〈繼承篇〉，這個部分就有特別提到所謂遺囑的撤回，也就是如果立了遺囑，之後又後悔了，就要規定怎麼撤回。

撤回的第一種方式是意定的撤回，明示的撤回就是《民法》第 1219 條的規定，就是遺囑人得隨時依遺囑之方式，撤回遺囑之全部或一部分。就是說你寫了一份遺囑，之後又後悔了，比方說第一份遺囑內容是要把一棟房子給你的兒子，但是後來你覺得你的兒子不孝，所以你在後面的遺囑要寫，撤回第一份要將房子贈與兒子的部分，當然，這是尊重你最後的決定，這是第一種方式。

第二種方式是前後遺囑有相牴觸者，依《民法》第 1220 條的規定：「前後遺囑有相牴觸者，其牴觸之部分，前遺囑視為撤回。」因為兒子不孝順，所以不將房子贈與兒子而是再立一個新的遺囑給女兒，當然前面遺囑要把房子贈與兒子的部分視為撤回。

第三種方式是，前面立下的遺囑跟後面做的行為牴觸，就是《民法》第 1221 條的規定：「遺囑人為遺囑後所為之行為與有遺囑相牴觸者，其牴觸之部分，遺囑視為撤回。」例如：原來的遺囑寫下房子要留給兒子，在遺囑還沒生效，指立遺囑人還沒死亡

之前，在這期間，可能另交了女朋友，或是這個女朋友又幫你生了一個小孩，你想把房子送給這個小孩，結果你自己就違反你自己的意願，那你就把房子贈與給你外面這個女朋友幫你生的小孩，這也是一種法定的撤回，遺囑人為遺囑後所謂的法律行為與遺囑相牴觸，那當然這部分就視為撤回，將來如果你不在的時候，不可再用遺囑的方式來主張這個房子是他的，因為在生前你已經把房子贈與給你外面生的這個小孩了。

特留分

我們前面提到張榮發的故事，特留分是其中最重要的關鍵，所以要特別小心這個法律的強制規定。

特留分是指被繼承人死亡後，法律規定一定要把遺產特別的比例留給法定繼承人，也就是說你雖然自己寫了遺囑，但不能隨便寫，這部分你一定要保留給一定身分的法定繼承人，這叫特留分，最近特留分的議題也吵得沸沸揚揚，藝人陳松勇的過世，特留分這三個字，再次登上版面。大家都知道，每個父母親對他自己的孩子的喜愛度跟親疏度都不太一樣，所以在很多狀況下，有的小孩很孝順，有的不孝順，在我們台灣的規定，孩子不管孝不孝順，如果要立遺囑的話，一定要給所有的繼承人法律保障的部分。在《民法》1123條的規定，你的兒女、孫子女、曾孫子女，他們的特留分是應繼分的二分之一，父母親及配偶的特留分也是應繼分的二分之一，如果繼承人是兄弟姊妹跟祖父母，特留分是

應繼分的三分之一。

　　有人問，如果遺囑內容違反特留分的規定怎麼辦？根據最高法院實務的見解，特留分的規定如有違背，這就是繼承人的問題，自己應得之數不足者，繼承人可以主張行使扣減權，也就是繼承人可以向其他繼承人主張按照特留分比例回復其繼承之權利。並不是說侵害特留分之遺囑是無效的，這個部分要特別注意，不是說你的遺囑立下一個侵害特留分的部分，這份遺囑就無效，而是應得特留分的人也就是法定繼承人，因為你的特留分不見了，就要從遺贈的財產扣減之。例如，你爸爸留了 300 萬的遺產全部都給你哥哥，而你們兄弟兩人就是唯二的繼承人，當然這 300 萬裡面，身為弟弟的你應繼分本來是二分之一，但是你爸爸偏心不留遺產給你，此時法律還保障你的特留分，就是應繼分二分之一的一半，就是四分之一。根據這樣的規定，你可以從哥哥所繼承的 300 萬中扣掉 75 萬當做弟弟財產繼承的權利，這就是特留分的意思。

　　另外，常常發生的問題是如果被繼承人他在生前所為的贈與行為到底會不會受到特留分規定的限制，根據最高法院的判決，《民法》第 1225 條規定，應得特留分之人，如因被繼承人所為之遺贈，致其應得之數不足者，得按其不足之數由遺贈財產扣減之。

　　特留分權利之人並無扣減被繼承人生前所為之贈與之權，是被繼承人生前所為之贈與，不受特留分規定之限制，這是最高法

院的實務見解。

這個規定是正確的，因為無論如何錢是你賺的，你本來高興送給誰就送給誰，本來法律就不能置喙，我們法律所規定的限制只是死亡那一瞬間發生的權利變動。

實際上在檢討《民法》第 1225 條扣減遺贈財產之規定，不只是遺贈侵害到特留分的部分，其實還包括二種狀況，一種是指定應繼分，以及死因贈與這兩種情形。

所謂指定應繼分是指，比方說你有 A、B、C 三位繼承人，結果你在遺囑上寫財產全部要給 A，不給 B 跟 C，雖然這不算遺贈的扣減，但這算是指定應繼分，侵害到特留分的規定，所以除了遺贈以外，指定應繼分也算是要用扣減的方式。

另一種狀況就是所謂的死因贈與，死因贈與跟遺贈的部分只是說因為死因贈與是契約行為，遺贈的部分是單獨行為，這個在前面已經提到，就是一個是雙方合意的契約行為，另一個是不必雙方同意的單獨行為，但是它對於發生贈與的效力的時期並沒有不同，也就是說不管是死因贈與或是遺贈，發生贈與的效力都是在死亡之後，故解釋上當然跟遺贈同視為特留分的標的，所以我們在處理《民法》第 1225 條規定的部分要特別的注意。

遺囑執行人

你立了遺囑，不代表這份遺囑就會自己產生執行的作用，如果沒有人去執行它，可能這份遺囑會永遠不見天日。所以最可靠

的方式還是要立遺囑的執行人，找一位你可信賴的，有能力排解繼承人糾紛的律師是非常有必要的，也是非常實際的。沒有一位遺囑的執行人，你的遺囑非常有可能被當作一團廢紙，那遺囑的執行人要怎麼指定呢？在《民法》第 1209 條的規定，遺囑人得以遺囑指定遺囑執行人，或委託他人指定之。

在立遺囑時就要指定這份遺囑要請誰來執行。重點來了，雖然可以指定誰來做遺囑執行人，但對方（遺囑執行人）也不一定要照單全收，萬一你找的遺囑執行人，他不想擔任這個工作的話，到最後也是白搭。所以通常我們都是建議，立遺囑的時候，先跟遺囑執行人有個合約的關係，也就是說用契約的約定，讓他來執行你的遺囑，免得到最後遺囑沒有人執行，而淪為一張廢紙。如果沒有指定遺囑執行人，根據《民法》第 1211 條的規定，由親屬會議來選定遺囑執行人，再不行的話就由法院來指定，通常我們都不鼓勵最後走上親屬會議，因為親屬會議是一個非常麻煩的一個組織。根據我們的規定，親屬會議的組成是三種狀況，一種是直系血親尊親屬，也就是說被繼承人的爸爸、媽媽、阿公、阿祖；另一種是三親血親內的旁系血親尊親屬，也就是說被繼承人的叔叔、伯伯、阿姨、姑姑；再來就是四親等內的同輩血親，就是你的堂兄弟、表姊妹。問題來了，像筆者的外祖父（媽媽的爸爸），他活到了 100 多歲往生，當初也沒有立遺囑，如果有立遺囑的話，又沒有指定遺囑執行人的時候，去哪裡找比他年齡還要大的人來做遺囑執行人？是所謂的直系血親尊親

屬，我外祖父的爸爸媽媽，或是外祖父的祖父或祖母？他的叔叔、伯伯更不可能還存在；至於四親等內同輩血親，也就是說他活最久，所以根本就不會有人夠資格參加所謂的親屬會議，等於留下一個非常大的麻煩跟紛爭。為避免遺囑最後流落到親屬會議造成很大的麻煩，最好還是要指定遺囑執行人來執行遺囑，這份遺囑才算是一個完備的交代。

遺囑執行人的任務是，根據《民法》第 1214 條的規定，遺囑執行人就職後，於遺囑有關之財產，如有編製清冊之必要時，應即編製遺產清冊，交付繼承人。還有《民法》1215 條的規定，遺囑執行人有管理遺產，並為執行上必要行為之職務。遺囑執行人因前項職務所為之行為，視為繼承人之代理。也就是說，為了執行遺囑實現被繼承人的意志，遺囑執行人對遺產實行實際的管理，比如說遺產被其他的人占有時，遺囑執行人就要向他們請求移轉占有，如果他們還是不還的話，不排除訴訟上的行動，當然這個遺囑執行人管理遺產的部分，是跟遺囑有關的遺產，跟遺囑無關的遺產當然就沒有管理的責任，或是說被繼承人生前有欠人家錢，就由遺囑執行人來幫他返還這些債務，或者遺囑有交付贈與物的狀況來分割遺產等等，這些都需要由遺囑執行人來完成。實務上即使被繼承人已經立下一個完美的遺囑，但是繼承人之間還是會為了自己的利益或者情緒，對遺囑的內容就會有很多意見，甚至大動干戈，還有拔刀相向的狀況，所以要考慮遺囑執行人是不是有能力鎮得住這樣的場面。所以就整個遺囑的定義來

看，實際上執行的部分才是真正的重點，因為即便遺囑立的再完美，沒有遺囑執行人的話，說不定這份遺囑永遠埋在地下，永遠無法見到天日，所以遺囑執行人的選任在立遺囑前，就先把這部分想清楚，對遺囑的執行及效果比較完備。

遺囑執行人究竟有多重要，我們來講一個赫赫有名的人，相信大家都知道，那個人的名字，他叫秦始皇。

秦始皇（西元前 259 年 2 月 18 日至西元前 210 年 7 月 11 日），史書稱他為秦王政或始皇帝。他是戰國末期秦國君主，13 歲即位，39 歲時滅亡六國建立秦朝，自稱「始皇帝」，50 歲出巡時駕崩，在位 37 年。

秦始皇統一六國後，認為過去「皇」、「帝」、「王」等稱號都不足以顯示自己崇高的地位，因而創造出「皇帝」這個新頭銜授予自己，自稱「秦始皇帝」，簡稱「始皇帝」。

秦始皇是中國史上第一位使用「皇帝」稱號的君主。統一天下後，秦始皇繼承了商鞅變法的郡縣制度和中央集權，統一度量衡，「車同軌，書同文，行同倫」及典章法制，奠定了中國政治史上兩千餘年之專制政治格局，特別是統一文字，使小篆和隸書為全國通行的字體，對中華文化、政治發展產生了深遠的影響。度量衡傳統上是計量長度、體積、重量單位的統稱，度是用來計算長短，量是用來測量體積，衡則用來計算物件重量。戰國時代，各國都採用不同的度量衡標準，所以在換算過程中顯得十分混亂。

各地度量衡制度的不同，顯然不利統一，故此秦始皇在西元前 221 年（秦始皇 26 年）下令統一全國的度量衡，以商鞅變法時制定的秦度量衡作為標準，規定標準度量衡器具須由官府負責監製，民間不得私鑄，每件標準度量衡器具均刻上以小篆寫成的銘文貨幣。

統一貨幣也是秦始皇在經濟領域方面的重大舉措。秦始皇 37 年，重新發行錢幣，把原來的圓形方孔錢推廣全國，廢除原來全國各地相異的貨幣，克服過去商品流通使用和換算的困難，使貨幣在全國範圍內有更佳的流通、支付和儲蓄的價值作用。

另一方面，秦始皇在位期間亦進行多項大型工程，包括修築長城、阿房宮、驪山陵等。

秦始皇統一六國後先後進行 5 次大規模的巡遊，在名山勝地刻石記功，炫耀聲威。西元前 210 年，秦始皇開始最後一次巡遊，後返至平原津（今山東省平原縣南）得病，到達沙丘宮平台時已經病危。秦始皇立下遺囑要召公子扶蘇回咸陽為其主持葬禮。秦始皇消滅六國後，長子扶蘇曾多次議政，同情儒生，素有賢名，對於治國、安定天下頗有遠見。

扶蘇不同意父親焚書坑儒、「重法繩之臣」等嚴刑峻法，多次上書諫議，勸阻秦始皇。扶蘇認為，天下初定，百姓未安，遠方的百姓都還沒聚集，諸生都背誦、效法孔子之言；現在陛下用重法制裁諸生，他害怕會導致天下不安。扶蘇的勸諫觸怒了秦始皇，被秦始皇流放到北方。

秦始皇自己很清楚這個大兒子，剛強堅毅而威武勇猛，待人誠信而禮賢下士，所以要把大位交給他，但李斯和趙高卻扣留了秦始皇的遺詔，故意拖延這封遺囑的送達，使者都還沒發出時秦始皇就已經死了，趙高與李斯合謀更改秦始皇的遺詔，回到咸陽的路上因路程較長又遇到暑季，秦始皇的屍體開始腐爛變臭，李斯、趙高等命隨從官員每車裝載一石鮑魚，來掩蓋屍體散發的臭氣。部隊回到咸陽後為秦始皇發喪，改立胡亥為太子胡亥正式登基為帝，為秦二世。

　　趙高是個生性奸詐、頗具野心的人，想要篡奪朝中大權。當時胡亥年紀甚輕，因此趙高便專權攬政，但是他並沒有因此而滿足，進而想要謀奪帝位，卻又怕朝中大臣們不服，於是就想出一個方法來試探。有一天，趙高就駕鹿跟隨著秦二世外出，秦王看見了就問說：「你為何騎著鹿呢？」趙高回答：「這是一匹馬。」秦王說：「你錯把鹿當成馬了。」趙高說：「皇上若不相信我所說的，可以問問其他人。」群臣中大家都很害怕趙高這個人，沒有人敢說實話，大家都把鹿說成馬。這時候秦王竟不相信自己所看到的事實，卻相信了奸臣的說法。這個故事就是「指鹿為馬」。

　　西元前 208 年，李斯被趙高判處受五刑，在咸陽街市腰斬，就是把身體從腰際切成兩半。李斯臨死前回頭對次子說：「我想和你再牽著黃狗一同出上蔡東門去打獵追逐狡兔，這又怎麼能辦得到呢？」然後與其子抱頭大哭，李斯父子隨後被殺，同時被誅

滅三族（三族：妻族、父族、母族）。

西元前 207 年，趙高與其婿咸陽令閻樂以及弟弟趙成合謀，決定殺死二世，立子嬰為帝，遂派弟弟趙成作為內應，聲稱有盜賊作亂，命閻樂發兵抓捕盜賊。閻樂率吏卒一千多人包圍望夷宮，殺死衛令後攻入宮中，逼胡亥自殺，史稱望夷宮之變。臨死前秦二世說寧願只當一位萬戶侯或平民百姓，閻樂皆不准，秦二世只能自殺，時年 24 歲，一個縣長居然可以逼死一個皇帝。

講到這裡，令人不禁感嘆，秦始皇事業何等成功，從古至今少有人能與他比擬，根據很多學術的研究，幾乎絕大多數的史學專家都同意他是中國歷史上最偉大的君主，英文單字「China」就是起源於秦朝。

秦始皇除了想長生不老外，其實他也想著要把他的豐功偉業傳承給下一代，秦二世、秦三世……一直下去直到秦萬世然。而在他病危的時候才想到要立遺囑，時間上已經有點太晚，更重要的是，他所託非人，交給一位不忠不義的人，最後還害死全部家族的人，千秋萬世的傳承，在他死後 3 年就全部灰飛煙滅，讓人不勝唏噓。

如果這份遺囑做的完善，並且遺囑執行人也忠實地執行這份遺囑，相信歷史一定要重寫了。

各位讀者應該要把這段歷史謹記在心，不要重蹈覆轍，早一點書立，隨時檢驗，並且找一位可以信任的遺囑執行人。

兩岸繼承比較

　　以前我們約有 200 萬以上的台商在大陸打拼，現在至少還有十幾萬人，關於兩岸繼承的順位是不同的，這點在做遺產規劃與書立遺囑的時候須特別注意。

兩岸繼承順位大不同

台灣		大陸	
第 1 順位 直系血親 （含配偶）	丈夫、妻子、 兒子、女兒	第 1 順位 配偶 子女 父母	丈夫、妻子、兒子、 女兒、父親、母親
第 2 順位 父母	父親、母親		
第 3 順位 兄弟姊妹	姊妹、兄弟	第 2 順位 兄弟姊妹 祖父母 外祖父母	姊妹、兄弟、祖父、 祖母、外祖父、 外祖母
第 4 順位 祖父母	祖父、祖母		

　　例如，在台灣如果沒有立遺囑，只要你有小孩，那麼你的父母親就無法繼承你的財產，光是這一點就要非常注意。實務上有些個案，剛結婚沒多久孩子也生了，但兒子的父母與媳婦處不好，結果有一天兒子忽然往生，本來靠兒子在照顧的父母頓失依靠，結果什麼也拿不到，年邁的父母還得重新外出工作養活自己。所以在規劃財產傳承時一定要考慮到兩岸相關法律規定的差

異性，以免造成遺憾。

另外，根據《中華人民共和國繼承法》之規定：「喪偶兒媳對公公、婆婆或喪偶女婿對岳父、岳母，盡了主要贍養義務的，作為第一順序繼承人。」這個跟台灣的規定完全不同，在台灣女婿跟媳婦都不會是繼承人，即便第一順位繼承人在繼承開始前死亡或喪失繼承權者，也是由該原本第一順序繼承人之直系血親卑親屬（就是其兒子或孫子）代位繼承，而不是由其妻或夫代理繼承，所以涉及兩岸之繼承事件，內容繁複，不可不慎。

毛小孩

台灣人養毛小孩數量遠超新生兒，筆者強烈建議立遺囑的時候，千萬不要忘記對毛小孩記上一筆，把你對牠們的愛繼續保持下去。

台灣少子化日趨嚴重，國內新生兒數量幾乎月月創新低，養毛小孩的人反而日益增多！根據內政部寵物登記管理資訊網數據顯示，2021 年 9 月分全國新生兒出生人數共計 1 萬 3464 人，創下近 27 年來同月新低點。另統計 2021 年 1 至 9 月，國內新生兒共計 11.2 萬人，領養毛小孩登記數量卻高達 16.1 萬隻，毛小孩大幅超越小孩 4.9 萬名。

貓貓狗狗也有感情也有真心，相信有養過毛小孩的讀者都感受過牠們無止無盡的愛，更是充滿了靈性，貓貓狗狗跟人類生活久了也逐漸產生了人性，牠們的本質就是對人類忠誠，牠們的人

生任務就是教我們如何去愛別人，而這就是我們引以為傲的萬物之靈最欠缺也是最需要學習的課題。

毛小孩與主人感人的真實故事真是不勝枚舉。

《忠犬小八》是一部 2009 年的美國電影，故事改編自日本1923 年至 1935 年間，以東京澀谷車站為主要發生地的真實事件。故事是 1924 年，東京帝國大學農學部教授上野英三郎開始飼養一隻狗「小八」。小八每天都會在家門口目送上野教授上班，並且在傍晚的時候到澀谷站去迎接主人下班。1925 年 5月，上野因腦溢血猝然去世，然而小八公依然每天到澀谷站去等候主人的歸來。直到最後死去，一共等了 10 年。

《紅狗背包客》是一部 2011 年的澳洲電影，也是真人真事改編，一隻土紅色的流浪狗「紅狗」被一個公車司機約翰撫養。一日約翰騎著機車從未婚妻的家中返途時，在路上發生了意外。紅狗不知道約翰已經死了，每天仍在固定的地方引頸企盼約翰的回來，人們告訴紅狗約翰已經死了，牠似乎不信。一個月後紅狗決定啟程去尋找約翰。

牠走過鐵道、經過山谷、涉過溪流、穿過市集，甚至以搭便車的方式橫跨西澳北部，一路上邂逅了各式各樣的人們，但牠只有一個念想，就是尋找牠的主人約翰。牠的故事當時也被小鎮上的人四處傳頌，小鎮的每個人開始動身尋找牠，最後發現紅狗已躺在約翰的墳前安息了，後來澳洲居民為了感念這位情深義重的汪星人，就在當地幫牠立了一座銅像。

這些讓人聽到為之動容的故事告訴我們，當你一旦收養了牠一起生活，從那一天起牠們的餘生心裡都是你。

狗狗對人類的幫助還有很多，像是導盲犬、治療犬、警犬、搜救犬……等等，牠們將一生貢獻給人類，就是所謂的「工作犬」。

狗狗與主人存在純真又無邪的深厚感情，牠們陪伴了我們一生，有時陪伴的時間遠遠超過家人，但是生命無常，飼主應當考量自己未來 5 到 10 年的體力與經濟狀況，必須要對毛小孩負起「終生飼養」的責任。但現實是，飼主離開後不管是誰接收手照顧，最先浮現的問題，就是錢的問題及牠們是否能受到妥善的照顧。

如果主人比毛小孩先離開地球時，要如何確保毛小孩日後的生活？可在遺囑上交代替毛小孩規劃「寵物信託」。簡單來說，就是把財產拿一小部分要來照顧寵物，託付給自己信賴的人，以確保未來愛犬的生活無虞，相信這部分的花費在整個遺產當中占據的比例是非常非常少的，但就履行你對牠們的愛與承諾的意義卻是非常非常的巨大。飼養費用是否被妥善運用、毛小孩是否被善待被照顧，要如何監督並確保這些身後事的執行，這些細節都可以在遺囑裡面徹底交代清楚。

遺囑的例行性

美國《成功》（SUCCESS）雜誌前發行人兼總編輯戴倫・哈

迪（Darren Hardy），在他的著作《複利效應》（The Compound Effect）就曾說過：「其實，你早就知道成功需要什麼，不是更多資訊，如果只是更多資訊的話，所有可以取得網路連線的人都能夠住入豪宅，練出一身結實肌肉，自此過著幸福、快樂的日子。你需要的不是新資訊或是更多資訊，而是一套新的行動計畫。是時候建立新行為、培養新習慣了，帶你遠離一些邁向成功的阻礙，就是那麼簡單。」關於遺囑的部分，也要開始行動了，就是那麼簡單，特別是他在書中列舉出的生活量表，其中就有一項是「我有遺囑並且會固定更新遺囑」，然後讓讀者自己評量從 1 分到 5 分，1 分代表最不正確，5 分代表最正確，看讀者自己得到幾分。這些日常生活上要評量的事項還有諸如每周花 10 小時的時間專注和家人相處，每天至少喝 8 杯水，每天看電視不超過 1 個小時，每天都會準時回家陪伴家人等等。沒錯，在西方國家，立遺囑這件事情就跟你每天是不是有回家陪伴家人或是喝 8 大杯水這樣的平常，這個事情本來就是要做的，為什麼還需要拖延？別忘了，你需要的不是新資訊，而是一套新的行動計畫，開始立遺囑就跟你小時候寫日記一樣，把它變成日常生活的一部分，時時檢驗、時時反省，相信你的人生會過得更自在。

第三章

精神傳承

前言

全世界富豪家族八成來自家族企業

一個家族如果能夠成功把企業傳承給下一代，並持續經營，就能達到財富傳承的目的。

日本百年企業逾 2 萬 5000 家，居全球第一。

並且歷史有 200 年的企業超過 3000 家，為全球最多，更有 7 家企業歷史超過了 1000 年。排在世界最古老企業前 3 位的都是日本企業。

日本東京商工研究機構資料顯示大約 90 ％的日本百年企業都是員工少於 300 人的中小企業，多以家庭為單位經營。這證明了日本企業家在傳承方面做得非常不錯。

在歐洲，超過 200 年歷史的長壽企業也不少：德國 837 家、荷蘭 222 家、法國 196 家。

「富不過三代」真的是華人企業的詛咒？

令人吃驚的是，一直令中華炎黃子孫所驕傲，擁有五千年文化滔滔大國──中國，現存超過 150 年歷史的老店竟只有 5 家！分別是成立於 1538 年的六必居、1663 年的老字號張小泉剪刀，加上陳李濟藥廠、廣州同仁堂藥業以及王老吉 5 家企業。

放眼世界各地華人家族企業，成功傳承三代以上的企業也是鳳毛麟角，傳承對於華人企業家為何如此艱難？在華人家族企

業，家族財富傳承失敗個案多不勝數，許多豪門家族甚至在第二代接班後，就上演爭產官司，不要說子孫對薄公堂，在台灣甚至父子也在法院相見，也不管家醜是否外揚。富二代沒有培養成接班人反成了散財童子，財富到手後就敗盡家財，最後財散人散。

一個家族胼手胝足數十年的慘澹經營，好不容易建立了家族企業和財富，結果在傳承給下一代人就因規劃不當，財富管理失敗，家族成員內鬥失和，導致企業分家而垮台，傳承失敗、家族也煙消雲散，實在可惜。

根據一項研究顯示，華人家族企業的代際傳承 8 年間平均財產流失率高達 60％。而麥肯錫公司發布的報告更指出：全球範圍內家族企業的平均壽命只有 24 年，其中僅有約 30％的企業得以傳承到第二代，傳承到第三代的不到 13％，而第三代後只剩下 5％的企業還能維持。

富不過三代的詛咒不只是全球華人家族打不破的宿命，實際上它也是全世界許多富人揮之不去的夢魘。

創業難，守業更難。美國人說：「從白手起家到兩手空空需經歷三代。」巴西人說：「爹富子貴孫子窮。」墨西哥人說：「老子商人兒子紳士孫子乞丐。」

均說明了家族財富及企業傳承的困難，能夠成功傳承三代以上的企業鳳毛麟角。日本的百年企業數量居全球之冠，其次為美國，再來是德國、英國、瑞士、義大利、法國、奧地利、荷蘭和加拿大。台灣也有 500 家以上的百年企業，但大多數並沒有上市

櫃。而上市櫃公司更有七成是家族企業，占總市值的六成；另成立逾 20 年的中小企業也有 37 萬家，且高達七成企業主正面臨傳承危機。

當一個家族累積了一定的財富，無論你願不願意，都必須面對財富傳承的問題，我們本書提到許多的財富傳承工具，無論是信託、保險、遺囑、甚至家族辦公室、家族憲法等等，這些方法都只是治標不治本，真正能讓子子孫孫永續經營，代代相傳的根本之道就是精神傳承。

所以精神傳承才真是傳承之道！

以下我們提出幾個人生的態度以及幾種可能會激勵子孫的方式，作為精神訓練、精神傳承的方式，可以讓各位富人思索自己家族後代子孫的教育，您甚至可以將這些內容設定在家族學習暨教育委員會當中，做為家族傳承一個重要的不可或缺的領域。

所以本章我們就要來探討精神傳承。

莊子曾說：「夫聲色滋味權勢之於人，心不待學而樂之，體不待象而安之。夫欲惡避就，固不待師，此人之性也。」

說到樂聲、美色、滋味、權勢，對於每一個人，心裡不用等到學會就自然喜歡，身體不需要模仿早已習慣。欲念、享受，本來就不需要師傳，這是人的稟性，所以這些慾望也好，享樂也好，都是人的本性，不必教自然就會。特別是富二代，含著金湯匙出生，金錢物質不虞缺乏，當然就是能揮霍的就盡量揮霍，第

一代創業家可以把一生努力工作所得到的財富，透過各種手段規劃，輕易地把它傳承給下一代，富豪們倒不是怕自己的子孫隨便花錢，怕的是自己的子孫沒有志氣，因為有形的物質容易傳承，無形的力量就不容易在下一代複製。

志氣，指積極上進或做成某事的決心和勇氣。古語評論「志」的重要性：「三軍可奪帥也，匹夫不可奪其志也。」不甘落後，力求達到一定目的的決心和勇氣。是有理想、有信心的表現。有志氣的人，往往奮鬥目標明確，意志堅定，不怕各種困難。越是在困難落後的條件下，越是能顯示志氣的精神、力量。

「世間享千金之產者，定是千金人物；享百金之產者，定是百金人物；應餓死者，定是餓死人物；天不過因材而篤，幾曾加纖毫意思？」

你如果是千金人物，就不怕沒有機會享受世間千金之產，我們在看第一代白手起家的富豪，你會發現他們並不是從父母親身上繼承許多財產才變成富豪的，相反的他們都是從一無所有變成富甲天下，這樣的故事太多，拈手可得。王永慶的爸爸很有錢嗎？郭台銘的爸爸很有錢嗎？馬雲的爸爸很有錢嗎？答案都不是，他們都沒有一個富爸爸，他們之所以可以享受世間千金之產就只有一個原因，就是因為他們以志氣將自己磨練打造成千金人物，「天不過因材而篤」，這就是種什麼因得什麼果，這個天是自然的法則。譬如種瓜將來就長成一個瓜，種豆它就長出一個豆，種瓜不會變成豆，種豆不會變成瓜，這就是「天不過因材而

篤」。「幾曾加纖毫意思」，自然的法則，自然的果報，沒有任何人能夠加一絲毫的意思，佛、菩薩不能，上帝、鬼神更沒有這個能力。

沒有任何一個項目比把第一代的精神跟志氣傳承下去來的重要，這也是本書最大的重點之一。

自立 讀書 清儉 行善

我們以前中學時代讀到的一篇文章〈岳陽樓記〉，相信大家都還記得這句話，「先天下之憂而憂，後天下之樂而樂」，我們在談千金人物的時候，不得不提到這號人物，他被同時代的人稱為「本朝人物第一」，朱熹更是尊其為「天地間第一流人物」，這個人就是范仲淹。

范仲淹生於西元 989 年，隔年父親不幸逝世，母親謝氏帶著范仲淹將其父靈柩安葬於蘇州老家天平山後，想守喪三年。但因蘇州范氏家族不接納范仲淹母子，棄之不顧，孤兒寡母，貧而無依。四歲時母親謝氏改嫁，長大後范仲淹後得知自己身世，遂辭別母親，至河南商丘睢陽應天府書院讀書。「晝夜不息。冬日憊甚，以水沃面，食不給，至以糜粥繼之。人不能堪，仲淹不苦也」。後來去長白山醴泉寺寄住，每天只煮一鍋粥，並將醃製後的齏菜（醬菜）分為四份，早晚吃兩份，史稱「斷齏畫糜」或「斷齏畫粥」。

我們這裡要探討的不只是他靠一己之力布衣卿相、功成名

就，而是他在精神傳承這部分也立下典範，值得後人學習借鏡，那就是范氏家族 800 年興盛不衰的千古傳奇。道德傳家，十代以上，耕讀傳家次之，詩書傳家又次之，富貴傳家，不過三代。

　　以下我們就來探討這一切的奧祕，說穿了就是因為他做對了 8 個字：自立、讀書、清儉、行善。

自立，是一個家族立足的根本

　　「天行健，君子以自強不息。」

　　《易經》中的這一句經典，向來被當做安身立命的根基。越是有遠見的家長，越是明白一個家族的延續必須學會自強自立。

　　西元 1051 年，一代名臣范仲淹離世，宋仁宗親書「褒賢之碑」，贈兵部尚書，諡號文正，追封楚國公。可就是這樣一位賢能之士，卻沒有給後世子孫留下半點財產，甚至死後連一所像樣的居所也沒有。而這只不過是他一生恪行自強自立的一段剪影。

　　北宋僧人釋文瑩的《湘山野錄》中曾記載過一則名為「斷齏畫粥」的典故：范仲淹少年求學的時候，因家境貧寒，常常食不果腹。他便用兩升小米煮粥，隔夜粥凝固後，用刀切為四塊，早晚各食兩塊，再切一些醃菜佐食。成年後，范仲淹到應天書院刻苦攻讀，一位家境優渥，和他相交甚篤的同窗，見其生活困頓，便讓家人送飯時多捎上一份，準備贈與范仲淹。范仲淹雖然十分感激，但他卻再三謝絕道：「我多年吃粥已經習慣了，如果驟然吃上你送來的美味佳肴，以後粥就再也吃不下了，那怎麼能行

呢？你的好意我心領了。」一個人最為難得的便是認清自己，你永遠無法依靠別人的幫助過好自己的一生。

想要改變命運，你必須拼盡自己的全力去爭取。

天體運行，周而復始，剛健有力，君子應效法於天，以剛毅圖強，永不停息。大地厚實而勢順，君子應效法於地，以積厚其德，容載萬物。「天行健，君子以自強不息」和「地勢坤，君子以厚德載物」，兩句話各有深意，組合起來，意義更加圓滿。仰觀天象，日升月降，晝夜不息，周而復始，這是「動」；俯察大地，所見高低不平，但地勢延展，一望而順，這是「靜」。就在這一動一靜之間，我們要效法天地，在學、行兩方面掌握堅毅立志的道理。因為「天行健」，我們要像天體那樣不斷運行，努力剛強奮進；因為「地勢坤」，我們要像地勢一樣厚重和順，修德容物，並可承擔重任。[1]

1914 年 11 月時，梁啟超在清華大學向學生以「論君子」的題目進行演講。他講到君子的條件時，用了「天行健，君子以自強不息」和「地勢坤，君子以厚德載物」這兩句話來進行勉勵，表示要做學問，需「自強不息」；處世接物，要「厚德載物」。若能如此，便就是「真君子」。梁啟超的演講激勵了清華學生，後來清華大學將「自強不息，厚德載物」列入校規，最終成為清華的校訓。

---

1 天行健，君子以自強不息；地勢坤，君子以厚德載物。/〈今日文匯〉/ 2021 年 1 月 4 日 / 香港文匯網。

去年我參加了老家都更的會議，當中大家要我發表感言，我就是用了「厚德載物」這四個字跟大家做分享，我說老家已經四十幾年，能夠在我們有生之年都更，是一件可遇不可求之事，這個是我們台灣人講的「天公仔錢」，大家要珍惜，要厚德才能載物，雖然過程中看盡人性的本質，但最後結果還是達成目標了。

讀書，是一個家族興旺的源泉

讀書改變命運，古時如此，即便到了現代，依然是很多寒門子弟興家旺族的一條必經之路。范仲淹在與家人的書信《與中舍書》中，曾和兄長范仲溫談論過子侄們讀書學習的問題，為此他提出了兩點建議：

第一，要督促孩子們發奮學習，每天必令其鑽研功課，苦讀苦練，決不能讓他們得過且過，混天度日。

第二，要讓他們了解，只有學有所成，才能入仕做官，有所成就。

說這些話的時候，范仲淹早已經是朝廷重臣，兄長范仲溫本意是想讓他幫忙，給自家孩子走走後門，但是卻被他義正言辭地拒絕了。後來，范仲淹還專門撰寫了《訓子弟語》，其中有兩句著重強調了讀書的重要性：「耕讀莫懶，起家之本；字紙莫棄，世間之寶。」

在范仲淹的教育下，范氏子孫無一不在學業上奮發上進，後來更是名臣良相輩出，成為世間美談，為時人所景仰。正如蘇軾

在《三槐堂銘》中所言：「忠厚傳家久，詩書繼世長。」

讀書，不僅是一個人進步的階梯，更是一個家族走向興盛的不竭動力。

你知道嗎，全世界識字率最高的國家集中在哪？

沒錯，根據報導就集中在北歐，包含瑞典、芬蘭、挪威、丹麥、冰島等。

很巧的地方是，這些北歐國家也名列最受全球推崇的國家前10名（這包含國家是否安全、環境是否乾淨優美、人民對外來人士是否友善、是否有進步的社會與經濟政策等）。

我們相信這絕不會是偶然，而是許多原因交互作用而產生這樣的結果。

而你我可能都相信，其中一個非常重要的原因是：北歐人熱愛閱讀。

他們每周都會讀書，一點點都好，而聖誕節最常見的禮物就是書本，閱讀是他們的生活習慣，也是他們進步的源動力。[2]

各位如果有觀察過就會發現，世界上先進的國家，幾乎都是集中在北半球寒帶的國家，這些國家由於天然環境的關係，造就人們比較有毅力，為了生存必須不斷精進自己，讓自己不被淘汰，所以養成了讀書習慣，隨時隨地再求進步。

讀書至少有以下諸多好處，這個習慣在傳承過程當中扮演舉

2　〈讀書的好處〉/ 2020 年 3 月 3 日 / IPIB BLOG。

足輕重的角色，比傳承多少現金給您的子女都來的重要。

讀書的好處 1：最便宜提升自己（知識與壽命）的方式

紐約時報提到，根據 12 年的追蹤統計，研究發現每周讀書至少 3.5 小時的人會比沒讀書的人，多活將近 2 年。

當你希望長壽，你必須要吃得健康並定期運動；當然，加上閱讀的習慣，你可以活得更久。

雖然台灣仍有很多可以進步的地方，但能生活在台灣的確是一件很幸運的事，因為台灣買書相當便宜；另外，讀書也是一件非常方便的事，因為你可以很容易找到書店或圖書館。

還有，台灣擁有快速與便利的網路，因此你可以在網路書店上訂購一本書，最快 18 到 24 小時就可以拿到你要的書，因此讀書不會是難事。

讀書的好處 2：讀書讓你獨立思考不被媒體操弄

每天都被手機、Line、新聞等媒體轟炸，這些資訊讓你以為整個世界與台灣都僅有恐怖的事，再也沒有好事。

不如花更多時間看書，閱讀自己喜歡的主題或事物，讓自己多吸收正面的能量，同時建立自己的獨立思考能力。

讀書的好處 3：讀書讓你建立良好的習慣

有一本書，叫做《人生勝利聖經》（A Tool of the Titanic，巨

人的工具），書中有提到，要建立一個好習慣，就是不要貪多，先從一下開始做起，不要一開始就設太高的目標。

舉例來說，如果你想要養成做伏地挺身的習慣，但你卻很久沒做伏地挺身，那麼先不用要求自己能做十下，而是先要求自己先從一下做起就好。

沒錯，就是一下。

因為每天都只要求自己做一下，那麼你就會更願意堅持下去，而這個習慣就會被培養出來。

每天讀一分鐘，一年就會有 360 分鐘，那麼就有 6 小時。

實際上，當這些習慣被養成之後，您就會越讀越多，漸漸的形成複利效應。

讀書的好處 4：透過閱讀獲得人生經驗，歷史是一面鏡子，別人的經驗更是一面鏡子

我們經歷的事物都是別人早已經歷過的。無法親自經歷的事物，透過別人的間接體驗來了解是最棒的也是最廉價的。

從別人的經驗不只是可以避免失敗，耗費教訓，也可以讓你的人生多一些時間可以用在你想要及希望的事務上。

每個人每天都是 24 小時，一樣的生命，一樣的時間，當你用最簡單的方式得到教訓，學習到經驗，相對的，你就會有更多時間陪伴你的家人更多時間做你想做的事情。

讀書的好處 5：讓你更受歡迎，有益你的人際關係

你讀越多越能談，就越有機會跟他人產生互動，也因此，當你培養讀書的習慣，你便可以輕鬆地與他人溝通，讓你更受歡迎有益你的人際關係。

讀書的好處 6：讀書讓你舒壓，做出更好的決策

世界上責任最大，也可能是壓力最大的工作應該是擔任美國總統。

在紐約時報的文章〈歐巴馬在白宮多年的生存祕密〉（Obama's Secret to Surviving the White House Years），提到歐巴馬在白宮時，每天他都要求自己讀書 1 小時，而大部分的時間他都有做到。

因為讀書，也是幫助他忘記來自外交或議會的壓力或煩惱的重要方式，這也就是歐巴馬在白宮生存下來的祕密。

因為讀書讓你專注在書本上幫助你轉換焦點，進入作者為你設定的環境，會讓你的壓力解除。

許多成功人士都會為自己建立一個防空洞，釋放自己壓力，只是每個人的防空洞形式不同，有些人是透過冥想，有些人是運動，有些人則是聽音樂等等。

當然，也有很多人的方式是透過讀書。

以後如果你的子孫，有人說他因為太忙了，所以沒有時間讀書，那你可以問他，你有比美國總統更忙嗎？或者是，當你也以

很忙當藉口，把自己不讀書合理化，你不妨也問問你自己，你的事業有大到比美國總統更忙嗎？

巴菲特說：「是閱讀讓他致富的。」而他的投資夥伴查理・芒格（Charles Thomas Munger）也說過，他這輩子遇到的成功人士沒有不每天閱讀的，沒有，一個都沒有。

他們兩人創立的伯克希爾公司（Berkshire Hathaway）市值高達 6500 億美元，可以說是人類最頂尖最成功的投資事業，之所以會這麼出類拔萃，是因為兩個人都是學習機器，二人醒著的時候有一半的時間都是在閱讀，每天睡覺時都比每天早上進步一點，這樣的終身學習精神，造成這個亮麗的成績。

讀書的好處 7：讀書可以治療你的無知，改變你的命運

只需要付出很少的錢，就能買到別人用了幾十年累積到的人生經驗和知識。

「個性即命運（Charity is destiny）」，是希臘哲學家赫拉克里圖斯（Heraclitus）講的一句名言，多數人一生都是用自己的「天分」，也就是一生下來就有的個性跟觀念在看待每一件事情，而對讀書這件事認為他都懂，甚至對讀書這件事嗤之以鼻。

有一句話說，「可怕不是無知，而是對於無知的無知」，心理學上有一種達克效應（DK Effect，Dunning-Kruger Effect），講的就是這個。越是一知半解者，似乎越有一種迷一般的自信，這跟達爾文說的「無知比知識更容易招致自信」，有著異曲同工之

妙。

我們的教育體制，從小就讓我們侷限在國文、英文、數學、歷史、地理這些考試的科目，而且範圍是框架在考試範圍內，這造成我們的下一代狹隘的觀念。被動式的讀書，囫圇吞棗式的讀書，填鴨式的讀書，不知獨立性思考為何物，也不知從何思考起。下次如有去自助餐吃午餐，觀察一下周遭，您會發現大家邊吃午餐，邊看電視新聞報導，飯吃到一半，聽到美女主播用著驚悚的語氣在報導一則鄰居吵架的社會新聞，此時大家的大腦完全敞開，新聞怎麼報就怎麼信。本書從 2021 年 3 月 4 日開始寫，到了 2021 年 12 月 25 日，筆者在《萬能金鑰》（The Master Key System）第 299 頁看到這段文字：「一般人不知道如何深入思考，都只會對他人的想法照單全收，然後有樣學樣，就和鸚鵡學舌沒什麼不同。這使我們了解形成輿論的方法，大多數群眾情願放棄自主思考的能力，任由少數群體為他們喉舌。這種群眾心態使得在全世界許多國家的少數人篡奪多數人的權利，因而造成少數欺壓多數人的局面。創造性思考需要專注力。」

照單全收這幾個字完全一樣，似乎又是另一種共時性（Synchronicity），完全不用思考。

今年金曲獎，拿下最佳新人是位準外科醫生，有一位教授說：「放心給她開刀嗎？」這個就如同前面講的達克效應，當你手中只有一把鐵鎚的時候，你會把所有問題看成鐵釘，當法官心中只有法律時，他會把所有的人當作罪犯，對於自己無知的無

知，是我們這個社會最大的隱憂。

我們在家族憲法那個章節中會提到，在對下一代的子孫做考核的時候，我們特別強調，不要拘泥於學歷上面的考量，而應著重在子孫真正的內在實力，這個部分可以以他讀過多少書，走過多少路來做衡量。在家族裡，成立讀書會是必須的，鼓勵大家讀書也是必須的，因為沒有任何事比無知更可怕，沒有任何事比對自己的無知還無知更可怕。

如果沒有平常喜歡廣泛的閱讀，今天這本書絕對不可能完成，如果沒有閱讀，本書可能令人全身不舒服，因為將所見所聞都侷限在法律人的恐龍世界，正如那句名言講的，如果你手上只有一把鐵鎚，你會把所有問題當作是鐵釘。

在這個知識爆發的年代，一切資訊的取得是那麼容易，再加上現在的網際網路的發達，讀書再也不必是挑燈夜戰，秉燭夜讀，而是隨時隨地的事情，你不必一卷在握，卻可隨時隨地在閱讀，因為你即便有閱讀功能障礙，也會有人讀書給你聽，這個方便性讓你在運動的同時，大腦也在吸收新知，無論當下你是在散步、健走、跑步、騎單車、甚至游泳，也都可以聽別人演講或幫你讀書，如果你的子孫連這樣的事情都做不好，你還寄望你的財富傳承幾代？

猶太家族鼓勵孩子自由閱讀，按自己的意願讀書，讓孩子養成閱讀的習慣與興趣，不強迫記憶，不強迫一個字一個字地讀，也不填鴨，只有隨著自己的意願，讀書才能帶來無窮的喜悅。

古代的有錢人（員外），有些比較上進的還會找人讀書給他聽，現在你不必是員外，也隨時會有人讀書給你聽。

　　就筆者個人的經驗言，筆者曾經聽了一場演講，就做了一筆生意，那場是關於故宮博物院的商標授權介紹，我聽了那場演講後，第二天就馬上去開發了幾批商品，後來也真的讓這個小小的事業開花結果，那時候我們的商品是用 POLY 做的，我們還跟同仁講，沒有人天生下來就知道什麼是 POLY，郭台銘也不可能生下來，就知道什麼是 LED，當你知道自己的不足而且願意學習，一切就好辦了。

　　凡事都可以透過學習而來，而學習除了向大師學習以外，另外一個最好的途徑就是閱讀。

　　南僑水晶肥皂，相信大家都用過的，它是南僑關係企業所生產，其創辦人陳其志也是以「天行健，君子以自強不息」的精神，為南僑企業奠定深厚的基石，在他們桃園油脂工廠設有紀念創辦人陳其志的榮恭館。讓人印象最為深刻的就是，陳其志在台北市懷寧街寓所的書房，經過數十年後，仍原封不動地重建於榮恭館內。書房內的擺設仍維持當初原貌，好幾排書架滿滿的都是創辦人陳其志的藏書，範圍廣及化學、物理、化工、經濟學等。陳其志本身並非學習理工出身，卻能夠從經濟學的本業成功跨足到化工業，就是由於不斷學習吸收各領域知識，並運用在事業經營上的結果。

　　美國富比士公布 2022 年全球富豪排行榜，全球首富由特斯

拉創辦人馬斯克（Elon Musk）獲得，身價高達 2190 億美元。大家都知道伊隆・馬斯克為了打造清潔能源，創立電動汽車公司，並且為了向世界上最接近神的人尼古拉・特斯拉致敬，取名為特斯拉，又創立 Space X 太空探索技術公司，為了人類在火星建立一個新的殖民地。但這一切很厲害的背後，卻都是他從小養成的讀書習慣，以及海量的閱讀，在他 8 歲的時候就已經看完大英百科全書。

以現代的用語，這就是斜槓的概念，Slash（斜槓青年）這個字來自一位美國作家（Marci Alboher）的著作，在現代社會的急速發展，擁有多重專業的能力已經越來越重要，除非你是天生好手，否則讀書還是斜槓你的人生最迅速並且有效的方式。

清儉，一是個家族不敗的基因

范仲淹在晚年回顧自己波瀾壯闊的一生時，曾經留下一句話：「老夫平生屢經風波，惟能忍窮，故得免禍。」《范文正公言行拾遺事錄》中也有記載：「公雖貴，常以儉約率家人。」

范氏家族中除了范仲淹，名氣最大的應該要數范仲淹的次子范純仁了。《宋史》對范純仁的評價很高：「純仁性夷易寬簡，不以聲色加人，誼之所在，則挺然不少屈。自為布衣至宰相，廉儉如一，所得奉賜，皆以廣義莊；前後任子恩，多先疏族。」於是，在民間范純仁便得了一個「布衣宰相」的雅號，宰相是他的官職，而布衣之說則是因為他清廉節儉的作風。而這一切都源自

范仲淹的嚴格教導，范純仁曾深有體會地說：「唯儉可以養廉，唯恕可以養德。」

古往今來，喜好浮華是年輕人的天性。范純仁結婚時，他和妻子打算以錦羅綢緞作為婚房的裝飾。范仲淹知道後立即將范純仁喊來訓話：「吾家素清儉，安能以羅綺為幔壞吾家法，若將帷幔帶入家門，吾將當眾焚之於庭。」之後，范仲淹更是語重心長地告誡兒子：「錢財莫輕，勤苦得來；奢華莫學，自取貧窮。」由儉入奢易，由奢入儉難。一個人，如果年輕時貪圖享樂，那麼即使家大業大，也會有坐吃山空的一天。一個家族，如果全部都是鋪張浪費的紈絝子弟，那麼家道敗落也就近在眼前。

行善，是一個家族強大的靈魂

宋代錢公輔的《義田記》中有過這樣一段記載：「范文正公，蘇人也……置負郭長稔之田千畝，號曰『義田』以養濟群族之人。」范仲淹花費巨資購置良田，不是用來圈地致富，而是拿佃租接濟貧寒不能自立的老百姓。一直到清雍正年間，范氏一族的後人，還在不斷注入資產，形成了一條橫跨了數百年的偉大的慈善事業。

行文至此，我們在 2021 年的今天，全世界發生了這麼嚴重的新冠疫情，病毒無所不在的席捲地球上的每個角落，台灣在國際地位上的尷尬處境竟然是因為沒有取得足夠的疫苗，而產生一波疫情擴散的危機，幸虧後來永齡基金會的拋磚引玉，讓台積電

及慈濟陸續透過民間的力量對外交涉才取得更多的疫苗，這個回應到筆者在 2021 年 3 月 4 日開始演講家族憲法這個主題時提到的默克家族與嬌生公司自二次大戰以來首次合作，共同開發解救全體人類的疫苗，有什麼比這個更酷的事？350 年前創立默克家族的梅耶地下有知，一定也會對其家族感到無比的驕傲。同樣地，今天郭台銘董事長、張忠謀董事長以及證嚴法師創立的事業，也將因為後繼的子子孫孫或接班人及善心人士的加入，而形成另外一個橫跨數百年的偉大慈善事業，而造福並拯救無數的人類，相信這才是真正的自我實現，才是真正的傳承，才是真正的生命意義。

當一個家族播下一顆善良的種子，然後子孫後代不斷地施肥灌溉，等到種子長成一棵蒼天大樹，變成護衛整個家族的最強大的保護傘。家族就會綿延不斷，正所謂：「道德傳家，十代以上，耕讀傳家次之，詩書傳家又次之，富貴傳家，不過三代。」

自立，是一個家族立足的根本；

讀書，是一個家族興旺的源泉；

清儉，是一個家族不敗的基因；

行善，是一個家族強大的靈魂。

牢記這 8 個字，你便掌握了一個家庭乃至一個家族長盛不衰的祕密。

以產遺子孫，不如以德遺子孫，以獨有之產遺子孫，不如以共有之產遺子孫

相信很多人都去過位於法國巴黎市中心的塞納河邊，參觀過羅浮宮（Musée du Louvre），去欣賞達文西的蒙娜麗莎，大家都有在羅浮宮的入口處玻璃金字塔拍照留念。此工程由美籍華人建築師貝聿銘設計，成為了羅浮宮前最美的景點之一。

我們接下來就是要探討貝聿銘這個家族，如何在精神傳承這部分，立下可以給我們當借鏡的典範。

從元末 1368 年前，到 21 世紀的現在，蘇州貝蘭堂一家及後代，憑藉 30 字家訓的德行教育，打破「富不過三代」的魔咒，在國外延續 17 代富貴不衰，打造了數百年的富貴。

小藥房起家成就江蘇四富之一

貝聿銘傳記曾寫道，元末時，社會動盪、戰亂頻起，為了躲避戰亂，原本住在浙江金華的貝家祖先貝蘭堂一家，遷居到了蘇州。

因為手裡有貝家祖上留下來的一些祕方，貝蘭堂就在蘇州開了間小藥房行醫。到了明朝時期，貝氏家族已成為吳中最富庶的四大望族之一，人稱「江蘇四富」之一。

第 7 代傳人——貝慕庭

到了清代，貝家進入第 7 代，貝慕庭繼承祖上貝家的藥房，並將這間老字號打造成了江浙一帶最大的藥材行。把家族的昌盛推到鼎盛，成為了當時的蘇州首富。

第 13 代傳人——「顏料大王」和「金融世家」

貝家來到第 13 代，貝潤生和貝哉安倆兄弟把家族事業推到了前所未有的高度。貝潤生經商，從顏料行的小學徒做起，一步一步做成了上海鼎鼎大名的「顏料大王」。貝潤生還看到了房地產的前景，僅在上海就買下了近 1000 套房產。

弟弟貝哉安則選擇入仕，進入蘇州府學貢生，然而父親突然病故，他只好接班打理父親留下的產業。很快他和友人一起創辦了上海銀行。此後，貝家貝哉安這一脈的後代多從事金融行業，被稱為「金融世家」。

第 14 代傳人——銀行家貝祖詒

貝哉安有五個兒子，均從事銀行金融業，其三子貝祖詒，是銀行家，曾任中國銀行副總經理、常務董事，中華民國中央銀行總裁，英屬香港上海商業銀行董事長。

1917 年貝家第 15 代傳人誕生了

1917 年 4 月 26 日，一個男嬰在貝家呱呱墜地，他便是貝家

第 15 代傳人貝聿銘。是「金融世家」貝哉安的長孫、貝祖詒的長子。

1935 年，18 歲的貝聿銘隻身美國求學，進入賓夕法尼亞大學學習建築學，後來又轉入世界頂級大學麻省理工學院和哈佛大學學習建築，一畢業就拿到了美國建築師協會的獎項。

貝聿銘的畢業成名作是上海的博物館。之後，他設計了法國羅浮宮博物館前的玻璃金字塔、約翰·甘迺迪圖書館、蘇州博物館、香港中行大樓、日本 MIHU 美術館、美國達拉斯市政廳、華府的東廂博物館以及台灣東海大學的教堂等世界級建築作品，幾乎拿下了建築界所有獎項，轟動全球。

1949 年後，留在大陸的貝家人被迫上交幾乎全部的財產，如銀行、電力、燃油和染料的經營權，還有貝家上海法租界洋房花園和著名的獅子林。

貝聿銘的族弟貝重威，被劃為右派判刑 22 年，發配黑龍江勞教；妹妹貝聿琳的銀行家丈夫遭批鬥；九姑貝娟林嫁給顏料大亨的吳同文，文革時，吳同文遭批鬥與姨太太一起在家裡服毒自盡，貝娟林也被掃地出門。

1974 年，留學美國後的貝聿銘第一次回到蘇州老家。他面對的是「100 多位穿著破舊藍黑衣服的親戚」，一時間說不出話來。後來貝聿銘對同事說：「我在他們面前沒有一絲一毫的優越感。他們當中任何一個人可以是我，我可以是他們當中的任何一人。」

貝聿銘的幸運

貝聿銘曾想回國報效被父親貝祖貽阻止，他的選擇不僅自己得以善終，而且讓兒子也躲過了劫難，為貝聿銘最終走向世界級大師奠定了基礎。

貝家海外第 16、17 代傳人，在貝家祖訓影響下，貝聿銘的 3 個兒子畢業於哈佛大學投身建築業，女兒哥倫比亞大學法律畢業。他們的後代也有著很好的發展。

德行與家風打造了數百年的奇蹟

貝氏家族靠什麼延續幾百年而不衰？答案是僅 30 字的家訓「以產遺子孫，不如以德遺子孫，以獨有之產遺子孫，不如以共有之產遺子孫。」

貝家人樂善好施，從祖輩的小藥房開始，對窮困百姓免費醫藥。教會孩子們有一顆感恩的心，將財富回饋給社會，貝氏家族沒有子弟凌駕於金錢之上，仗著富有揮霍敗家。花出的每一筆錢幾乎都用在慈善上。

德行與家風，讓貝氏家族歷經數百年而不衰。

顏氏家訓

顏之推（531-591），字介，琅邪郡臨沂（在今山東省）人，南梁至隋朝皆為官員，撰有《顏氏家訓》。

他結合自己從小學的家庭教育和切身經歷，寫了一本《顏氏

家訓》，主張早教。他認為，人在小的時候，精神專一；長大以後，思想分散，不易學習。後人稱：「六朝顏之推家法最正，相傳最遠。」

在財富傳承的過程中，《顏氏家訓》無疑是最值得推薦的一本書，如果能以此為傳家之寶，即便沒有留下金山銀山給後代子孫，單是這些精神傳承，應該就有機會讓家族興盛個 8 代、10 代。

勤奮學習

試舉《顏氏家訓》〈勉學篇〉原文：「自古明王聖帝，猶須勤學，況凡庶乎！此事遍於經史，吾亦不能鄭重，聊舉近世切要，以啟寤汝耳。士大夫之弟，數歲已上，莫不被教，多者或至《禮》、《傳》，少者不失《詩》、《論》。」

從古以來的賢王聖帝，還需要勤奮學習，何況是普通百姓之人呢！這類事情遍見於經籍史書，我也不能一一列舉，只舉近代切要的，來啟發提醒。士大夫的子弟，沒有不受教育的，多的讀到《禮記》、《左傳》，少的也起碼讀了《詩經》和《論語》。

這個跟我們前面提到歐巴馬總統，每日還會撥出一個小時讀書是一樣的意思，古代明王聖帝，到現代的美國總統都還需要勤奮學習，何況是我們？如果你的子孫因為繼承了你的財富，就開始忘記要勤奮學習，這樣你的傳承究竟是幫助他還是害了他？實在需要省思。

「或因家世餘緒，得一階半級，便自為足，全忘修學，及有吉凶大事，議論得失，蒙然張口，如坐雲霧，公私宴集，談古賦詩，塞默低頭，欠伸而已。有識旁觀，代其入地。何惜數年勤學，長受一生愧辱哉！」

有的憑家世餘蔭，弄到一官半職，就自感滿足，全忘學習，遇到婚喪大事，議論得失，就昏昏然張口結舌，像坐在雲霧之中。公家或私人集會宴歡，談古賦詩，又是沉默低頭，只會打呵欠伸懶腰。有見識的人在旁看到，真替他羞得無處容身。為什麼不願用幾年時間勤學，以致一輩子長時間受愧辱呢？

「梁朝全盛之時，貴遊子弟，多無學術，至於諺曰：『上車不落則著作，體中何如則祕書。』」

梁朝全盛時期貴族子弟，不學無術，卻官居要職，登上仕途只要不落選，就被任為著作郎；只要能問候身體怎麼樣的人或是套句現在的用語，就是只會用 LINE 傳早安、午安、晚安就可以被任命為祕書郎。

在財富傳承的過程，首要之務就是接班人的教育與訓練，如果只因為是家族成員，無論其才能如何，就委以要職託以重任，不僅無法服眾，對企業員工及股東也是一種傷害。

以上所說的內容是一幅活生生的浮世繪，顏氏推在 1500 年前在《顏氏家訓》裡就已經寫的這麼清楚，強烈建議有心規劃財富傳承之人，在規劃財產怎麼傳承之前，不妨再將本書提供的建議考慮看看，相信你的傳承會更加完善。

父母不宜偏心

「人之愛子，罕亦能均；自古及今，此弊多矣。賢俊者自可賞愛，頑魯者亦當矜憐，有偏寵者，雖欲以厚之，更所以禍之。共叔之死，母實為之。趙王之戮，父實使之。劉表之傾宗覆族，袁紹之地裂兵亡，可為靈龜明鑒也。」

意思就是：人們疼愛自己的子女，很少能做到一視同仁。從古到今，因這類的事情而產生的問題太多了。那聰明俊秀的孩子，當然值得賞識喜愛，而愚蠢遲鈍的孩子，也應該喜愛憐惜才是。那些受到偏寵的孩子。雖然本意是想以自己的愛厚待他，結果可能反而害了他。

「共叔之死，母實為之」。春秋戰國時代鄭武公十年（西元前 761 年），申侯之女被迎娶成為武公夫人，因申國為姜姓諸侯國，所以武公夫人被稱為武姜。武姜成為夫人後，先後為武公誕下兩子，長子寤生（即鄭莊公）和少子段。生莊公的時候，因莊公腳先出來造成難產，驚嚇到武姜，故莊公名為寤生，以表示她的厭惡，這也成為共叔段之亂的起因。少子段出生後，武姜偏心於段，並時常向鄭武公請求立叔段為繼承人，但鄭武公卻按照嫡長子繼承制的禮法，不肯廢除公子寤生的太子身分，最終鄭莊公在鄢城殺死了叔段。

簡單說明，就是因為母親的偏心，最後害哥哥殺死了弟弟。

官渡之戰，是三國時期「三大戰役」之一，也是中國歷史上著名的以少勝多的戰役之一。

東漢獻帝建安五年（西元 200 年），曹操軍與袁紹軍相持於官渡。曹軍焚毀袁軍糧草，使得袁軍喪失鬥志，繼而擊潰袁軍主力。此戰奠定曹操統一中國北方的基礎。

東漢末，軍閥袁紹有三個同父異母的兒子，袁譚是長子，袁熙是老二，袁尚是老三。

袁紹以老三袁尚長得比較好看並且是後妻劉氏所喜愛，所以欲立為繼承人，但未正式表態。眾人希望立其長子袁譚為繼承人，王修勸導兄弟應和睦，袁譚拒絕；劉表亦寫信給袁譚勸他與袁尚和好，但袁譚仍不接受，兩兄弟不和，哥哥袁譚還落人找兄弟來打弟弟袁尚，這個兄弟就是曹操。官渡之戰袁紹被曹操打到帶著袁譚及 800 人漏夜落跑，沒兩年袁紹就憂病而死，沒想到袁譚最後為了跟弟弟吵架，竟將此不共戴天之仇拋諸腦後，絲毫不顧父親的感受，竟反而找曹操來處理弟弟袁尚，常言道：「打狗也要看主人」，何況這個主人是你的父親，而且這個也不是狗而是你的兄弟。

最後結果是兄弟鬩牆，漁翁得利，讓曹操有機可乘，哥哥袁譚最終被曹操追殺，更在逃跑墜馬之際被曹操的部下虎豹騎追及，袁譚說：「放過我！我能使你富貴。」還未說完就被虎豹騎梟首。

戰勝袁譚後，曹操十分高興，自稱萬歲，還在馬上跳舞。

當我們讀到這段歷史，再回頭來看看當代豪門企業的子女們，不也在上演著相同戲碼嗎？

經過 1800 年後的今天，還是有許多人未能記取教訓，台灣也是有第二代的繼承人，完全沒有把親情放在前面，絲毫不顧父親的感受而讓同父異母的弟妹流落在外，甚至企圖置同父同母的弟妹於死地的案例，令人不勝唏噓。

長榮集團創辦人張榮發喜愛二房所生之子，與袁紹喜愛之美貌及後妻劉氏所生之袁尚而欲立為繼承人有何不同？

如果企業家有此心願，是否應好好規劃一番？

歷史殷鑑不遠，為何還不能記起教訓？

精神的力量

科學家在觀測宇宙中一切物質的本質時發現分子，接著發現比分子更小的原子組織，再發現更微小的電子及電子緊緊圍繞著的原子核，而原子核中還有中子和質子，後來更發現一種完全不可分割的物質，就是基本粒子。而以現代的科學還無法觀測此基本粒子，這就是「海森堡測不準原理」，科學家只知道基本粒子的存在，但完全不知道它的模樣，後來科學家們才以弦理論描述這個基本粒子，它就像震動著的琴弦攜帶著能量，以各種不同的頻率的震盪模式，創造出宇宙的多樣性。一般認為，基本粒子或是基本粒子從何而來，就是指精神的範疇。

數千年來，人們相信冥冥中存在一股看不見的力量，萬物都是由此孕育而生，因此這個世界才能生生不息、周而復始。我們可能人格化這道力量並稱之為上帝；我們也可能認定它是萬物本

質或精神，但萬變不離其宗，跟孕育萬物這一點是一樣的，其實這也與我們中國古老的《道德經》是一致的。老子說：「無，名天地之始，有，名萬物之母。」還說：「生一，一生二，二生三，三生萬物。」《聖經》的〈創世紀〉也說：「太初有道，道與神同在，道就是神。」

　　心靈世界才是外在世界的真實主宰，思想是因，外境是果，因果關係就是自然法則，也是宇宙的運行法則，心靈世界或說內在世界完全掌握在無限的「我」手中，而這個內在的我、無限的我即是宇宙能量的一部分，不論我們對他的稱呼是「一切萬有」「神」、「上帝」、「阿拉」、「佛」還是「老天爺」，只有聚焦在內在的精神活動，與無所不能的偉大力量合而為一，才是人生之道，也才是傳承之道。「不論你有多麼富有，多麼有權勢，當生命結束之時，所有的一切都只能留在世界上，唯有靈魂跟著你走下一段旅程。人生不是一場物質的盛宴，而是一次靈魂的修練，使它在謝幕之時比開幕之初更為高尚。」稻盛和夫這麼說。

　　我們這一生的任務就是讓靈魂更進步更純粹，讓它提昇到純美的境界，接近神佛的境界，就是佛教的說法，不必再來輪迴轉世，這也是本書一再強調的真意，傳承如果只是物質世界的財富，那就相當可惜了。

　　我們在這個章節討論的是一個比自己更偉大的力量，如果你有宗教信仰，那很好，如果你沒有宗教信仰，那也沒關係，人世間有股看不見的力量，冥冥之中與生命中所發生的一切互相牽引

互相影響，我們對這件事都是抱持正面的看法。

我們從卡爾・古斯塔夫・榮格（Carl Gustav Jung，1875 年 7 月 26 日至1961 年 6 月 6 日），是瑞士心理學家、精神科醫師，我們從分析心理學的創始者說起，因為榮格畢竟是一位受世人肯定，而且是出身正統西方科學與醫學訓練的醫師，從他的經驗及思想，可以降低或減少世人對怪力亂神之質疑。

1930 年代初期，有位傑出的美國商人，蘭登・H・羅蘭，到處尋找治療酒癮的方法，卻都無功而返。於是，他拜訪知名瑞士心理分析家卡爾・古斯塔夫・榮格，希望獲得治療。在羅蘭接受榮格的治療大約一年後，獲得了某種程度的清醒，羅蘭滿懷希望回到了美國，但強烈的酒癮卻再度發作。羅蘭再度回到瑞士拜訪榮格，榮格很謙虛地告訴他，無論是他所學的科學或藝術，都無法再進一步幫助他了，但是人類歷史上的某些情況下，有時候會有一些人全心投入某些靈性組織，臣服於神的幫助而獲得康復。羅蘭帶著氣餒的心情回到美國，但接受了榮格的建議，在當時找到了一個稱為「牛津團契」的組織，這些團體成員定期聚會，討論如何根據靈性法則過生活，與後來戒酒無名會所採用的方式很像。透過這些方法，羅蘭後來康復了，他的康復震驚了一個名叫艾比的人，他也是一個試過各種戒酒方法都無效的酗酒者，羅蘭告訴艾比自己康復的方法後，艾比照著做，也同樣重獲清醒的生活。這種口耳相傳的模式進而開始擴大，艾比再傳給他的朋友比爾，比爾經常因無可救藥的酒癮而住院，屬於醫學上的重症，艾

比告訴比爾，他的康復是來自於為他人服務、道德大掃除、保持無名、謙虛，並臣服於一個比自己更偉大的力量。

從戒酒會這個個案，我們可以深切的體會一位現代科學背景的醫師，對於科學的不足以及保持謙虛，並臣服於一個比自己更偉大的力量所帶來的驚人成果。

另外在美國有一套《賽斯資料》（Seth Material），是一系列的通靈紀錄與著作，由美國靈媒珍‧羅伯茲從 1963 年開始口述給其丈夫作成筆記，直至她於 1984 年逝世為止，總共記錄了 21 年的時間。賽斯核心思想是以意識創造物質的理論為基礎，指出每個人都可以透過思想、信念和期許，創造自己的實相，而且吾人在當下就可以通過威力之點（Point of Power）影響事物的變化，目前在台灣也是由一位現代科學背景的醫師在推廣，這個我們在第二章就有提到了。

從這兩個例子可以說明精神所代表的力量：

1. 「精神」指的是一種看不見的元素。

2. 精神所代表的一切意義：勇氣、不屈不饒、無保留投入、遵循最高原則，以及卓越、榮譽、尊敬與謙卑的表現。

3. 精神是伴隨生命能量的那一股活力，是生命能量的表現，並與生命能量深深共鳴。

4. 精神或靈性與宗教是不能劃上等號的，像是《美國憲法》、《人權法案》、《獨立宣言》等文件，明明白白區分了靈性與宗教的不同。美國政府禁止建立任何宗教，以避免損害人民的

自由，因而就在同樣的這些文件中，假設了政府的權力是源自於靈性原則。所以在財富傳承與家族憲法為什麼還要提到精神傳承，究其原由就是因為它是傳承與家族憲法的最高指導原則。

5. 要充分了解精神力量的本質，以及它如何產生並如何以社會運動的形式來運作。很適合研究當代一個擁有巨大心靈力與影響力的團體，該團體明確遵循人類的精神，卻又斷然稱自己為非宗教組織，那就是「戒酒無名會」的團體。

6. 根據官方資料，「戒酒無名會」成立於 1935 年，至 2021 年已有 86 年歷史，目前台灣亦有分會。

7. 根據戒酒無名會開宗明義的說法，它「不與任何教派、宗派、政治勢力、組織結盟」。此外，它「對外在事物不持任何意見」，不支持亦不反對其他戒酒療法。

8. 戒酒無名會尊重自由，讓每個人自由選擇。它特殊的心靈力模式是關於誠實、責任、謙虛、服務，以及包容、心存善意及手足情誼。無名會不贊同任何特定道德律，沒有任何是非對錯的條款，並避免道德批判。

9. 戒酒無名會是第一個以這些原則的心靈力量來治癒無藥可救的疾病，並改變會員的毀滅性性格模式的典範。所有繼起的團體治療形式，都由此典範而來，由於人們發現團體正式聚在一起互相探討彼此共同的問題，力量其大無比，許多類似團體相繼出現：為戒酒無名會會員的配偶所成立的「Al-Anon」；為其子女所成立「Alateen」；然後有「賭徒無名會」、「尼古丁無名會」、

「父母無名會」、「過度反應無名會」、「毒品無名會」、「性成癮無名會」等。

10.如果參見高等物理學的理論，以及我們的吸引子研究結果，會發現一個很明顯的事實，就是在這萬物皆相互連結的宇宙中，看不見的力量會為我們成就自己辦不到的事情。我們看不見電、看不見 X 光或無線電波，卻能藉由它們所造成的效果而了解其內在的力量。

11.到目前為止，我們已經看過遵循強力吸引子能量場相關的原則，能為你帶來奧運等級的成就、商業上的成功、在政治上獲得國際性的勝利，並從絕望、惡化的疾病中康復。但是，這些吸引子模式同樣也能創造出史上最棒的音樂，它們是世界上偉大的宗教教化、偉大的藝術與建築的基礎，以及所有創意與天才的泉源。

當我們可以透過自己信仰的宗教，或是你沒有任何宗教信仰，但你願意保持無名、謙虛，並臣服於一個比自己更偉大的力量，對於傳承這件事你就不會感到孤單無力感，你就會感到更有力量，更有支持，因為你將會知道你所做的一切將會利益眾生。

共時性

日本企業家花王的創辦人長瀨富郎的字畫寫著：「好運只會眷顧工作勤勉且行為正直的人。」而豐田（Toyota）企業綱領中就明文指出「上下同心協力，忠實於公司事業，以產業成果報效

國家」，同時提到「發揚友愛精神，以公司為家，相親相愛；尊崇神佛，心存感激，為報恩而生活」。

我們在探討日本這個擁有全世界最多百年企業的國家，經常會發現精神這個看不見的東西，其實一直扮演著一項很舉足輕重的角色，在這一節裡我們將試圖從受過現代醫學訓練的精神科醫師的角度，來探討這個看不見的力量。

共時性（德語：Synchronizität，英語：Synchronicity，又譯同時性、同步性），是前面提到的瑞士心理學家、精神科醫師榮格1920 年代提出的一個概念，內涵包括了「有意義的巧合」，用於表示在沒有因果關係的情況下出現的事件之間看似有意義的關聯。

我們日常生活中經常會發生「怎麼那麼巧啊！」的讚嘆，或是我們常說的「說曹操，曹操就到」，榮格認為，這些表面上無因果關係的事件之間有著非因果性、有意義的聯繫。

榮格在辯論關於超自然現象的存在時也使用了共時性的概念，一名相信超自然現象存在的作者阿瑟‧庫斯勒就在他 1972年出版的《巧合的根源》（The Roots of Coincidence）中討論了共時性。這一種超出僅僅巧合或一般意義上的超自然現象的共時性的想法，雖然被學術界所廣泛的抗拒，但是對於有信仰的人恐怕就不這麼認為了。

榮格在他的自傳裡面提到第一次世界大戰快結束的時候，他用曼陀羅的繪畫，幫他自己走出人生的黑暗低潮，他在自傳裡

說：「幾年之後（1927年），我做了一個夢，有關這個中心及自體的想法得到了證實。我以名為《望向永恆的窗戶》的一幅曼陀羅來表達其本質，這幅畫後來印在《金花的祕密》一書裡。一年之後，我又畫了一幅，中央是一座金色的城堡。這幅畫完成後，我問自己：『怎麼中國味這麼濃？』我對畫的形式和色彩印象很深，儘管外觀沒有什麼中國的東西，我卻覺得中國畫的味道頗重。無獨有偶，不久我收到威爾海姆（Richard Wilhelm）寄來的一封信，信中附有一篇論述到教煉金術的草稿，標題也是『金花的祕密』，他要求我就此寫一篇評論。我如飢似渴地一口氣讀完，文中所述對我關於曼陀羅及在這中心繞圈圈的想法提供了我做夢也沒想到的證明，這是使我不再孤獨的第一件事。我慢慢找到共鳴，終於可以與某件事、某個人建立起關係了。」

「我終於走到我的生命之地，回想起這種巧合這種『同時性』（Synchronicity）時，我不禁在這這幅使我印象如此深刻具有中國味的畫下面寫下：『此畫繪於1928年，畫的是一個防衛森嚴的金色城堡。此時，身居法蘭克福的威爾海姆寄給我一篇3000年前論述黃色古堡──即長生不老之源的中文文章。』」

這篇3000年前的著作就是《太乙金華宗旨》。

《太乙金華宗旨》本書的全名為《呂祖先天一氣太乙金華宗旨》，世人多傳為呂洞賓所著，書中每一章的開頭都有「呂祖曰，或呂帝曰」這樣的話。但維基百科是說偽託唐末呂洞賓，著者不詳或扶乩而成，約在1668年至1692年間成書。

《太乙金華宗旨》一書是道家修練的經典，後由一個叫 Richard Wilhelm（1873-1930），（中文名字為衛禮賢或理查德・威爾海姆）的德國人傳到歐洲。1899 年作為基督教傳教士的威爾海姆來到中國，他在全真道家龍門派的祖庭勝地嶗山，接觸到了正宗的全真道教。實事求是的威爾海姆被道教那深奧的玄理和真實的修證所著迷，他在中國 21 年，學到了道家全真派的正宗修練方法。回德國後，他將《太乙金華宗旨》翻譯成德文，取名為《金花的祕密》（The Secret of Golden Flower）。理查德・威爾海姆是著名心理學鼻祖卡爾・榮格的好友，卡爾・榮格為德文版的《The Secret of Golden Flower》作序。

　　這部道家經典被翻成德文後，引起了西方世界的關注。《金花的祕密》又被翻譯成英文、法文、義大利文、日文等多種文字。英文版現有兩個版本：一個是早期由 Cary F. Baynes 翻譯的，另一個是 1991 年由 Thomas Cleary 翻譯出版。

　　筆者在處理實務上的法律訴訟，常會面臨到一個問題，就是感到人類力量的渺小，有時候我們對案件的期待往往是跟預期的相反，不管是本來預期勝訴的案件或是本來預期敗訴的案件，沒有收到判決書前都不敢妄加揣測。所以後來我都跟當事人講，如果他有宗教信仰就去求助他的信仰，不管信奉的是什麼宗教。後來發現這樣的效果還不錯，特別是那些犯錯的當事人，當他們願意臣服於一個比自己更偉大的信仰，並且真心誠意在他的信仰面前表示懺悔時，往往都得到比預期更好的判決。

我在這裡要分享兩個案例，這個都跟我們小時候的生活有關係。由於我的老家在台北市中山區濱江街，這個在第一章「阿嬤的便當」時已經提到過了，我的老家是典型的閩南建築，應該說是間四合院，因為除了一落三合院ㄇ字型的紅磚建築，後面還有接一落三合院ㄇ字型的紅磚建築，而且後面的這落還是兩層樓並有雕闌玉砌及陽台的建築，在 2022 年的今天這間房子還在，只不過由於比鄰松山機場的紅線，這個房子目前年久失修，殘破不堪，不忍卒睹。離我們這個老家最近的有一間我們從小的信仰中心，就是行天宮，在大約 20 年前，中山區裡面有一件里長選舉案，因為雙方競爭激烈，最終結果以一票之差定勝負。後來因為驗票的關係，我們代理敗選的一方在第一審訴訟並未能扭轉局勢，在第二審上訴過程中，我們對於要如何逆轉這個案件，幾乎毫無頭緒。有一天，我剛好在看中華職棒兄弟隊對統一隊的比賽，現場實況轉播中，聽到主播一句「界外球」，這三個字，就像是一道閃電忽然讓我靈光乍現，於是我們在第二審的時候，原本非常不屑的法官聽到我講出「界外球」這三個字的同時，竟然就讓原本閉目養神的受託法官忽然大夢初醒，張了張眼睛看一看在他法官生涯聽也沒聽過的「界外球」到底是怎麼一回事。二周後我的助理收到判決書時跟我講，我說不用看啦，應該是上訴駁回，結果竟然是大出意料，原本屬於我們的一張廢票，因為「界外球條款」的介入得到二審法院的青睞，讓這張廢票變成我們的有效票，雙方變成平手，依法接下來要抽籤決勝負。我就跟當事

人講我只能幫到這裡，剩下得就是要去求助自己的信仰了。後來一位長輩出面去行天宮拜拜，這位長輩也是行天宮土地捐獻的家族之一，最後抽籤的結果，我們得到逆轉，原本當了9個月的里長換人當。

多年後某一天有幾位當事人來我的事務所討論法律案件，有一位朋友跟我介紹一位非常和藹的長者，問我知不知道他是誰，我說不知道，原來他就是原來的老里長，當我知道是他時，連忙起立向他鞠躬道歉，他卻很慈祥的告訴我沒事，讓我備感溫馨。

另外一件也是跟行天宮有關係，那是發生在更久之前的事。有一天，一位大學同學找我去士林，去我小學同學經營的租車商行打牌。我到的時候，我那位小學同學很好心的幫我把車子停在商行對面的美國學校。當天玩牌手氣極差，凌晨要去開車的時候，卻發現車子並沒有在對面，一陣驚慌後，確認車子被偷了。報警後的幾天，我來到行天宮祈求關聖帝君的協助，抽了一支籤詩，一看就知是一支無望的籤詩，但是我跟我太太還是循例將籤詩拿去請示解籤詩的人員。解籤詩的是一位年約60歲的婦人，她問我們要問什麼，我們說要問車子失竊能不能找回來？她問我現在正在做什麼，我說要準備考試；她說為何我在準備考試還有車子可以開，我們就說明因為自己也有在經營補習班所以有車子開等等。這位解說員她就當著我們的面指責我們是不是平常待人處事不好，我們也當下反省，好像也想不出來平常哪裡有待人處

事不好之處？所以跟解說員解釋，並未有待人處事不好之處。解說員繼續質疑我們，如果平常沒有待人處事不好，那應該是對父母不孝，聽她這樣一講我簡直是火冒三丈。我妻子趕緊緩頰說，如果我們跟父母親的相處是不孝，我們真的就不知道何為孝道了。解說員看我們這樣堅持，後來講了一句，如果這世沒有什麼不好之處，可能是上輩子欠人家的，人家現在來要回去，要我們再去跟關聖帝君求看看。後來我們再到大殿前向關聖帝君稟報，根本沒有解說員講的這些狀況，後來又抽了一張新的籤詩，很明顯這張比第一張好多了。當我們再把新的籤詩拿回去給解說員的時候，又換來一頓新的責備，她說不是要我們再去抽籤，不然這樣無止無盡的抽下去怎麼可以。罵歸罵，最終解說員還是把籤詩拿過去讀了一下，她看過後跟我們說關聖帝君要幫助我們，我們離開行天宮時，心情是完成一件工作的感覺。車子是掉了，但是我們該做的已經都做了，這樣對自己也有交代，沒有遺憾了。如果真的是上輩子欠人家的，該還的還是要還。

大約一個月後……

有一天我太太從曼谷回來，當時我的外甥在泰國做生意，我的大姊經常找我們去那裡玩。回來後第一天上班時，我們的員工說有人打電話來說我們中了獎，我太太打電話問我出國前我們有寄了四個白蘭氏瓶蓋信封去參加抽獎，那個活動的獎項是什麼？我說就是台東知本旅遊三天兩夜，然後博覽家雜誌一年份之類的，後來她依照對方留下的電話回電，據事後她的描述，她打回

去的時候問說是不是有打電話通知我們中獎的事情，對方是一位很酷的女生，用很低沉的口氣問說叫什麼名字。當我太太說出我的名字時，對方忽然變得很有精神的說：「有！有！有！」並且很開心地恭喜我們，我們中的是第一特獎，是董事長親自抽的，而且在四萬多張的信件裡只有一位，而第一特獎不是我剛剛講的台東知本旅遊三天兩夜、博覽家雜誌一年份，而是一套兩大兩小的環遊世界行程，內容包括美國、歐洲、英國、法國、瑞士以及南非，這個行程由錫安旅行社舉辦，全部價格為 49 萬 6 千元（496,000 元），當時即是以這個價值的 15% 去繳納稅金。

我大哥建議我不要去玩，不如把它折現，拿這筆錢再去買一輛車子，我則堅持要帶我的父母親去歐洲玩。因為聽人家說，每個人一輩子都應該去歐洲一趟。現在回想起來這個決定可能是我這輩子最正確的決定，因為我們在瑞士的鐵力士山看到這輩子從來沒見過的雪景。

如今我的父母都已經不在這個世上，但他們在白雪上玩得那麼開心的笑容，以及手牽著手散步在巴黎塞納河畔的情景卻成為我心中永遠的慰藉。

後來富邦產物來電說，我的車子由於新車保險期還有一周才到期，要我去辦理理賠。我到仁愛路的富邦大樓，一位丁小姐拿出一張理賠單要我簽名，上面有列出我遺失的車子的金額，我那時候失竊的新車是 TOYOTA CORONA，它的金額是 496,000 元。

或許有人會說這個只是巧合，不能因為偶然而誤以為是必然

因果。但是後來筆者看到榮格的書，才發現這就是他說的共時性，愛因斯坦也說過共時性是「隱藏的上帝的版本」。

艾妮塔在《死過一次才學會愛自己》（What if This is Heaven？原來，此生即是天堂）書中也分享了「共時性」現象，證明我們彼此都是相連的，很多現象都是宇宙的巧妙安排。她說有一次她回到她母親的故鄉印度浦那（Pune），那是一個擁有3000 年歷史，人口高達 550 萬的大城市。有一天，她到熙來攘往的市區逛街，三輪車、腳踏車、摩托車，按鈴的按鈴，按喇叭的按喇叭，路邊攤賣著辣煮蔬菜、麵包、油炸零食、甜點、塑膠玩具、美麗的布料、衣裳、五顏六色的包包和帽子、涼鞋、氣球、廚房用具，琳琅滿目不勝枚舉。這些畫面和聲響混合著各種氣味，有薰香，有紅咖哩，有新鮮和腐爛的蔬菜，還有汽車廢氣、香水和牛糞。整幅景象猶如慶典一般熱鬧非凡，怎麼描寫也不能盡述，只能身歷其境親自體會。忽然，她瞥見一條美麗的裙子，掛在一間非常小的小店櫥窗裡。小店隱藏在香料攤和裁縫店之間，淹沒在繁忙的景象之中，讓人幾乎看不見。後來她試穿了那條裙子，年輕的老闆娘問道：「妳是從哪裡來？妳的口音不像本地口音，所以我知道妳不是這裡的人。」

「沒錯，妳說對了。」艾妮塔從簾子後面回答：「我不住印度，我住香港，我在香港長大。」

老闆娘驚呼道：「哇！太巧了吧！我正在讀一本很震撼人心的書，作者剛好也是一位在香港長大的印度女性，名叫艾妮塔‧

穆札尼，妳聽過嗎？」

從老闆娘口中聽到她自己的名字，她的下巴就快掉下來了。

「那就是我啊！妳在讀我的書！」她不敢置信的說。這下子換老闆娘的下巴掉下來了。

老闆娘說她的名字叫做吉塔，她之所以會讀到這本書是因為她在英國的表姊讀完後寄給她，叫她一定要讀，「讀這本書的時候，我就一直希望有一天能見見妳。」

吉塔告訴艾妮塔：「我有好多話想跟妳說，就彷彿我用意念要妳出現，妳還真的出現了！」說著說著，她不禁熱淚盈眶。

艾妮塔說：「無庸置疑，是妳用意念讓我出現在這裡的。」無庸置疑，冥冥中艾妮塔就注定要為她來到這裡，而她也注定要以某種方式碰觸到艾妮塔的生命。「我感覺自己是因為妳才來到這裡的，所以請盡情問我任何妳想問的問題吧！」

吉塔眼泛淚光，說她有個罹患自閉症的兒子，她感覺她跟兒子之間不再心意相通了，艾妮塔告訴她：「不要用言語去溝通，要用妳的心，切記我們都是一體相連的。以此類推，如果妳覺得很好，妳兒子也會覺得很好。所以，照顧妳自己和妳的需要，真的很重要。無論妳有什麼感覺，妳兒子都會感受到，我很確定一旦妳重新快樂起來，妳的兒子也會受到影響。」

吉塔聽到了這段話，很明顯鬆了一口氣，兩個人聊到共時性，對彼此的相遇，都感到非常的不可思議。

共時性的顯現，有時候會以預知夢的方式表達出來。各位讀

者如果有在注意你自己的夢，或是有記錄自己夢境內容的習慣，可能就會發現愛因斯坦曾講過的「隱藏的上帝版本」，也就是說上帝在冥冥之中自有安排；或者說，發現隱藏在自己內心深處的本能。

珍‧羅伯茲（Jane Roberts，二十世紀最重要的通靈人之一），也就是我們前面提到的與賽斯通靈之人，就曾說過，她有一位叫桃樂西亞的朋友曾看見自己在夢裡讀到一張紙條，是一張銀行通知單，通知她透支了三元六角一分錢。到了早上，她想起了這個夢，便去看看自己支票簿，上面顯示還剩餘 44 元。既然那天她有事去銀行，便請行員查一下她的戶頭，行員查了，然後遞給她一張紙條，上面說她的戶頭透支了三元六角一分。這個夢很可能源自個人潛意識，但不管它的來源是什麼，都含有十分實際的資訊。

筆者對於宗教完全沒有任何偏頗，對於所有宗教都是抱著尊敬的態度，了解這個「隱藏的上帝的版本」之後，更願意保持無名、謙虛，並臣服於一個比自己更偉大的力量，這個對我的人生有相當正面的幫助，當你知道冥冥之中有一股不知名的力量在支持你走正道的時候，你就會有力量跟勇氣面對人生的各種挑戰。如果能夠把這種信仰傳承給下一代，相信對各位讀者的財富傳承也會有相當大的幫助。

藝術與音樂

藝術是一份對全人類有益的禮物，應該在傳承的過程當中扮演重要的一環，教導你的子孫認識藝術、學習音樂，比給他金山銀山都更重要。

榮格曾不斷強調藝術與人類尊嚴的關聯，以及人類精神在藝術裡的重要性。有人說音樂是最接近上帝的能量。在某些層面上，音樂是最精微的藝術，因為它最不具體。然而，它繞過左腦的理性直接訴諸潛意識的右腦模式，所以也同時是最發自肺腑、最情感澎湃的。

在所有藝術形式裡，音樂能以最快速度讓我們熱淚盈眶、讓我們雀躍不已，或啟發我們發揮最大的愛與創造力的形式，我們已注意到，長壽似乎是與古典音樂的吸引子能量場相關的必然結果，無論是擔任演奏者、指揮家或作曲家皆然。我們人類從出生到死亡，中間少不了音樂，如果你跟音樂談戀愛，你一輩子都不會寂寞。

古典音樂經常呈現出極高的內在力量模式

在談到古典音樂時，因為我們畢竟不是學習正統古典音樂出身，有時候難免會感覺古典音樂高不可攀，遙不可及。相信大多數讀者也會有此種感覺，而且對於自己喜歡的流行音樂念念不忘，所以我們就來探討要傳承什麼給下一代，是否只能聽古典音

樂，完全不能聽流行音樂？

美國史丹佛大學和加拿大麥基爾大學的研究人員曾經發表文章指出，音樂會影響和改變人們的激動和反感的程度，甚至會影響人們集中精力的程度。

西方科學經過十幾年的研究發現，古典音樂是治癒身體與精神創痛的良藥，可提升心智。音樂療法（Music Therapy，MT）在不同臨床領域的應用一直受到重視。多項研究顯示古典音樂與現代音樂對人身心健康的差異。

古典音樂聽起來都是非常緩慢平和的，使人在心靈上得到一種寧靜。

這篇文章指出，每個人天生都有音樂天賦，音樂和語言一樣，是人類與生俱來的認知能力之一，對音樂一竅不通的人也天生具有「音樂細胞」。

他們曾經做了一個實驗，在實驗中，選取了 18 世紀英國作曲家博伊斯不太為人所知的作品，結果發現，參與實驗者每當感覺到音樂中的變化起伏時就會按下按鈕。研究顯示，對音樂根本不懂的人也具有對節奏和音調的感知能力，能夠區分樂曲的開始和結束，將接收到的聽覺信息分段並加以理解。

我們聽到的聲音與大腦的情緒中樞腦扁桃體有直接聯繫，音樂對大腦的影響使我們的情緒與音樂直接聯繫在一起。

有學者分析，莫扎特效應源於莫扎特音樂中的旋律符合人腦的運作模式，從老年癡呆症到癲癇症，從提高智力到提高牛奶產

量……許多醫學研究報告都提及莫扎特的音樂最具治療效果。

　　莫札特效應最早於 1993 年發表於權威的《NATURE》科學期刊，兩位加州大學教授的實驗證明，聆聽十分鐘莫札特奏鳴曲，有增長智力效果。他們指出，古典音樂真的可以提升心智。

　　19 世紀初期，歐洲一些精神科醫師發現，有些病患雖然對於種種刺激都沒有反應，唯獨卻對音樂有感受力。此後歐美各國的各個殘障機構、教養院、及特殊教育學校也開始運用音樂來改善殘障兒童和成人的各種身心困擾，而且發現成效相當良好。古典音樂也可促進胎兒發育，研究發現，嬰幼兒期聽莫扎特和巴哈的音樂，可以擴大腦體積，增加神經元的活動，有助正常發育的兒童抽象推理的能力。

　　對胎兒定期實施聲音的刺激，如輕柔的古典音樂和父母親的輕聲細語等，可以促進胎兒感覺神經和大腦皮層感覺中樞的發育，奠定智慧開發的基礎。相反，在現代音樂和噪音的刺激下，胎兒會煩躁不安，心跳加速、胎動增強。

古典音樂可激發幼兒智力

　　美國的幾項研究證明：大腦中許多與學習相關的聯繫，可以在幼兒時期用古典音樂加以激發。1998 年美國佛羅里達州甚至通過立法，要求托兒所每天播放半個小時古典音樂。

　　研究發現，古典音樂的特有模式，有利於幼兒認知能力的培養，也有助於幫助他們隨著年齡的增長而學習有關數學、科學和

語言方面的知識。

聽古典名家的曲子能夠激發人的創造性和理性思維能力，幼兒身處其中對時間和空間的感受也會更強烈。這對他們在玩智力遊戲、解決難題甚至進行科學實驗的技能上都有幫助，訓練了潛力，幼兒的語言能力也會得到鍛鍊，因為音樂的節奏、音調和反覆性能增強孩子的語言表達能力。但並不是所有的節奏都適合幼兒，應採用一些安寧的樂曲。

有關研究還顯示，音樂對於兒童的情緒與社會能力也有好處，使他們與同學保持更好的關係，較少找老師麻煩。還可以幫助有語言障礙，甚至患有自閉症的孩子。

有一頭 45 歲的大象，叫做 Suma，2006 年住在克羅埃西亞一所動物園內，有同伴死後，Suma 很傷心消沉以致於拒絕飲食。但當聽過莫扎特音樂和其他古典音樂後，Suma 重新振作了精神。[3]

古典音樂提高奶牛產奶量

英國萊斯特大學的心理學家諾思博士和同事麥肯齊發現，為奶牛播放輕鬆的古典音樂有助提高牠們的產奶量。

諾思博士說，那些悠揚紓緩的音樂能提高產奶量，可能是因為它們能減少奶牛的壓力。

3　〈西方科研：音樂影響情緒 古典現代差異〉／2007 年 9 月／大紀元。

有些養殖雞的農民已經引進了播放音樂提高產量的方法。以前，也有證據顯示音樂能紓解雞的壓力。

古典音樂促進植物生長

音樂促進植物花開，在國外早有研究。曾有以下實驗，將5個房間內的溫度、濕度、光線等可能影響植物生長的因素，調節成相同的環境，再分別置入含有同等水分及土壤肥沃度的植物。唯一不同的是，這五個房間內播放不同類型的音樂，分別是：搖滾樂、鄉村樂、古典樂、流行樂，最後一個房間沒有任何音樂。

實驗結果顯示，播放古典樂的房間的植物生長情況最好，最差的則是播放搖滾樂的房間裡的植物。影響植物生長的因素在於，搖滾樂的節奏交錯紊亂，音樂缺乏連貫式線條，難以營造出安穩、舒適的環境供會呼吸的植物生長；古典樂呈現的則是規律、有秩序又和諧的音樂，凡是有生命之物皆能夠因此受感染，長得更好。

古典音樂可促銷餐飲

英國萊瑟斯特大學的一項研究顯示，音樂會影響人們對食物的喜愛，如果餐廳播放古典音樂，顧客就會多消費，如果播放流行音樂或沒有音樂，則人們的消費就明顯減少。

心理學博士諾斯帶領研究小組，對英格蘭中部一家餐廳做為期三周的觀察。他們發現，巴哈與莫扎特悠揚細膩的樂曲讓顧客

願意慷慨解囊；但若播放小甜甜布蘭妮或其他流行偶像的作品，則顧客平均會少花費一成；若不播放音樂，消費額就更少。

諾斯博士表示，古典音樂重內涵，讓人感到一絲高貴，而願多消費一些開胃菜、甜點和咖啡等奢侈項目。

有一首筆者很喜歡的《Spiegel im Spiegel》，中文翻成《鏡中鏡》，是亞福・帕特（Arvo Part）1978 年所寫，以簡單和弦同單音構成。鋼琴扮鐘鳴，彈出單音，間以小提琴和弦合奏。曲約 10 分鐘左右，寧靜有如聽鐘擺，甚為簡約。此曲叫鏡中鏡，喻兩鏡平行，來來回回，無止反射，鏡中有鏡。

曲為 F 大調，鋼琴自始至終不斷地彈奏輕柔的三連音，由「Do-Fa-La」這三個音慢慢延伸；中提琴則不斷地拉奏長音，唱出悠揚的樂句。整首曲子節奏緩慢，不悲不樂，不濃不淡，呈現出一種心如止水，寧靜致遠的意境。

以下是聽眾對《Spiegel im Spiegel》這首曲子的反饋：

「我照顧我媽媽將近 8 年，最近幾個月我發現了這件作品。我會把我媽媽轉過來，給她按摩背部，一遍又一遍地聽著這首音樂，然後做完所有的動作，告訴她，她是一個多麼棒的媽媽。我知道此時她不喜歡自己，但我會一遍又一遍地讓她知道她是多麼棒。感謝她每天為我們製作午餐便當，還有任何我能想到能稱讚她的事。當她經過時，房間裡就會閃閃發光。媽媽，謝謝妳。」

「我在咖啡店工作，我們通常全天演奏爵士樂和民間音樂。一天，在我告訴大家我們要關門了，他們必須走了之後，我放了

這首歌。大家拖著腳步走出門外，只剩下一個女人。她正在清理她正在閱讀的一疊文件，她告訴我她要出去了，我告訴她慢慢來，當我還在結帳的時候，她走到櫃檯前，問她是否可以留下來直到這首歌結束，我告訴她沒問題。十分鐘後，她走到櫃檯前，臉頰上噙著淚水說：『謝謝，我需要那個。』我一直對這首歌有一種深深依戀，給我慰藉，聽這首歌讓我有一個可以思考的地方，我幾乎可以思考任何事情。我仍然想知道她聽到這首歌的時候內心發生了什麼，這似乎很重要，比聽這首歌時我內心發生的事情更重要，儘管兩者都令人費解。我到現在仍然不斷聽這首歌，試圖弄清楚它為什麼有那麼強大的力量。」

「10 年前，我哥哥的第一個孫女出生了，她器官衰竭，身體無法排除體液，她的呼吸也沒有規律，斷斷續續地。家人被告知不要抱著希望，我哥哥得到了這段音樂的錄音，並拜託嬰兒加護病房的工作人員在她身邊不斷播放，漸漸地，她的呼吸開始與這音樂的緩慢節奏相匹配，她的身體開始正常運作，她認可了這首音樂，她現在是一個健康美麗的女孩，喜歡跳舞。」

「我女兒兩周大的時候心臟病發作了，她在加護病房裡待了6 周，靠著機器維持生命。醫生說她會死，但她活了下來，醫生們真的不知道為什麼。我在她的加護病房裡一遍又一遍地播放著這首曲子，謝謝亞福‧帕特，謝謝大家和一切，我愛你們，尤其是那些知道這種音樂作用的人，這是一種祝福，和平。」

在進行本書的寫作時，有一個周末，我接到我的特助芝芝的

先生傳來一則信息，內容是她因為車禍周一要請假，當我回電的時候才得知車禍狀況蠻嚴重的，不僅小腿骨折，連肋骨也斷了 4 根，更糟糕的是肝臟因為破裂出血，肝指數太低，經院方評估手術風險太大無法立即進行腿部手術，就這樣芝芝在意識完全清醒的狀態下被綁在病床上整整超過 10 天。

因為疫情關係我們也無法到醫院探望，後來我也建議她的先生播放這首音樂給她聽，漸漸地，她肝指數恢復正常，後來手術也都順利完成，我們終於鬆了一口氣，可以繼續進行本書的完成。

古典音樂與流行音樂到底要聽哪一種？這是很多人的疑問，畢竟大家未必都受過古典音樂的訓練。

我們試著從左巴跟佛陀講起，這樣或許有助於解決古典音樂與流行音樂的取捨問題。

左巴佛陀，這一詞是由印度的身心靈導師奧修所提出的。

左巴（Zorba）這詞，最早出現在希臘諾貝爾文學得主卡札斯基於 1946 年出版之小說《希臘左巴》，後在 1964 年有被改編成電影，是由老牌演員安東尼·昆所主演。

故事是說一位英國作家買了希臘某座小島的採礦權，要去那裡開礦；在前往該島的船上，他遇見了左巴，左巴是一個沒有受過什麼教育的粗人，但是卻有著豐富的工作經驗，左巴要求他僱用自己，幫他打理一切採礦的事，兩人因此結伴來到這座小島。

書中主要描寫的就是兩人在島上的生活，一直到左巴離開為止的故事。小說以一位知識分子的眼光，塑造了一個大口喝酒、大塊吃肉的性情中人左巴，當他激動時，就會縱情地起舞；恰與另一主角「我」，一個壓抑甚至近乎犬儒的知識分子形成強烈對比。

「我」與左巴兩個人在個性上的差異，作者做了很深的刻劃。個性謙和的、理性的、瞻前顧後的、壓抑的「我」一直在尋求的人生意義和價值，而爽快的、率真的、重義氣、愛肉慾和幻想的左巴似乎輕易就悟到了。有一次左巴對「我」說：「老闆，你什麼都有，但是你仍然錯過了生命，因為你心中少了一點瘋狂。如果你可以瘋一點你就會知道生命是什麼。」

儘管左巴已 60 多歲，身分只是一個普通的工人，但他對生命異常的熱情，樂天而充滿好奇地投入在所有他嚮往的人事物中，不憂過去不懼未來的鮮明態度，持續帶領著他經歷豐富而絢爛的人生旅程。相信在日常生活中大家一定看到很多左巴及老闆這樣的人。

印度哲學家奧修就將享樂的左巴和苦修的佛陀相提並論，結合物質和心靈，結合左巴和佛陀。

左巴象徵物質世界，象徵身體感官的所有享樂與自由，象徵熱愛與激情。在理性與激情之間，左巴純然屬於後者。全然投入生命的姿態，使他像一道絢爛的光芒，照亮在生活的掙扎中搖擺

不定的人們。

　　奧修談的左巴與佛陀，則是延續前述左巴的精神，認為當展現人們原有應有的歡樂與喜悅，將之整合到一體之中。要成為佛陀之前，必須先是一個左巴。順於道與自然，而「靈性的享樂主義」由此發生。多數宗教反對一切人類享受的事物，反對享樂主義，這個思考與壓抑，讓人變得分裂，遠離自然的一致性。允許左巴，先成為一個左巴，是通往佛陀的必經之路。

　　「我要左巴這個人在每個人身上活出來，因為它是你與生俱來的特質。但是你不應該停在左巴這裡，左巴只是一個開始。遲早，如果你允許你的左巴完全展現，你勢必會思考一些更好、更高、更偉大的事物。它將不會出自思考，它將會出自你的經驗——因為這些微不足道的經驗將會變得無聊。佛陀他自己會跑出來成為佛陀，因為他已經活過一個左巴的生活了。」

　　先成為一個快樂的人，然後你會繼續往下個階段走，才能明白什麼是真正的喜樂，成為一個永恆的佛陀，回到一個整體，一切在「我」之內。賽斯心法提到人類來到地球的目的就是出差、旅遊、考察、學習兼玩耍這樣的看法，就是比較像左巴與佛陀的概念。

　　就筆者個人而言，對音樂的喜愛也是先成為一個左巴，也就是從俗世間的流行音樂開始，再來到古典音樂。

　　相信每個人都會有自己喜愛的歌曲，這個歌的旋律可能不只餘音繞樑三日不絕於耳，而是植入在你心中，早已成為你精神的

一部分。筆者在高中時代曾經在家裡的黑膠唱片聽到一首名為《Geisterreiter》的歌曲，那個副歌不知怎樣的一直在我腦海裡盤旋，有一次我在成功嶺暑期受訓的時候聽到這個旋律，頓時感到非常振奮。後來黑膠唱片逐漸被淘汰，數十年過去，這首歌的旋律及歌名卻從來都沒有被忘記過，在某次的聊天，一位朋友跟我講那個單字應該是德文，翻成英文應該是「Ghost Rider」。後來有一天一位軍中同袍的軍法官要去德國唸博士，我就把那個單字給他，拜託他到德國時看能不能幫我找找這首歌。幾年後，這位朋友從德國拿到博士學位後，回國就帶了三片這首歌不同版本的CD 送給我，那天在我們家接風歡迎他學成歸國，我似乎比這位學成歸國的朋友還開心，沒想到在腦海裡餘音繞樑超過 20 年的記憶真的是美夢成真。這個就像是木匠兄妹最有名的《Yesterday Once More》裡面描述到的：「我很想知道它們到哪里去了，但是，它們又回來了，就像久違的老朋友……。」這音樂的魔力實在太強大了，隨著網際網路的大放大鳴，我終於見到這位老朋友的真面目，後來才知道這首歌講的是一個活生生的寓言。它是一首西洋歌曲，名字叫《Ghost Rider in the Sky》。

它是 1948 年由美國詞曲作者、電影和電視演員史坦‧瓊斯（Stan Jones）創作的牛仔風格的鄉村西洋歌曲。

1949 年，許多版本在流行排行榜上出現，最成功的是沃恩夢露（Vaughn Monroe）的版本。ASCAP 資料庫（ASCAP，American Society of Composers, Authors and Publishers，美國作曲家、作家與

出版者協會）將這首歌稱為《天空中的騎士》，也可叫《幽靈騎士》、《天空中的幽靈騎士》或《牛仔傳奇》等等。美國西部作家們選擇它作為有史以來最偉大的西方歌曲。

這首歌講述了一個老牛仔的民間故事，在一個夜黑風高的晚上外出騎馬，突然看見一群有著火紅眼睛的凶猛牛群畫破天空，直上雲端的故事。

有人對他警告說：「如果你不改變你的方式，你將注定要加入他們，永遠會在這無止無盡的天空試圖追趕著魔鬼般的牛群。」

史坦‧瓊斯說，他 12 歲的時候，一位牛仔的朋友講了這個故事，據悉美洲原住民，可能是阿帕奇，相信當靈魂離開身體時，他們就像靈魂一樣生活在天空中，就像幽靈騎手一樣。他把這個故事分享給他的一位朋友（後來他的朋友成為一家有線電視公司的老闆）。

有一天，他們在看雲彩時，驚訝地看著天空多雲狀態就好像老牛仔追趕著牛群，後來就把這些情景寫成這首歌。旋律是根據歌曲《當約翰尼來遊行回家》（When Johnny Comes Marching Home）製作，是在終極警探第三集《Die Hard with a Vengeance》中，看到傑瑞米‧艾倫斯（Jeremy Irons）所飾演的恐怖分子賽門‧格魯伯（Simon Gruber）帶領大軍引爆炸彈製造一條運送黃金的地道，開始要去偷紐約聯邦儲備銀行金庫裡面的黃金時的配樂，當時螢幕上的那段進行曲配樂就讓我想到《Ghost Rider》這

首音樂的旋律，那時候我還特地去買這部電影的原聲帶，以為已經找到這首歌了，後來才發現不是，直到看到維基百科的說明才明白當初的尋尋覓覓終於水落石出，真相大白。

數以百計的表演者錄製了這首歌的版本。

其中的這段歌詞深深烙印在我心中，幾乎變成我的座右銘：

If you want to save your soul from hell a-riding on our range, then, cowboy, change your ways today. Or with us you will ride. Trying to catch the devil's herd, across these endless skies.

如果你要拯救你的靈魂，

你就得改變你的方式。

否則你就會跟他們一樣，

在這無止無盡的天空永遠追趕這些牛群。

這些牛群可以代表一切，可能是你的人生、你的財富、你的事業，甚至是你的愛情。這個隱喻是許多人生目標的寫照，可以呼應到「個性即命運」這句話，如果你不改變自己，可能的下場就是在這無止無盡的天空永遠的追求。

這可能是影響我這一生最重要的一首歌，隨時以歌詞中的隱喻提醒自己、改變自己、調整自己，不管在人生的高潮或低潮，都用它來激勵自己，相信各位讀者在自己的生命中也會有自己的一首歌，陪你走過人生的陽光和風雨。

我們在前面提到的艾妮塔就說過，她瀕死之後從病床醒過來的第一件事就是聽 ABBA 的《Dancing Queen》，那首歌讓她重生，讓她再度充滿力量。

　　有些古典音樂家也會將民間音樂融合在古典音樂裡，像捷克的德弗札克就是一位，他的新世界交響曲，其中第二樂章的部分就非常有民族的風格，後來歌詞也被翻成中文，那就是大家非常熟悉的《念故鄉》，記得多年前有一次去朋友家作客，他的小女兒剛好在家裡彈鋼琴，彈到這一段，他說每次聽到這首歌心裡就非常激動，相信很多讀者有都有同樣的心情，可能也是因為我們對這個旋律很熟悉，因此產生共鳴吧！

　　在台灣，我們就非常幸運，有一位音樂家李哲藝，他帶領一批非常優秀的音樂家成立了「灣聲樂團」，堅持演奏台灣音樂家的作品及使用台灣元素創作的作品，有一次在偶然的機會在宜蘭聽到《駛犁歌》、《牛犁歌》被交響樂團演奏出來，不止聲豔震撼，還非常激動，原來有這麼一批音樂家已經開始為我們這塊土地留下這麼美好的文化饗宴。

　　勞倫斯・佩吉（Lawrence Edward Larry Page），與謝爾蓋・布林（Sergey Mikhaylovich Brin）這兩位猶太人在 25 歲的時候就成立 Google 公司。

　　佩吉會演奏薩克斯風，並在成長過程中學習音樂創作。佩吉

曾經提到他的音樂激發了他對計算速度的興趣和迷戀。「從某種意義上說，我覺得音樂訓練為我帶來了 Google 的高速發展。」在一次採訪中，佩吉說：「在音樂方面，你非常注重時間，時間就像是非常重要的事情。」而且，「如果你從音樂的角度思考它，假如你是一個打擊樂手，你會擊打一些東西，它必須以千分之毫秒完成。」

音樂的影響力有多大，可見一斑，筆者就要求家族後代，無論如何每個人都要學會一種樂器，同時也冀望本書的讀者們也能去學習任何一種樂器，無論年紀有多大，不要像本書第一章提到的那位百歲人瑞在 100 歲生日的時候說，後悔在 80 歲的時候沒有去學鋼琴。

誠信

俗語說：「道德傳家，十代以上，耕讀傳家次之，詩書傳家又次之，富貴傳家不過三代。」

關於財富傳承這件事，如果在精神或道德這部分只能挑一項傳承，應該是誠信莫屬。這裡分享幾個歷史故事。

齊桓公捨地取信

春秋戰國時代齊桓公三次攻打魯國，占據了魯國不少地方，最後一次，魯國要求和談，齊桓公同意。就在和談協議就要簽字的時候，魯國的將軍曹沫突然掏出匕首劫持桓公，要求齊國把三

次入侵所占的魯國之地還給魯國，這就是「曹沫劫齊桓公」的典故。曹沫想把在戰場上失去的土地和面子在談判桌上全部要回來，桓公答應了他的要求。等到曹沫回到位子上，桓公感到反悔，不僅不想還地，還想殺了曹沫，這時管仲制止了他，說：「殺了曹沫，只是圖個痛快，但會因此失信於諸侯，天下人都會背棄我們，這種事不能幹。」地還是還給了魯國，諸侯們知道這件事後，都很信任齊國，紛紛歸順它。齊國從此稱霸。

晉文公捨降取信

晉文公上位的那年冬天，派兵圍困原伯之地，相約三天之內攻下，如果原伯能守住，晉文公就走人。三天過去了，原伯沒有投降，晉文公就下令撤軍。這時，派到原伯內部的間諜跑出來說：「他們已經堅持不住了，馬上就要投降。」軍隊將領請求慢點解圍，等原伯投降。晉文公說：「千萬不可，已經約定的事不能反悔，信用，是國家的法寶，是老百姓生存的保障，得地於原，而失信於民，使人民失去生存保障和生活信心，這叫得不償失。」晉軍撤退三十多里地後，原伯聽到了晉文公所說的話，主動向晉文公投降。

魏文侯捨樂取信

魏文侯有一次與群臣飲酒作樂，宴會廳裡，大家玩得好不開心，舞女長袖細腰美如天仙，外面正下著大雨，此時不必操勞國

事，真是難得的歡樂時光。不料正在興頭上的魏文侯突然命人備馬，左右驚聞便問：「今天大家喝得痛快，玩得痛快，天又下著雨，您要到哪裡去呢？」魏文侯說：「我和管理山林的虞人約好今天去打獵，雖然正喝得痛快，也不能失約啊。」於是，文侯親自越過野地趕去告訴虞人，由於下雨，今天打獵的約定取消。

秦孝公捨金取信

為了國家的圖強，秦孝公決定任用商鞅進行變法。新法賞罰分明，但怕民眾不信，若民眾不信，再好的法令也只是一只空文。為了取信於民，商鞅想出了一個辦法，他在國都南門外立起一根三丈長的木頭，召集一批居民來，對他們說：「你們誰能把這根木頭搬到國都北門，就可以得到十斤黃金。」沒有人敢相信，甚至不相信自己的耳朵，以為聽錯了。大家七嘴八舌議論紛紛，就是沒人動手。商鞅又重複了一遍，並且還加碼賞金，並說：「有人能搬就給五十斤黃金。」此時來了個傻小子想試探，就把木頭搬到了北門，他立即得到了五十斤黃金，於是，商鞅的新法就無人不信。

這四個故事的四個主人公都是一代雄主。齊桓公九合諸侯，一匡天下，是春秋五霸之首；晉文公取齊桓公而代之，其霸主地位受到周王室的認可；魏文侯使魏國崛起於戰國之初，大於三晉，韓趙皆朝，列國都不敢與其爭雄；秦孝公任用商鞅變法，實際上奠定了秦統一中國的基礎。

四人治國方略各異，但都視信為寶，可見他們深得治國之要。

無論做為家族的領導人或是企業的領導人，如果言出不行，肯定遭來敗壞，不可不慎。[4]

大家是否還記得十幾年前中國三鹿集團三聚氰胺污染，簡稱「毒奶粉」事件嗎？是發生在中國的一起特大嚴重食品安全事件。事件起因是很多食用三鹿集團奶粉的嬰兒被發現患有腎結石，隨後在其奶粉中被發現化工原料三聚氰胺和三聚氰酸。當時篩查 2240.1 萬人，累計報告患兒 29.6 萬人，住院治療 52898 人。

三鹿集團曾經是中國國內第一家規模化生產配方奶粉的企業。2006 年，位居《富比世》雜誌評選的「中國頂尖企業百強」乳品行業第一位。2007 年，三鹿集團實現銷售收入高達 100.16 億元，卻因為生產違反企業道德之商品，2009 年宣布破產。

羅斯柴爾德家族在 19 世紀是當時世界上最富有的家族，羅斯柴爾德家訓其中之一是「要想真正的成功必須具備謙虛、誠信，樂於助人的品質」。第一代創富者梅耶，正逢拿破崙橫掃歐洲之際，拿破崙發現許多攻打的國家軍隊均是日耳曼地區黑森公爵所提供，誓言要殺死黑森公爵，黑森公爵為了避走，離開前將 300 萬英鎊財產交給梅耶保管。在拿破崙戰敗後，梅耶將 300 萬本金連同利息還給了黑森公爵，驗證了「誠信是事業的基石」的

4　《入世心法：從歷史看加減》/ 吳稼祥 / 2007 年 1 月 / 中國友誼出版公司。

風範。

　　相信大家都看過《鐵面無私》（The Untouchables）這部電影，電影講的是艾略特・內斯（Eliot Ness，凱文・科斯納飾演）在美國禁酒期間對抗黑幫艾爾・卡彭（Al Capone，勞勃・狄尼洛飾演）的故事。

　　這是一部布萊恩・狄帕瑪導演很成功的一部電影，劇中的艾爾・卡彭（Al Capone）令人恨得牙癢癢，史恩・康納萊也因為該片得到奧斯卡最佳男配角。劇中另一位飾演菜鳥警察的安迪・賈西亞，在中央車站一個翻身一手接住從樓梯滑下來的嬰兒車，另一手開槍的那一幕，後來成為許多電影爭相模仿的橋段。

　　《芝加哥死亡夜》（The Night Chicago Died）這首非常好聽的搖滾歌曲，也是在講這個黑幫的故事。在美國禁酒期間艾爾・卡彭被控槍殺一名男子，只因為這名男子私釀了一些品質極差的啤酒，供應給艾爾的私酒通路。我們這裡要說的是，連黑幫做生意都講究誠信，都注重品質，何況我們是正當的生意人。

　　傳承下一代，一定一定要注意誠信這件事。

忍耐

　　日本有一個小故事。

　　若杜鵑不叫，但想要聽牠的叫聲，有辦法嗎？

　　日本「戰國三傑」回答：

　　織田信長：「杜鵑不啼，就把牠殺了。」

豐臣秀吉：「杜鵑不啼，則想辦法引誘牠啼。」

德川家康：「杜鵑不啼，則要等待牠啼。」

剛好代表了三種不同的投資態度：沖殺、分析想辦法、等待。

自稱魔王的織田信長，以雷霆萬鈞的氣勢逐鹿天下，卻遭家臣明智光秀背叛，死於本能寺之變。而織田信長就像是每天在股市中殺進殺出、大膽自信的投機者，在上漲期的市場累積了信心，卻在下跌期的劇烈波動中，被傷得體無完膚。完成了統一天下大業的是豐臣秀吉，但在晚年失去年輕時的判斷力，野心十足的他想稱霸亞洲，隨意發動侵略戰爭，卻使豐臣氏沒落。豐臣秀吉就像是技術分析派，在幾次成功過後容易野心變大而迷失，沒有再仔細思考，過去成功的策略在新時代卻不適用了。至於德川家康，他則是在困境中忍耐和磨練成長的，之前當人質時的經驗使他學會「忍耐」，在信長和秀吉時期他都選擇忍讓，慢慢積蓄實力，做一個安分的家臣。但他在機會出現時，卻能立刻抓住，贏得關原之戰、就任將軍，開創兩百多年的德川幕府盛世。德川家康就像是一個聰明的投資者，不輕易出手，沉著、耐心、不在意短期的得失，放眼長遠的未來。[5]

另外一個例子，根據一項《住展雜誌》發布的訊息，台北市 10 年來的預售屋房價，僅有 2009 年，房價從 2008 年的 59.9 萬

---

5 〈找不到出手的機會？ 織田信長、豐臣秀吉和德川家康教你如何出手〉/ 2021 年 4 月 / By BOS 編。

元，跌至 2009 年的 57.6 萬元，10 年僅有 1 年房價下跌。而新北市 10 年來的預售屋房價，也僅有 2008 年，房價從 2007 年的 24.4 萬元，跌至 2008 年的 21.3 萬元，10 年來也是僅有 1 年房價下跌，可見雙北市房價的抗跌性很高。

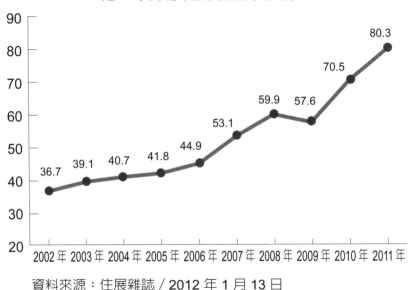

近10年台北市預售屋的價格變化

資料來源：住展雜誌 / 2012 年 1 月 13 日

從圖表可看見，台北市的預售屋平均房價，從 2009 年至 2011 年的 3 年期間，上漲的幅度很多，2009 年為 57.6 萬元，2011 年房價到 80.3 萬元，3 年來的漲幅 39.4％，接近 4 成之多。

如果把時間拉得更長，這個曲線圖的幅度會更明顯[6]。所以更可以說明時間、忍耐的重要。

記得民國 60 幾年，我還在讀大直國中的時候，在學校被兇巴巴的級任導師用藤條抽手心及打小腿是家常便飯。那一天他忽然面帶笑容，一進教室就跟我們宣布我們班的楊同學要去參加世界大露營，地點是在挪威的奧斯陸，一個我們完全無法想像的北歐國家，校長要陪他去，經費是 10 萬元，這個金額對我們來講實在太震撼了，所以迄今歷歷在目。我還記得以前國中時音樂課有一首歌，我們還把它的歌詞改了一句「吃一碗陽春麵兩塊錢」，那時候一碗陽春麵就是兩塊錢，我們剛在台北買了一間公寓，一間將近 40 坪的房子也不到 50 萬，換算起來一坪也不過一萬多元。幾十年過去了，雖然歷經與美國斷交、SARS、金融風暴、新冠疫情等等無數的風風雨雨，但事實證明台北的房價就是一直往上攀升，這就應驗了忍耐的價值，沉著、耐心、不在意短期的得失，放眼長遠的未來，就會有好的結果。棉花糖理論說，要預測一個人的未來成不成功，能不能延遲享樂是很重要的指標，凡是從長遠看，一塊錢的倍數累積 30 天會超過 5 億，無論是棋盤效應、荷塘效應或是複利效應都在講同樣的事情，《金剛經》更是一語道破，一切法無我，得成於忍。

6　〈房市 10 年漲 1 倍，薪資沒跟進，所以房價「貴」！〉/ 2012 年 1 月 / 方暮晨 /
　　MyGoNews。

精神三變

　　精神三變（德語：Drei Verwandlungen）是德國哲學家尼采於他的《查拉圖斯特拉如是說》提出的一個概念。以三種生物：駱駝、獅子、嬰兒來譬喻人類精神的變化。精神會由駱駝變成獅子，再由獅子變成嬰兒。駱駝代表的是背負傳統道德的束縛，獅子則是象徵勇於破壞傳統規範的精神，最後的嬰兒則是代表破壞後創造新價值的力量。

　　駱駝是「沙漠之舟」，刻苦耐勞，意味著人在年輕的時候要接受訓練，承受傳統的包袱。

　　駱駝與獅子的差別在於：駱駝必須聽從他人的指導、接受他人的命令，所聽到的是別人說：「你應該如何！」而獅子則是自己做決定、對自己負責，說的是：「我要如何！」每個人都經過駱駝的階段，聽從父母與老師的教訓，告訴我們應該怎麼做，我們無法反駁也無法反抗。然而，上了大學以後應該進入獅子階段，也就是由自己來告訴自己該怎麼做。

　　獅子階段之後則是到達嬰兒階段。嬰兒意味著「完美的開始」，提供了所有的可能性。當一個人還是嬰兒的時候，父母一定懷著無窮的想像，想像他將來可能成為科學家、工程師、醫師等。每天看著他，也就給父母的人生帶來了彩色炫麗的希望。當然，小孩成長的過程往往也是父母希望幻滅的過程，最後小孩讓父母失望，就像父母曾經讓他們的父母失望一樣，人生就是這樣一個不斷重複的過程。

當一個人抵達嬰兒的階段，就不會再遭遇到前面所說的種種問題，代表心靈重新回歸原點，可以重新再出發。

　　駱駝、獅子、嬰兒實際上就是任何學習的寫照。

　　以音樂來講，無論你學的是什麼樂器都可以，我用吉他來說明。一開始就是「沙漠之舟」，刻苦耐勞的從一個一的指法開始，一個一個的爬格子，可能光是以手指壓吉他弦就要好長一段時間的適應，再來就是音階的位置，唱名、音名、每條弦對應每個音名的位置。等到你對這些都熟了，你就會進入第二個階段，「獅子的自由做主」，你可以開始學習如何彈奏一首歌，甚至又彈又唱一首歌，自己決定要彈奏什麼歌曲。等到你又精進到另外一個嬰兒階段時，你已經連樂譜也不需要了，甚至隨時可以來一段 Ad lib（阿多利補）[7]即興演出。這時候，吉他變成你的一部分，你隨時可以像一位天真無邪的快樂兒童，不需要樂譜的拘束，隨時快樂的表現自己。

　　如果你了解了尼采說的這三個階段，你對你的人生旅途、學習過程、事業發展的因果就會了然於胸，不再好高騖遠。

7　Ad libitum，拉丁原文，表示隨意、隨興。

YEP（Youth Exchange Program）

讀萬卷書不如行萬里路，把孩子送出國，讓他們走出舒適圈接受磨練與考驗，在傳承的過程中是非常有必要的。

你可以自己安排孩子的出國，也可以透過社團安排，以下就介紹社團的部分。

國際扶輪社在每年都會舉辦國際青少年交換學生計畫，在台灣年滿 15 歲至 18 歲（國三至高三學生）都可透過扶輪社申請前往不同的國家參與此交換學生計畫。這項活動就筆者多年的觀察，發現這是一項可以做為教育下一代的一個重要活動，可以讓下一代的子孫建立多種不同的人生經驗：

1. 是一項弱冠之禮，許許多多的孩子，在家裡嬌生慣養，但在國外經過一年後的洗禮，回到家之後頓時「轉大人」。

2. 孩子的外語變得很流利，父母都嘖嘖稱奇。

3. 孩子變得很獨立、很懂事，比較會替別人想，比較不會像出國前這麼依賴別人。

4. 孩子從來不下廚的，現在居然還會替家人準備晚餐。

5. 孩子變得有國際觀，有許多外國的朋友，視野變廣了，對未來也比較有目標。

曾經有人擔心孩子中斷了一年的學業，回來後是不是會落後

給同儕，這樣的想法完全是多餘的，因為這一年旅外的人生經驗，恰恰讓孩子們在未來的人生旅途更有信心面對挫折與失敗。有一個案，孩子到加拿大的第二天，放學回家的途中，遇到大雪，在雪中迷路，狂哭 5 個小時。他本來是一個長在溫室中的小花，後來家道中落，自己跳出溫室，自己跟兄弟創業成功。那一年的旅外經驗，讓他能有克服困難的訓練，造就了他後來有挽救家族的能力。

目前和台灣合作交換學生的國家有 20 多個，每年還會持續增加。語系多元，有英語系、西班牙語系、法語系、德語系、葡萄牙語系、日語及其他各國語言；交換的國家目前有：美國、加拿大、巴西、祕魯、阿根廷、玻利維亞、厄瓜多爾、墨西哥、百慕達（以上為美洲國家）、日本、泰國、韓國（以上為亞洲國家）、澳洲（大洋洲國家）、德國、法國、土耳其、瑞典、瑞士、比利時、英國、丹麥、芬蘭、波蘭、捷克、挪威、冰島、奧地利（以上為歐洲國家）。

各位讀者若有興趣，可以自行接洽各地區的扶輪社團。

運動

在運動當中不只鍛鍊自己養成健康的習慣，同時也可以應用到家族企業的組織管理。

一般人在做完 20 分鐘頭的有氧運動後，大腦內源性大麻素分泌會增加，它是大麻所模擬的神經傳遞質，大腦內源性大麻素

會讓人感到幸福愉悅，會讓人充滿希望，什麼事都有可能，甚至也可以從社交中獲得更多的快樂，想法會更樂觀，更願意與人交流。每一種運動都會讓你的身體產生指標性的本體感覺反饋，讓你有更積極、更有目標、更有信心，無論是舉重、跑步、游泳、跳舞、瑜珈，所以基本上事業有成的人，幾乎很少不運動的。

2021 年奧運，大家因為疫情關係比較有多的時間在家裡看電視，看著我們的各項運動選手在國際體壇上發光發熱，一個又一個選手的勵志故事，是那樣的振奮人心，相信大家都發現這當中有好多選手都是出身貧困、單親家庭或是隔代教養。這應驗了本章的標題，世間享千金之產者定是千金人物，如果你的孩子、孫子有這樣的士氣，有這樣的精神，你應該也不會擔心留給他的財富不敷使用了。下面介紹兩個十分有益的運動：

高爾夫

把高爾夫這項運動傳承給你的下一代，這絕不是追求時髦或是追求高調，相反的這是人的一生的寫照，你如何形容人的一生，在高爾夫這項運動幾乎全部可以派上用場，有高有低，有輕有重，有剛有柔，有甘有苦。它是一生的遊戲，一洞接著一洞，一場接著一場，考驗永遠存在，人生的目標永無止境。

當你面對挫折或失敗，你會怪東怪西，遷怒他人？或是像孔夫子講的，失之正鵠，反求諸其身？這樣的經歷跟態度可以決定你一生的命運。

很多人一球沒打好，就怪桿弟報錯碼數、報錯方向，甚至在球場上就鬧情緒，殊不知情緒人皆有之，只是每個人管理不同。筆者少時血氣方剛，經常在路上與人衝突，但卻不曾在球場上對桿弟口出惡言，這不僅是因為小時候當過桿弟，也可能是不喜歡受他人情緒影響。不遷怒不貳過，確實是高爾夫帶給我們重要的一課。

1920 年代英國女子高球霸主喬伊絲・韋瑟瑞德（Joyce Wethered）說過一句話：「有兩項人格特質對我們幫助最大，那就是誠實面對自己在場上的表現，另一項就是要有幽默感。」

打高爾夫最被忽視的一部分，就是擊球後的後續動作，而這主要包括揮桿後的情緒管理。大部分高爾球指導者都著重擊球前的準備動作，但你很少聽說「揮桿後的後續動作」（Post-shot Routine），然而這一部分攸關我們場上情緒管理，且有助於改善未來擊球。擊球後的情緒反應，會成為我們記憶的一部分，進而影響我們爾後的揮桿。

或許有人會問，打都打了，還有什麼「揮桿後的後續動作」？事實上就是因為我們都忽略了這個「後續動作」，才會常常發生爆桿的狀況。

對於我們高爾夫場上的表現，破壞最大的莫過於生氣動怒，衝動不會讓我們更有本領。我們常會因為打出一記壞球而覺得自己很笨拙，或在小白球不如預期的一次壞的彈跳後，覺得球運真背。但最糟的是我們在面對這些狀況時，出現過度情緒反應——

生氣動怒。

　而一旦生氣，接下來可以確定的是，會有更多壞球出現。因為生氣時常會使我們做錯決定。比如應該要用 6 號鐵桿擊球，卻拿出 9 號鐵桿揮擊，結果打短，小白球掉入果嶺前的水塘障礙區。簡言之，生氣會使我們變笨。千萬不要像瑜珈大師韋達‧帕若堤說的：面對一個三吋大的難題，產生三公尺之多的反應，然後生出了三十幾公尺長的情緒，又製造出三百公尺的糾紛。

　這個後續動作完全可以運用在現實的人生旅途上，假設你必須走過一段很深的痛苦，包含生理疼痛、深切悲傷、紊亂情緒與不知所措，那麼你要往哪裡尋求安全？往哪裡尋求撫慰？往哪裡尋求意義？不尋求撫慰，而是讓它「消失」（Gone），這個就是冥想大師楊真善（Shinzen Young）所說的「消逝的力量（The Power of Gone）」。

　你可以集中精神想，每個感覺都會過去。換言之，你可以扭轉一般的習慣，不是去注意每個新的浮現，而是去注意每個新的消逝。你可以一再得到這種小小的解脫。

　當你情緒上的痛苦逐漸消失，你才可以重新開始，不管是球場上的下一桿，或是人生旅途上的下一個挑戰。

　另外一個誠實就是拒絕在球場上常出現的打 6 報 5 寫 4 這種自欺欺人的行徑。

　高爾夫名將侯根，在球場上只專注於自己表現，別人表現好壞，並不關他的事，也不必去操心。

正所謂《孫子兵法》講的「不可勝在己，可勝在敵」。

另外高爾夫也讓我們學會將注意力集中，就會聚焦在你做對和錯的最微小事情上。當你選擇持續做出最微小的修正，歷經時日，你就會開始看到驚人的成果。

這就是小事累積起來的力量，不是大事累積起來發揮最大功效，而是成百上千、成千上萬，甚至數百萬件小事累積起來，區分出平凡與卓越。

美國聯邦快遞杯（Fedex Cup）2007年第一次在高爾夫球運動中引進季後賽（Play Off）機制，每年正常賽季結束後，進入四場季後賽，參賽人數從例行賽中積分前125名打第一場，淘汰剩下100名打第二場，再淘汰剩下70名打第三場。

總決賽（The Tour Championship）最後剩30人才有資格參加。

根據2009年的成績，經過數百場巡迴賽和數千次揮桿，排名第一的老虎・伍茲（Tiger）和排名第十的史考特・佛普蘭克（Scott Verplank），平均只差了1.9桿，但兩人贏得的獎金是五倍之差。

由於筆者年少的時候背過球，印象最深刻是有一位日本客人，我第一次背他的班時，我們的一位年長的同事「黑仔」就告訴我，好好的表現，他會請你喝可樂。結果那一次我真的喝到了，那時候我就告訴我自己，如果長大後我去打球，我一定也會請我的桿弟喝可樂。《刺激1995》裡面有一段演到會計師Andy

在幫監獄的屋頂鋪柏油時，就替眾家兄弟爭取到喝啤酒這項福利，他對典獄長說了一句經典名言：「黑手要有啤酒喝，才有尊嚴。」

下次如果你有去打球，當你要喝點什麼時，別忘了也請你的桿弟喝一杯。

巴菲特在寫給股東的信中曾經特別提到了可口可樂，在一百多年前（1896 年），該公司的宣傳就是要成為促進所有人的健康和快樂的最佳產品，儘管「健康」的說法很多人不同意，但快樂確實讓我在小學的時候就感受到了。

高爾夫不止是一項人生挫折（Life Frustration），它教給我們的東西真的太多，太多了。

棒球

說到棒球，讀者可能會想到我們也不是棒球迷，而且我的下一代是女生，哪有女生在打棒球的？其實我們要說的是應該讓下一代培養團隊合作的精神與熟悉團隊合作的運作模式。這項運動可以是棒球，也可以是壘球，可以是籃球，也可以是足球、排球，甚至是水上芭蕾。以棒球來說明企業運作，從總教練到球場上每個不同守備位置的野手，這其中每個人的任務不同，工作內容不同，專長不同，但卻有一個目標相同，那就是大家同心協力幫全隊贏球。

當一個本來編制 9 個人的比賽，如果只有 5 個人，甚至只有

3 個人，要怎麼運作？這是企業可能面臨的問題，組織的人事編制不足，小時候我們有玩過棒球的人都知道如何因勢制宜，那就是需要一人兼數職，如果你的外野手只剩 2 名，當然這 2 個人就得負起左外野、中外野、右外野的工作任務，只有 5 個人的布置可能除了投手、捕手以外，另外 3 個人就備置在一二壘及二三壘間，第 5 人就備置在中外野，這就是團隊運作的模式，在培養下一代的教育目標下，非常有必要讓下一代在團隊的運動中熟悉這樣的運作模式。

還有一個就是團隊合作默契的培養，組織中的編制可能發生任務的重疊，就好像一顆左內外野三不管地帶的球，當中外野手、左外野手、三壘手、游擊手都奔向這顆球的時候，如何在那關鍵的時刻完美的處理，讓它不要變成德州安打，這考驗著團隊的默契及大家平常的訓練，不管在學校，或在企業、社團，社會上都需要這樣的團隊運作模式。

我國最早成立的職業運動，就是 1989 年創立的「中華職業棒球聯盟」，創立者在創立這樣的一個職棒聯盟時，一定是先在思想中成形，視覺化想像（Visualization），整個職棒從零到有的藍圖，然後將整個過程具體實現。所以當我們看到朱育賢打出中職的 1 萬支全壘打的時候，我們除了看熱鬧，讚嘆「哇，已經 1 萬支全壘打了！」，此外，實際上也會發現，原來這樣的結果是早在 20 年前創立者心中已經預料到的景象。馬雲就說過，因為你相信所以你看見，這就是企業家與凡夫之不同，相信這個也是

身為企業家的各位讀者們，在創立事業時常有的經驗，這種經驗也是一項勝過財富的精神傳承。

普林提斯‧馬爾福德（Prentice Mulford）曾說：「成功者正是擁有最高精神領悟的人，所有龐大財富都源於這一超然、真實的精神能量（The men of success is the man possessed of the greatest spiritual understanding and every great fortune comes of superior and truly spiritualpower.）。」

你應該認知自己就是靈性的存在，精神體的存在，你的本質是精神的，肉體只是精神附屬的一部分，而不要以為你是一個肉體，而精神是肉體的一部分，只是大腦裡的產物。不要本末倒置，肉體只是精神生活的一部分，千萬不要顛倒過來認為精神是肉體生活的一部分。基於這樣的認知，你就能擺脫物質世界的侷限，以心靈的能力解決世間上的困難與問題，這就是精神的力量，實際上也是你與生俱來的力量，只要你靜下心來內求就會知道它的存在。

第四章

信託

信託案例

案例一

　　周末，我們去傳統菜市場，逛到一個豬肉攤，買了一些五花肉要煮紅燒肉做晚餐，跟豬肉攤的老闆娘交易的時候，聽到老闆娘跟她的兒子說：「把客人預訂的香腸趕緊做好送去。」她的兒子非常不耐煩的說：「妳買一台車給我，我才要去送。」她的兒子指著對面一台跑車，吵著跟他媽媽要那台車子，他媽媽很無奈的跟我們說，她只有這一個兒子，已經快 30 歲了也不結婚，她自己也是一個人每天很辛苦的工作，胼手胝足，省吃儉用，無奈兒子不成材又很喜歡賭博，她一輩子辛苦節省下的財產到時候給了她兒子，她會很擔心到最後會被她兒子花光殆盡。

　　聽完她的話我就跟她聊了一下，她才了解原來法律還有信託這個項目，也許可以幫她做一些規劃。我告訴她，如果妳的財產將來沒有其他的繼承人，那妳的財產將來一定是妳的兒子來繼承，妳看他現在的狀況就知道，這個財產被他繼承之後，他一定會把它變賣掉，然後去買一台他夢想的跑車，除此之外，這個兒子又好賭，媽媽還經常幫他還賭債，有時候還有人上門討債，然後媽媽就得幫他處理他的債務。我跟她說其實《信託法》有一些規定，妳可以試看看。

　　我們就從這個例子來講信託的好處，根據《信託法》第 2 條的規定，信託可以用契約或是遺囑來做執行來約定。從這個例子來看，如果這個老闆娘有做信託的話，她可以在她想要使用財產

的方式跟範圍之內來達成她的願望，她可以跟受託人來討論她要如何留下這間房子，不要讓她兒子把房子賣掉，首先她可以把房子先租給房客，然後再用租金的收入來做為生活費，這就是所謂的自益信託，意思是妳可以委託受託人來管理妳的財產，然後把收益來給自己使用。好處是可以在生前財產的收益享受權利，另一方面也不用擔心財產會被繼承人馬上花光殆盡。至於之後要怎麼約定這筆財產的使用，可以根據妳的要求及意志來做規劃。比方說，妳可以規定這筆財產在什麼狀況之下才可以做處分，在什麼狀況之下才可以將收益給什麼樣的人，而且，根據以上這個案件，因為這個兒子喜歡賭博，萬一他又欠了一屁股的債，很有可能媽媽留下來的不動產會被債權人進行強制執行，但是如果有將財產做信託的話，根據《信託法》的規定，對信託財產不得強制執行，除非這個權利本來就存在於信託前。

例如說這間房子本來就有設定抵押權，那當然即便妳做了信託，將來抵押權人債權沒有獲得滿足的時候，他還是可以做強制執行，但是如果不是這種狀況之下，不管妳的兒子在外面欠了多少錢，這間房子都不能做強制執行的標的，所以不用擔心。

妳甚至還可以規定妳的兒子結婚後，他可以享受收益人的權利，或是妳的孫子 20 歲後，將房子的收益一部分給他，或是考上大學後再將房子的收益處分給他，這些都是可以規定的。那到底誰可以當受託人，受託人就是指受到委託人的委託，委託人把他的財產移轉給受託人，當然委託人的管理跟處分，是要依據受

益人的利益或是為了委託人所約定的特定目的，才能夠對這個財產做管理或是處分。

我國《信託法》的規定，除了未成年人、受監護或輔助宣告之人及破產人以外，都可以擔任受託人，所以我國法律的規定，其他的自然人或是法人都可以擔任受託人。

如果把財產轉移到受託人的名下，會不會被受託人賣掉，根據《信託法》的規定，受託人不能以任何名義享有信託的利益。意思是受託人不可以基於非信託的目的來處分這個財產，而且《信託法》也規定，受託人應盡善良管理人的注意義務，來處理信託的相關事務。

所謂的善良管理人注意義務是指，在執行管理職務的時候，不能只是處理自己事務的注意義務而已，也就是說他要求的比你自己在處理你自己的財產，還要更高的注意義務。

萬一受託人因管理不當，使信託的財產發生損害或是違反信託法的本旨，去處分這個信託財產的時候，委託人或是受益人或是其他的受託人，當然就可以請求以金錢賠償信託財產所受的損害或是回復原狀。

如果信託是有給付報酬也可請求減免報酬，法律有規定，如果受託人有別的債務，然後債權人來跟受託人的財產做強制執行該怎麼辦，我們有提到，信託的財產不能做強制執行，而且信託法有規定，受託人應該將信託的財產跟他自己的財產分別管理，而且還要做分別的記帳，如果受託人違反規定而得到利益的話，

委託人跟受益人可以請求把利益歸還給信託財產，如果信託財產受到損害也是要負損害賠償責任。

　　基本上，受託人是否會隨意把委託人交付的財產做處分，或是不當的使用，實際上《信託法》都有規定，而且《信託法》也有規定所謂的信託監察人，意思是信託的約定可以找一位信託監察人，監察人的功能是會去注意監督同時也是本著善良管理人的注意義務來執行他的權利，然後會要求受託人依信託的本旨來進行信託義務的執行。

　　另外還有所謂信託的監督，信託實際上會由法院來監督，而且法院在必要的時候也可以選任監察人，來檢查信託的債務及帳務，另外信託的好處也可以在某種程度上做到公益信託。所謂的公益信託，根據《信託法》的規定，是指慈善、文化、學術、技藝、宗教或其他公共利益的信託。像本案的豬肉店老闆娘如果有特殊公益的性質，她可以在這個目的範圍之內，來做一個公益信託，公益信託的設立跟受託人應該要經過目的的事業主管機關許可，這部分就是完全針對公益的性質，而不是只是把收益歸納給豬肉店老闆娘或是她的兒子，根據《信託法》的規定，如果目的事業是有公益信託，當然就要主管機關來做監督，這種狀況下，受託人每一年都要定期至少要有一次，要把信託事務的處理情形及財務狀況，送給公益信託的監察人，由監察人審核之後再報給主管機關核備而且要公告，因為這涉及到公益的問題，無法私底下作業。

綜上，基於立法的規定，如果這位媽媽有做信託的話：

第一，她可以確保她的財產不會被她的兒子胡亂花用。

第二，她可以確保她的財產不會被她兒子的債權人來做強制執行。

第三，她可以確保她的財產將來在符合她的目的約定之下，再去做所謂的處分或者給付孳息或是給付利益，還可以用這種方式，讓她兒子的下一代，甚至再下一代的子孫，能夠享受這個財產中所獲得的利益。

案例二

梅豔芳，有「樂壇大姐大」之稱，是香港的娛樂圈有著崇高地位的巨星，在她去世後，更被傳媒譽為「香港的女兒」。貧苦出生的她，4 歲起便跑江湖開始她的走唱人生；她家中有母親、2 位兄長及一個姊姊。2003 年梅豔芳因病過世，得年 40 歲。

梅豔芳生前為阻止母親覃美金胡亂花費，病危時立下信託契約，在她去世後，她的遺產交由滙豐信託管理，成立信託基金，每月提供港幣 7 萬元生活費給母親，另外資助其二哥的兩個女兒及姊姊的二個兒子讀書至大學畢業。兩個物業，香港跑馬地的樓房及倫敦的不動產則贈與好友劉培基，等覃美金百年以後，剩餘遺產會捐贈給妙境佛學會。

由此看來，梅豔芳生前已做好詳盡的規劃，但為什麼梅豔芳的母親仍多次向法院提出訴訟，要求法院判遺囑無效，並想一次

性領回梅豔芳的全部遺產，梅媽雖然屢戰屢敗，卻仍屢敗屢戰，仍不放棄，不是我們要用有色的眼睛來看梅媽，或許是梅媽覺得每月 7 萬元港幣的生活費太少（據悉目前已漲到港幣 20 萬），或者覺得兒子（梅豔芳大哥）都沒分到遺產，又或許是不爽連外人都有份分產（劉培基），或是怕自己百年之後餘額全部流入妙境佛學會。拿不到女兒全部的遺產，竟然大曝女兒的隱私，為了賺錢，還把女兒的貼身衣物及獎座拿出來賣，真的是讓人無語！

很多人會問，梅豔芳的遺產到底出了什麼問題？我們只能說，梅豔芳低估了人性的貪婪。另外一個問題是信託做得太倉促。

檢視梅豔芳的信託，有下列幾點可以引以為鑑：

第一，梅豔芳的遺囑有訂定，將她生前所有的財產全部置入家族信託，這個在台灣會有違反特留分的問題。

第二，梅豔芳沒有配偶沒有子女，關於繼承的部分，母親就是繼承權人。

第三，信託的傳承功能可補繼承法之不足，如果梅豔芳未立信託契約，則其侄子、侄女及她的朋友因為不是法定繼承人，所以就不可能繼承到梅豔芳的任何財產。

第四，梅豔芳如果沒有訂立信託契約，則母親是第一順位繼承人，可能會將其財產全部敗光，但是，相對的梅豔芳也立下信託按月給付給母親生活費，從 7 萬港幣，後經法院增加到每月 20 萬港幣。

第五，信託可以生前就訂立，不必以遺囑為主，因為若以遺囑訂立，比較會被其他繼承人拿來做為攻擊之焦點，造成訴訟之耗費。

第六，不管是信託或是遺囑，早日訂立多加溝通，可避免將來許多訴訟紛爭，另一方面也可以隨時檢討，隨時修正不恰當或不適宜之內容。

第七，本案之信託公司是一家具有銀行背景的信託機構，通常均以標準化、制式化的定型化契約來達到量化的要求，然而以客戶端（即委託人）的立場而言，所要求的內容均是不盡相同，且內容也需要貼心，完全客製化，非常精確的要求，所以在訂立信託契約時，務必要求受託人提供完全客製化的產品，而不應遷就銀行或受託人定型化的契約，不能依照委託人要求的產品或服務。

第八，本案梅艷芳所遺留下來的財產，據悉其資產總額應超過一億港幣，最後母親竟然打官司打到連律師都請不起，到了90歲還需要自己親自去法院開庭，財富傳承如果能做到以資產所衍生之利息，收益或是投資回報來支付固定之支出，達到「吃利不吃本」的效果，應該才是信託的最高指導原則。本案每月要支付母親 7 萬港幣之生活費，以每年通貨膨脹率 3% 來計，如果能有 7% 的年回報率，只需投入 2200 萬港幣的資產即可達成目標，本金根本不必動用到，這筆錢梅艷芳可以拿得出來，而且如果當初是投入不動產的話，隨著房價的上漲，資產更有可能增

加，從梅艷芳在 1993 年以 2000 萬購買的南區壽山村道 8 號恆安閣故居，在 2013 年由遺產管理人以 1.47 億元售出，即可得知。

從梅艷芳之個案可以再次證明，明日與無常不知哪個會先到，既然離開地球是每個人必經之過程，為何不早一點把該做的信託，該做的遺囑早日完成呢？再怎麼樣也不應該留下遺憾，花了 200 萬美元的律師費還不夠，還讓老母親自上法院，自己想為家人留下的愛與美意，完全喪失殆盡！

信託法介紹

以下我們再把信託的規定，做個簡要的說明：

一、信託的意義

以「信託」方式來管理財產，可以同時達到信託贈與節稅、財產掌控、資產保護、穩健投資及財產分配的目的。首先，我們來看《信託法》第 1 條：

《信託法》第 1 條

稱信託者，謂委託人將財產權移轉或為其他處分，使受託人依信託本旨，為受益人之利益或為特定之目的，管理或處分信託財產之關係。

申言之，信託就是財產管理的一種，在委託人有需要時與受託人訂立信託契約並將財產所有權轉給受託人，交由受託人管理，使用及處分信託的財產，再將管理財產所得之利益依契約的

規定歸給受益人。

二、受託人

　　受託人就是受委託人轉移財產，為受益人之利益或為特定之目的，管理或處分信託財產的人。我國《信託法》第 21 條規定，未成年人、受監護或輔助宣告之人、禁治產人[1]及破產人，不得為受託人。除了未成年人、受監護或輔助宣告之人及破產人外，其他的自然人或法人都可以擔任受託人。

　　我國《信託法》的規定，除了未成年人、受監護或輔助宣告之人及破產人，以外都可以擔任受託人，但是由於信託本身涉及到財產的管理、收益、處分，所以一般是以律師，會計師或銀行為大宗。「信託」就是委託人與受託人（例如你可以信賴的親朋好友或是律師，會計師或銀行）簽訂信託契約後交付財產，由受託人基於受託人身分為您指定之受益人的利益，依信託契約，約定管理或運用信託財產。

三、自益信託

　　信託利益全部由委託人享有者就是自益信託。請看以下法條：

1　禁治產人是指因精神失常、聾啞或失明的嚴重缺陷，以致無能力管理其人身及財產事務，而被法院宣告為禁治產人。民國 98 年 11 月 23 日前受禁治產宣告的人，從民國 98 年 11 月 23 日開始，在法律上就自動會從「受禁治產宣告」轉變成「受監護宣告」，所有事項也都要照監護宣告的相關規定處理。

《信託法》第 63 條

信託利益全部由委託人享有者，委託人或其繼承人得隨時終止信託。前項委託人或其繼承人於不利於受託人之時期終止信託者，應負損害賠償責任。但有不得已之事由者，不在此限。

四、他益信託

信託利益全部由委託人以外的受益人享有者就是他益信託。須注意者，是此處之受益人不一定就是你的繼承人，例如前面案例所提到的好友劉培基或是妙境佛學會，跟委託人梅艷芳完全都沒有任何親屬關係，而且也非梅艷芳的繼承人，但卻都可以當受益人，享有信託利益，所以在應用上確實比遺囑更有彈性。請參考以下法條：

《信託法》第 64 條

信託利益非由委託人全部享有者，除信託行為另有訂定外，委託人及受益人得隨時共同終止信託。委託人及受益人於不利受託人之時期終止信託者，應負連帶損害賠償責任。但有不得已之事由者，不在此限。

五、信託契約之訂立

關於信託契約之內容，依《民法》契約自由原則，信託契約只要不違反強制或禁止規定或違背公共秩序善良風俗，可由委託

人依自己之意志或需求訂立信託契約之內容，但是必須是訂立書面而不能只是口頭上的約定。

　　信託法規定，除法律規定以外，信託應以契約或遺囑為主，若以遺囑為之，自應適用《民法》第 1189 條規定的五種遺囑之方式，即自書遺囑、公証遺囑、密封遺囑、代筆遺囑、口授遺囑，至於契約為主是否要有白紙黑字才能成立，《信託業法》第 19 條有特別明文規定，信託契約之訂定應以書面為主，茲就本法條臚列如後，供大家參考：

《信託業法》第 19 條

1. 信託契約之訂定，應以書面為之，並應記載下列各款事項：

　　一、委託人、受託人及受益人之姓名、名稱及住所。

　　二、信託目的。

　　三、信託財產之種類、名稱、數量及價額。

　　四、信託存續期間。

　　五、信託財產管理及運用方法。

　　六、信託收益計算、分配之時期及方法。

　　七、信託關係消滅時，信託財產之歸屬及交付方式。

　　八、受託人之責任。

　　九、受託人之報酬標準、種類、計算方法、支付時期及方法。

　　十、各項費用之負擔及其支付方法。

十一、信託契約之變更、解除及終止之事由。

十二、簽訂契約之日期。

十三、其他法律或主管機關規定之事項。

2. 信託業應依照信託契約之約定及主管機關之規定，分別向委託人、受益人作定期會計報告，如約定設有信託監察人者，亦應向信託監察人報告。

六、信託合約應如何課徵遺產稅

關於信託契約如何課徵遺產稅，依照《遺產及贈與稅法》之規定：

《遺產及贈與稅法》第 5-1 條

信託契約明定信託利益之全部或一部之受益人爲非委託人者，視爲委託人將享有信託利益之權利贈與該受益人，依本法規定，課徵贈與稅。

信託契約明定信託利益之全部或一部之受益人爲委託人，於信託關係存續中，變更爲非委託人者，於變更時，適用前項規定課徵贈與稅。

信託關係存續中，委託人追加信託財產，致增加非委託人享有信託利益之權利者，於追加時，就增加部分，適用第一項規定課徵贈與稅。

前三項之納稅義務人爲委託人。但委託人有第 7 條第一項但書各款情形之一者，以受託人爲納稅義務人。

贈與稅之納稅義務人爲贈與人。但贈與人有下列情形之一者，以受贈人爲納稅義務人：

1. 行蹤不明。

2. 逾本法規定繳納期限尚未繳納，且在中華民國境內無財產可供執行。

3. 死亡時贈與稅尚未核課。

《遺產及贈與稅法》第 5-2 條

信託財產於左列各款信託關係人間移轉或爲其他處分者，不課徵贈與稅：

1. 因信託行爲成立，委託人與受託人間。

2. 信託關係存續中受託人變更時，原受託人與新受託人間。

3. 信託關係存續中，受託人依信託本旨交付信託財產，受託人與受益人間。

4. 因信託關係消滅，委託人與受託人間或受託人與受益人間。

5. 因信託行爲不成立、無效、解除或撤銷，委託人與受託人間。

申言之，信託契約明定自益信託時沒有贈與的問題，在信託行爲成立，委託人與受託人間也還沒有發生誰來享受信託利益的問題，所以也沒有贈與的問題而是直到利益第三人享有信託利益之權利時，始依本法規定，課徵贈與稅。

七、受託人應該如何管理信託財產？

1. 忠實義務（Duty of Loyalty）：

受益人的利益或為特定目的管理或處分信託財產。《信託法》第 35 條規定，受託人不得將信託財產轉為自有財產，或於該信託財產上設定或取得權利。

2. 善良管理人之注意義務：

《信託法》第 22 條規定，受託人應依信託本旨，以善良管理人之注意處理信託事務。

這裡所稱的「善良管理人的注意」是指在執行管理職務上，不能以與處理自己財產同一注意為已足，不考慮受託人個人特定的能力差異，也不論受託人有否取得報酬，而是要求受託人有從事該等職業之人，通常所要求的注意義務。這種注意義務是要比處理自己財產的注意義務更高的責任。

3. 受託人變更：

受託人除信託行為另有訂定外，非經委託人及受益人之同意，不得辭任。但有不得已之事由時，得聲請法院許可其辭任。受託人違背其職務或有其他重大事由時，法院得因委託人或受益人之聲請將其解任。

4. 受託任務之終了：

受託人之任務，因受託人死亡、受破產或禁治產宣告而終了。其為法人者，經解散、破產宣告或撤銷設立登記時，亦同。委託人得指定新受託人，如不能或不為指定者，法院得因利害關

係人或檢察官之聲請選任新受託人，並為必要之處分。

5. 受託人不可享有信託利益：

所有權的內容包括管理、使用、收益及處分四項，但信託財產移轉給受託人，有關受益權的部分並不能由受託人完全取得。

否則當受益人擔任受益人完全取得信託財產所有權時，信託財產即已贈與給受託人了。所以《信託法》第 34 條規定，受託人不得以任何名義享有信託利益。

八、信託監察人

信託合約中受益人不特定、尚未存在或其他為保護受益人之利益認為有必要時，法院得因利害關係人或檢察官之聲請，選任一人或數人為信託監察人。但信託行為如果定有信託監察人或其選任方法者，從其所定。

信託監察人得以自己名義，為受益人為有關信託之訴訟上或訴訟外之行為。受益人也可以請求信託監察人為之。

信託法對信託監察人僅規定未成年人、受監護或輔助宣告之人及破產人，不得為信託監察人。也就是說，除此外，任何有行為能力的人均可以為信託監察人。但信託監察人執行職務，應以善良管理人之注意為之。以下法條參考：

《信託法》第 53 條

未成年人、受監護或輔助宣告之人及破產人，不得為信託監察人。

《信託法》第 54 條

信託監察人執行職務，應以善良管理人之注意爲之。

九、信託財產是否可以強制執行？

《信託法》第 12 條規定，對信託財產不得強制執行。

但基於信託前存在於該財產之權利、因處理信託事務所生之權利或其他法律另有規定者，不在此限。

而同法第 6 條規定，信託行為有害於委託人之債權人權利者，債權人得聲請法院撤銷之。前項撤銷，不影響受益人已取得之利益。但受益人取得之利益未屆清償期或取得利益時明知或可得而知有害及債權者，不在此限。

信託成立後 6 個月內，委託人或其遺產受破產之宣告者，推定其行為有害及債權。

所以基本上，信託財產在對債權人的權利益沒有損害的狀況，是可以不被強制執行的。

以上的狀況說明如下：

1. 在信託契約訂立之前，這個信託財產，比方前面提到的梅豔芳贈與好友劉培基的兩個物業，則如果信託契約訂立之前，這兩個物業已經有跟銀行貸款，已經有設定抵押權，將來如果貸款未能如期清償，銀行當然可以聲請強制執行。

2. 信託成立後 6 個月內，委託人或其遺產受破產之宣告者，推定其行為有害及債權。

這種情形可以看出委託人可能已經財務發生困難，所以為了規避財產被強制執行，故意將其財產信託給他人，所以推定其行為有害及債權，信託行為有害於委託人之債權人權利者，債權人得聲請法院撤銷之。

又所謂的推定是法律為了避免舉證困難先賦予法律效果，就是先推定其行為有害及債權。但是如果真的是將其財產信託給他人之後才發生破產的狀況，法律還是容許委託人舉證推翻。

「推定」應該要與「視為」區別，如果法律說「視為」的話，那就是發生一定法律效果，是不容許委託人（當事人）舉證推翻的。

信託實務運用的種類

1. 安養信託

台灣在民國 87 年已正式進入聯合國所稱「老年化的國家」，依據經建會統計推估，到民國 100 年老年人口比例將增加到 9.9%，預計在民國 130 年時，老年人口比例將高達 32.89%，也就是每三個生產者要養一個老人。

依據聯合國規劃，健全的老年經濟保障制度有三層，第一層是基本最低經濟保障，由政府透過稅收或社會保險方式提撥基金，例如內政部研擬中的國民年金方案；第二層是強制性儲蓄，透過雇主及員工強制提列，例如企業退休金及員工福利計畫；第三層則是自願性個人儲蓄。但在台灣，由於政府所規劃的國民年

金尚未定案，加上企業退休金未能落實，相對之下自願性個人儲蓄是老年經濟保障制度的重心，而退休安養信託正是可以協助提供老年退休生活保障的信託服務。

歐美國家使用「信託」方式管理財產情形十分普遍，主要原因是信託制度兼具安全、專業管理與持續的功能，而其他財產管理制度，會因委託人去世或失去意思能力而中斷，但在信託制度下，即使當事人去世或喪失意思能力，信託關係仍不中斷。

此外，信託財產受到《信託法》的保障，信託財產專戶獨立管理，不受委託人及受託銀行財務狀況惡化或破產的影響，且可避免被子女不當的占用，這對老年財產保障是相當重要的。國內目前已有多家金融機構的信託部開辦安養信託，透過受託銀行獨立且專業的管理，確保退休金及其他財產的安全與有效運用。委託人可以一次或分次方式支付信託財產，由受託銀行依信託契約內容，分散運用於存款、國內外共同基金、及績優上市公司股票等收益相對穩定且風險低的理財工具，並依委託人的需要，定期或不定期將信託收益給予委託人，作為生活費、醫療費等，以確保老年生活品質。實務上之作法，例如委託人與受託銀行約定，以委託人最後生存日為信託期限，在信託期間內，以自己及配偶為受益人，享有信託收益，信託期滿以子女或公益機構為信託財產歸屬人，信託結束時，受託銀行會將信託財產交給委託人指定的受益人，如此，不但自己的老年生活有保障，亦可照顧遺族，造福社會，達到「利己、利人、利他」三贏目的。

2. 員工福利信託

　　公司可以建立員工福利信託計畫，由公司和員工按月共同提撥基金，購買公司股票，以作為員工未來之退休金。此一退休計畫除可吸引優秀員工加入公司工作外，對公司未來股權之掌握，亦較穩定。

　　國內企業目前提供之員工福利制度，大致上有員工分紅配股、現金增資員工新股承購、員工退休金及職工福利金等項目，但由於法令限制及各企業經營規模大小，前述員工福利項目並不是所有員工都可以享受到。例如我國《勞基法》針對勞工退休規定，員工須於同一事業工作 15 年以上且年滿 55 歲，或於同一事業工作 25 年以上者，才可以申請退休金給付，那對於已在同一家公司工作十多年但尚未符合退休資格的員工，一旦離職，多年努力豈不付諸東流！員工權益該如何保障？此外，員工分紅配股及現金增資入股，都是在企業有盈餘或有增資擴廠需要時，員工才有機會參與，況且每家企業章程規定不同，員工所得之福利，亦相當有限。美日等先進國家的企業，早在數十年前，即感受到員工是企業最大的資產，為留住人才，協助員工累積個人財富，加強員工對企業向心力，因此，在多年前，即實施各種員工福利計畫，政府並給予稅賦的優惠，提供員工退休後之生活保障。

　　國內目前亦有多家企業，透過受託銀行規劃一項兼具員工福利、儲蓄及投資理財的員工福利信託商品。用以彌補《勞基法》未規範企業提撥離職金的不足。

員工福利信託對企業來說，除了可以獎勵員工、彈性調整薪酬制度、留住人才、促進勞資和諧外，還可以加強員工對企業參與感，有利於股權安定；對員工而言，公司通常會相對提撥獎助金，薪資無形中相對提高，另外，亦可以強迫自己儲蓄的定期投資方式，透過受託銀行專業操作，長期下來可獲得穩定報酬，為自己的退休金預作準備。

對企業而言，若能在成本有限的情況下照顧員工，不僅能使員工獲利，又可增加員工對公司的向心力，創造勞資雙贏的局面。

3. 金錢信託

依法令規定，信託業可辦理之信託業務涵蓋金錢信託、有價證券信託、不動產信託、金錢債權及其擔保物權信託等共計十種，而其中金錢信託是目前產品種類最多，也是與您最切身相關的信託服務。

所謂金錢信託，係指信託行為生效時，委託人交付給受託人之信託財產為金錢者，譬如經由信託投資國內外基金，即是最常見的金錢信託。此外，市場上陸續推出的金錢信託商品至少有：員工持股信託、保險金信託、安養撫育信託、遺孤信託、退休金信託、子女教育創業信託及結合理財、保險、信託之信託理財計畫……等等，種類繁多，而近期新推出之集合管理運用帳戶亦屬之。

4. 保險金信託

　　保險金信託是將「保險」與「信託」相結合，主要功能是避免發生意外事故時，保險金被法定監護人不當挪用、遺族不當管理，以致保險金無法落實保障遺族生活的目的。

　　目前已有許多金融機構的信託部開辦保險金信託業務，提供父母對遭逢意外後未成年子女財產權益保障的需求，當父母親過世時，透過信託機構獨立且專業的管理，將保險理賠金定期撥付生活費給子女，一直到成年完成學業為止，使他們能長期獲得妥善的照顧。

　　保險金信託的運作方式是，被保險人投保後與保險公司約定，在保險契約批註上註明，一旦發生保險理賠，理賠金即撥付到信託機構的信託專戶內，信託機構則根據與客戶簽訂的信託契約內容，將保險金運用在債券、存款、共同基金、保險等具穩定收益又低風險的理財工具，再逐年、定期把信託收益交給被保險人的子女或受益人。

　　另外，目前已有多家信託機構將保險金信託業務結合理財，提供三合一的保險金信託業務，即父母每月為子女投資定期定額基金，並投保人壽保險與意外險，同時與信託機構簽訂信託契約。

5.有價證券信託

　　國內目前已有多家金融機構的信託部開辦有價證券信託業

務，透過受託銀行獨立且專業的管理，確保信託財產的安全與有效運用。有價證券信託是提供委託人資產管理需求並保障受益人利益的信託服務，它的特點是信託設定時，委託人所交付給受託人之信託財產必須為有價證券，至於信託成立後，信託財產則未必保持有價證券形式，而一般所稱證券投資信託則屬金錢信託的範疇，二者主要差別在於證券投資信託成立時，委託人交付給受託人的信託財產為金錢。

有價證券信託標的範圍，包括政府債券、國內上市及上櫃股票、未上市及未上櫃公司股票、公債、公司債、共同基金、國外有價證券及經主管機關核定之其他有價證券。有價證券信託依目的不同，可分為「有價證券管理信託」、「有價證券運用信託」及「有價證券處分信託」等三種。

- 「有價證券處分信託」是指以處分有價證券為目的之信託。由於有價證券處分一般來說較為容易，且在法律上如以代理或委任方式，亦可達成相同目的，在國外實務上，以處分方式承作業務，並不多見。目前國內金融機構信託部開辦的有價證券信託業務包括「有價證券管理信託」及「有價證券運用信託」。

- 「有價證券管理信託」是指以管理有價證券為目的之信託。主要適用於無暇管理，或持有種類多且多量之有價證券所有人，將有價證券信託予受託人，使其代為保管、收受孳息、繳納增資股款、行使表決權等管理事宜，並將收益分

配予受益人。

• 「有價證券運用信託」則是指除對有價證券管理外，尚包括有效運用所受託之有價證券獲取收益為目的之信託，由受託人依據信託契約所訂定運用方式與條件，有效運用信託財產，並將收益分配予受益人。

6. 不動產信託

　　不動產信託是指土地及其建築物之權利人（委託人）為了使不動產有效利用或為其他特定目的，將不動產權利透過信託移轉給受託人，受託人則依雙方簽訂之信託契約為受益人（可能為委託人或第三人）之利益就不動產為管理、處分或開發之法律關係，並於信託契約期滿後，將不動產權利返還或移轉權利於指定受益人之信託制度。

　　金融機構「不動產信託」商品，係提供土地及建築物等不動產相關之信託服務，基於委託人或受益人利益，依信託目的及信託契約為處分、管理及運用，藉由專業經理人的處理服務，市場專業、締約能力及經驗，可節省權利人（委託人）時間並減少了交易糾紛發生；另一方面，因不動產及信託特質的架構結合，使具固定性的不動產，轉換為可被直接、有效流通運用的資產型態，滿足權利人（委託人）真正理財規劃需求，使其閒置資金及各種財產得以有效被利用，發揮資產最大收益。

　　不動產信託透過信託移轉給受託人種類又分如下：

- 管理型（租賃型）之不動產信託：權利人（委託人）交付不動產予受託人，約定由受託人（銀行或受託人或機構）與第三人簽訂租賃契約並定期收取租金，依信託契約約定為管理、運用及保存其信託財產後返還受益人。
- 處分型之不動產信託：權利人（委託人）交付不動產予受託人，約定由受託人與第三人簽訂買賣契約並移轉所有權取得價金，依信託契約約定為管理、運用及保存其信託財產後返還受益人。

7. 子女保障信託

為避免前面提到的豬肉攤老闆的兒子把錢拿去買跑車，信託契約可以指示方式及日期交付財產予受益人，可避免財產分散、運用不當，並能防止受益人不知守成、任意揮霍。

信託透過專業設計管理來掌控所有權，信託之受益權可不須於生前一次給予受贈之子女，防止贈與子女之不當浪費及不願奉養父母。

8. 遺囑信託

信託的方式可以契約或以遺囑來完成。遺囑信託的作法為委託人生前以遺囑方式，指示將遺產交付信託，由受託人執行遺囑、管理、分配遺產，以達成立遺囑的目的。

委託人預立遺囑並指定遺囑執行人、受託人及受益人，遺囑

生效時，由遺囑執行人依遺囑內容處理遺產、繼承相關事務，並
將遺產交付受託人，由受託人依約定管理，以確保遺產的分配完
全依委託人生前的遺願，避免不必要的紛爭。

第五章 ｜

保險

在財富傳承的過程中，最重要的工具有三個，一個是遺囑，二是信託，三是保險，三者環環相扣，缺一不可。有關保險的部分相信每個人都有幫自己或家人買保險，也有自己專屬的保險業務員或經紀人。在財富傳承的過程，一定要把你的保險業務員或保險經紀人納入你的保險顧問，並時時刻刻與他們保持聯繫，以確保你買的保險是根據你自己的意志去執行的，以下就從財富傳承的角度來介紹保險。

保險契約

《保險法》規定：本法所稱保險，謂當事人約定，一方交付保險費於他方，他方對於因不可預料，或不可抗力之事故所致之損害，負擔賠償財物之行為。本項所稱之行為乃指契約行為而言，故可謂本項係規定保險契約之立法定義。

保險契約之性質為債權契約，《民法》有關債之一般規定，除《保險法》有特別規定外，原則上亦適用於保險契約。

第一個問題

保險契約是不是要式性，是不是要像遺囑那樣依法律規定的方式作成，或是要有書面白紙黑字的才是有效的契約？

講白一點，就是口頭上成立的保險契約，在還沒正式簽訂保險單，如果發生保險事故，到底可不可以請求保險公司理賠？也就是說保險契約之成立是否要以書面（即保險單或暫保單）之作

為要件？亦即保險契約是否為「要式契約」？

要式契約說

1. 《保險法》第 43 條規定：「保險契約，『應』以保險單或暫保單為之。」

2. 《保險法》第 55 條名列保險契約應記載之事項（基本條款），亦可見其須以書面為之。

3. 實務上，70 台上 2818 號判決，認保險契約既為要式契約，又為要物契約，保險契約應以保險單或暫保單為之，《保險法》第 43 條定有明文。要保人所為投保之要約，保險人所為承保之承諾，縱令口頭上已臻合致，在雙方當事人尚未訂立保險單或暫保單以前，仍難認其保險契約業已合法成立。又《保險法》第 21 條規定保險費應於契約生效前交付之，可見保險費之交付，為契約之生效要件，上訴人即自認其尚未繳納保險費，保險契約自難謂已生效。

不要式契約說

1. 保險單或暫保單，只是保險契約的證明文件，非效力要件。保險單之出給作成或交付，為保險人之義務，而非保險契約的成立要件。故應將《保險法》第 43 條解釋為訓示規定而非強制規定。

2. 實務上，最高法院 64 台上 177 號判決謂：「保險契約為諾成契約，當事人就保險條件互相意思表示一致，契約即成立，

保險單之作成與交付，僅為完成保險契約之最後手續，亦既證明保險契約是否成立之方法，保險契約在法律上之效力，非自始繫於保險單。」

　　司法院第一廳研究意見亦認：「保險契約，係契約之一種，於雙方當事人意思表示一致時，契約即告成立，並非要式行為。保險單或暫保單之出給作成或交付，係契約成立後保險人應履行之義務，其作用雖可作為保險契約之證明，但並非謂保險契約之成立，以保險單之作成即交付為要件。」

　　最高法院 76 年台上第 559 號判決明示保險契約並非要式性契約，其謂：「保險為契約之一種，於當事人相互表示意思一致時，即告成立，並非要式行為，故對於特定之保險標的，一方同意交付保險費，他方同意承擔其危險者，保險契約即應認為成立，並不以作成保險單或暫保單為要件。」足見晚近最高法院亦有改採不要式契約說之趨勢，就是保險契約之成立，並不以作成保險單或暫保單為要件，只要在法律上可以證明有成立保險契約之合意即可。

第二個問題

　　訂立了保險契約，但是保險費都還沒繳，就已經發生保險事故，到底可不可申請理賠？

　　保險契約是否以「保險費之交付」為其生效要件？亦即其究為「要物契約」或「不要物契約」？

要物契約說

認為保險契約須以保險費之交付為生效要件，其理由略謂：

1. 《保險法》第 21 條規定：「保險費分一次交付即分期交付兩種。保險契約規定一次交付或分期交付第一期保險費，應於契約生效前交付之。但保險契約簽訂時，保險費不能確定者，不在此限。」保險費除簽定時不能確定者外，無論其交付方法為一次交付或分期交付，應於契約生效前交付之。

2. 《保險法施行細則》第 25 條：「產物保險之要保人在保險人簽發保險單或暫保單前，先交付保險費而發生應予賠償之保險事故時，保險人應負保險責任。」表示只要一交保險費契約即生效，否則保險人為何需要賠償。

不要物契約說

《保險法》第 21 條之規定，應解釋為「訓示規定」而非「強制規定」。

以保費交付為保險契約生效要件，產生之結果，不僅保險人於保險事故生發生時不須負保險賠償之責，同時，亦不得向要保人請求交付保費，這個跟前面說到的保險為契約之一種，於當事人相互表示意思一致時，即告成立的意旨不符。

晚近最高法院亦採不要物契約說之趨勢，以上之討論在實務上確實是有發生之可能性，而且保險契約究竟是要式契約或要物契約，法律上並無強制規定，通常保險契約都是保險人製作的，

如果保險人在你的保險契約上約定為要式契約或要物契約，也是合法的，所以最保險的方式，還是先請你的保險業務員或保險經紀人把關，再不就是要求訂立保險書面契約，並先繳保險費，不論是先繳一部分還是全部。

保險契約相關之人士

保險契約之主體包括為契約當事人之保險人和要保人、為契約關係人之保險人和受益人，及為輔助人之經紀人、保險代理人、保險業務員和公證人。

茲就以上所述之各種人員在保險契約上所扮演之角色及地位說明如下：

一、保險人

《保險法》第 136 條規定，保險業之組織，以股份有限公司或合作社為限。但依其他法律規定設立者，不在此限，所謂其他法律，例如《簡易人壽法》、《中央信託局條例》、《再保險條例》及《中國輸出入銀行條例》等。

《保險法》第 137 條規定，保險業非申請主管機關核准，並依法為營業登記，繳存保證金，領得營業執照後，不得開始營業。所以，保險人資格之取得係採「特許主義」，與一般公司之成立採「準則主義」完全不同。

二、要保人

對保險標的具有保險利益，向保險人申請訂立保險契約，負有交付保險費義務之人。

由要保人之意義可知其乃係向保險人要約投保之人，其若不自為保險人，或為人身保險之受益人，則其在保險契約中之地位，僅負有交付保險費之義務，而無請求給付保險金之權利。

實務上經常發生變更要保人的情形，例如本來是由父母親簽訂的保險契約，父母親欲將要保人直接改為子女，關於這個問題要注意下列事項：

1. 變更要保人 要被保險人簽名同意。以下法條參考：

《保險法》第 106 條

由第三人訂立之人壽保險契約，其權利之移轉或出質，非經被保險人以出面承認者，不生效力。

保險法賦予要保人對保險契約有轉讓、質借和指定受益人的權利，但為尊重被保險人對自己生命的自主權，防範不利於自己的道德危險發生，因此，要保人要變更要保人或受益人時，需要被保險人親簽同意。

2. 新要保人對被保險人，必須具有保險利益。以下法條參考：

《保險法》第 16 條

要保人對於左列各人之生命或身體，有保險利益。

一、本人或其家屬。

二、生活費或教育費所仰給之人。

三、債務人。

四、為本人管理財產或利益之人。

「家屬」指的是《民法》中「雖非親屬，而以永久共同生活為目的同居一家者，視為家屬」，也就是說，只要有長期共同生活在一起，即使並非親屬、沒有血緣關係，仍互有保險利益，而「生活費或教育費所仰給之人」，是指在法律上負有扶養義務的人，例如直系血親之間、兄弟姊妹之間，以及夫妻之間。

另外，諸如父母子女、祖孫、兄弟姊妹、夫妻，以及住在一起的人包括旁系血親（姑姑、伯伯）、姻親（弟媳、大舅），甚至無血緣關係但同居的男女朋友，都具有保險利益。

然而，實務上保險公司對於「同居家屬」的認定，除了要以全戶戶籍謄本的登記戶口為準外，對於非親戚關係的同居，保險公司會視需求進一步訪查，雙方是否確有經濟相關、共同生活的情形。

3. 要保人死亡之變更要保人。

由於保險契約可透過解約、保單借款取得保險金，具有實質資產價值，因此，當享有解約、變更和質借權的要保人死亡，保單理所當然就成為要保人遺產，由法定繼承人辦理繼承，登記為新要保人，而若法定繼承人不只一人，現行繼承辦法則是須由所有法定繼承人簽名同意，共同推舉其中一位擔任新要保人。

4. 夫妻離婚、父母子女反目之要保人變更。

實務常見的狀況像是丈夫以自己為要保人、妻子為被保險人投保，或是父母為要保人為子女投保。不過，一旦離婚或是與長輩反目，要保人拒絕再繳保費，保單恐因此失效，甚至面臨道德危險。

　　最好的解決方式，就是被保險人去協議變更自己為要保人。

　　另外被保險人也有可隨時撤回當初同意簽約的權利，而被保險人撤銷同意，視為要保人終止契約，因此，一旦要保人與被保險人反目，而變更要保人又談不攏的話，主動要求撤銷契約，進行財產分配（離婚），或重新購買保單，也不失為一種解決方式。法條如下：

《保險法》第 105 條

由第三人訂立之死亡保險契約，未經被保險人書面同意，並約定保險金額，其契約無效。

被保險人依前項所為之同意，得隨時撤銷之。其撤銷之方式應以書面通知保險人及要保人。

被保險人依前項規定行使其撤銷權者，視為要保人終止保險契約。

5. 變更要保人會有賦稅問題。

　　若父母將保單要保人變更為子女，視同財產移轉，若保單價值準備金超過免稅額上限 244 萬元，就會按超過的部分課徵贈與稅。

　　此外，若保單為含生存給付，如人壽保險、年金保險等險

種，則變更要保人後，當要保人與受益人不同人，例如身兼要保人、受益人的父母，將要保人變更為子女，則將來受益人領取的生存給付就須納入個人年度所得稅計算。[1]

三、被保險人

被保險人乃指於保險事故發生時，遭受損害，享有賠償請求權之人。

我們這裡要討論的是未成年人的保險問題，也就是爭議最多的《保險法》107 條之規定，從民國 52 年至現今總共出現了 5 個不同的規定：

1. 民國 52 年 9 月 2 日：「以 14 歲以下之未成年人，或心神喪失或精神耗弱之人為被保險人，而訂立之死亡保險契約無效。」

認為小朋友的死亡給付，會有道德風險，避免不肖人士傷害未成年孩童以謀取保險金。

2. 民國 86 年 5 月 28 日《保險法》第 107 條第一次修法。（本條文刪除）

也就是對未成年人之保險，額度為無限制，與成年人為被保險人相同。

3. 民國 90 年 7 月 9 日《保險法》第 107 條第二次修法：「訂

1　〈富邦人壽：保險手扎〉/《現代保險健康理財雜誌》329 期。

立人壽保險契約時，以未滿 14 歲之未成年人，或心神喪失或精神耗弱之人為被保險人，除喪葬費用之給付外，其餘死亡給付部分無效。

另外《保險法》第 135 條也將傷害險規範無死亡給付。

認為小朋友的死亡給付，會有道德風險，應該取消保險給付，只能給喪葬費。

4. 民國 99 年 2 月 1 日《保險法》第 107 條第三次修法：「以未滿 15 歲之未成年人為被保險人訂立之人壽保險契約，其死亡給付於被保險人滿 15 歲之日起發生效力；被保險人滿 15 歲前死亡者，保險人得加計利息退還所繳保險費，或返還投資型保險專設帳簿之帳戶價值。」

認為要防止道德風險，所以就算是喪葬費也不可以，只能退還所繳保費。

5. 民國 109 年 6 月 1 日《保險法》107 條第四次修法：「以未滿 15 歲之未成年人為被保險人訂立之人壽保險契約，除喪葬費用之給付外，其餘死亡給付之約定於被保險人滿 15 歲時始生效力。前項喪葬費用之保險金額，不得超過遺產及贈與稅法第十七條有關遺產稅喪葬費扣除額之一半。」

後來發生幾件大型災害，如復興航空、普悠瑪出軌等事故，很多人才發覺原來繳了那麼多年的保費，小朋友卻並沒有身故給付，於是又修法。財政部於民國 109 年 12 月 2 日公告，民國 110 年發生之繼承或贈與案件適用遺產及贈與稅（下稱遺贈稅）法規

定之免稅額、課稅級距金額、不計入遺產總額及各項扣除額之喪葬費扣除額為 123 萬元，所以一半就是 61.5 萬元，不管買幾家、幾張保單，無論是產險、壽險、旅遊平安險所有保保單一起計算。

從上面敘述可知，未成年人的保險規定一改再改，改到讓人霧煞煞。

所以未來在做保險規劃時，一定要跟你的保險顧問好好溝通，特別是小朋友的部分。

四、受益人

被保險人或要保人約定享有賠償請求權之人，在保險契約中可以指定受益人，受益人不一定是繼承人，所以保險是一項可以跳脫法律繼承框架的財富傳承方式。以下是幾個重要的關鍵詞。

1. 指定權人：

受益人之指定權人為何？若要保人與被保險人為同一人固無問題，惟若二者為不同之人，則何者始有受益人之指定權？

以被保險人為指定權人，依《保險法》第 106 條規定，由第三人訂立之人壽保險契約，其權利之移轉或出賣，非經被保險人以書面承認者，不生效力。可知被保險人才有受益人之指定權，因在由第三人訂立之人壽保險契約，保險標的為被保險人之生命、身體、健康之規定，所以要保人與被保險人不同時，受益人之指定權人是被保險人。

2. 受益人之變更：

受益人經指定後，原則上，要保人或被保險人仍得以契約或遺囑處分，但若其已聲明放棄處分權則不得再為變更。

3. 受益權之喪失事由有下列情形：

第一，受益人先被保險人而死者。《保險法》第 110 條規定，前項指定之受益人，以於請求保險金額時生存者為限，本條之立法意旨乃在於若受益人先被保險人而死亡者，則被保險人指定某人為受益人之理由已不存在，故使其受益權喪失，因此，有學者認為本項規定之文字應改為「已於『保險事故發生時』仍生存者為限」始為妥當，而不必「已於請求保險金額時生存者為限」。

第二，離婚。離婚是否構成受益權喪失之事由？

在實務上要保人多指定其妻或夫為受益人。王五向人壽保險公司投保死亡保險，指定受益人為「妻」（未寫明妻之姓名），嗣後王五與妻離婚，亦未再娶，則王五死亡時，其已離婚之妻能否以受益人身分向保險公司請求保險金之給付？換言之，離婚是否構成受益權之喪失事由？

‧認為受益權之未喪失的理由如下：

保險契約指定受益人為「妻」，雖未書寫其妻姓名，其妻仍為該保險契約所載可得確定之受益人。

妻之受益權，係源自保險契約之指定，並非來自婚姻關係，除非要保人依《保險法》第 111 條規定，以契約或遺囑另行變更

受益人外，其妻之受益權，已告確定，縱保險事故發生時，其已離婚，要保人亦未再婚，已離婚之妻仍得已受益人之身分向保險公司請求保險金之給付。

- 認為受益權之喪失的理由如下：

首先，前妻不是妻子（Exwife is not wife）。事故發生時要保人已與其妻即受益人離婚，雖不能以離婚為由逕認其妻之受益權喪失，惟因此受益人之指定並非載明姓名，而僅以「身分」之方式指定，今其妻之身分既已不存在，而保險單載明「妻」始為受益人，按「前妻」已非「妻」，則該前妻已不符合保險契約中指定受益人之身分，故應認前妻已喪失其受益權。

其次，現代人離婚是家常便飯，關於此種況要做普遍性之考量，倘若遇有被保險人再婚之情形，甚或期間又數次再婚，則究應以「前妻」、「後妻」、「第幾任妻」為受益人？似無確定之標準。不論何種情形，均應以「現任妻」為受益人，無「現任妻」則依《保險法》第 113 條規定，死亡保險契約未指定受益人者，其保險金額作為被保險人之遺產。

從上可知，受益人之指定方式，不以指出受益人之姓名為限，即以以特定身分關係作為受益人的指定方式亦無不可，例如指定為「配偶」，但是如果遇到離婚的時候還是要對保險契約做一番檢討，仍得以契約或遺囑作變更。

五、保險代理人

依《保險法》第 8 條規定係指：

1. 根據代理契約或授權書。

2. 向保險人收取費用。

3. 並代理經營業務之人。

依《保險法》第 163 條規定：「保險業之經紀人、代理人、公證人，非向主管機關登記，繳存保證金，領有執業證書者，不得執行業務。」

六、保險經紀人

依《保險法》第 9 條規定係指：

1. 基於被保險人之利益。

2. 代向保險人洽訂保險契約。

3. 向承保之保險業收取佣金或報酬之人保險經紀人雖係向保險人收取佣金或報酬，但其係基於被保險人（要保人）之利益，代向保險人訂定保險契約，故其乃屬要保人或被保險人方面之輔助人。

七、保險公證人

依《保險法》第 10 條規定係指：

向保險人或被保險人收取費用，為其辦理保險標的之查勘、鑑定及估價與賠款之理算、洽商而予證明之人。公證人在保險關

係，係處於中立公平之地位。

八、保險業務員

依《保險法》第 8-1 條規定：「保險業務員係指為保險業、保險經紀人公司、保險代理人公司，從事保險招攬之人。」

在實務上，保險業務員受領報酬之方式有「領取固定薪資」及「領取底薪加招攬佣金及混合制」二種，又依《保險法》第 8-1 條，保險業務員之所屬公司有「保險公司」、「保險代理人公司」及「保險經紀人公司」。

1. 保險業務員與「所屬公司」間之法律關係：
   - 領固定薪資者＝僱傭關係。
   - 混合制者＝僱傭與承攬之混合契約。
   - 外圍制＝承攬無底薪領佣金
2. 保險業務員有無「保險契約之締結權」？
   - 人壽保險：原則上無，除非構成表現代理。
   - 財產保險：在授權範圍內，有。

保險之種類

保險之種類可分為二大類，一是產物保險，例如富邦產物保險股份有限公司，其經營之內容，包括火災、海上、陸空、責任、保證……等；另一類是人壽保險，例如國泰人壽保險股份有限公司、南山人壽保險股份有限公司，其經營之內容有人壽保

險，健康、傷害、年金……等。茲就與財富傳承比較有關係的人壽保險及年金保險，說明如下。

依《保險法》第 101 條之規定：「人壽保險人於保險人在契約規定年限內死亡、或屆契約規定年限而仍生存時，依照契約負給付保險金額之責。」據此可將人壽保險分為幾種類型：

1. 死亡保險：

即《保險法》第 101 條前段，以被保險人死亡為保險事故之人壽保險。

2. 生存保險：

即《保險法》第 101 條後段，以被保險人生存為保險事故之人壽保險，具有儲蓄性質，就是一般常說的儲蓄險。

3. 生死合險：

即死亡保險與生存保險合併之保險，又稱「混合保險」。因其具有濃烈之儲蓄性，故保險實務上，多投保本險。

又依《保險法》第 105 條之規定：「由第三人訂立之死亡保險契約，未經被保險人書面同意，並約定保險金額，其契約無效。」

這是立法者在保險事故發生前為了避免道德危險，也就是為了避免要保人或受益人為了領得保險金，而故意促使保險事故發生，並且考慮到被保險人的人性尊嚴，尊重其自主決定權。

4. 年金保險：

《保險法》第 135-1 條規定：年金保險人於被保險人生存期

間或特定期間內，依照契約負一次或分期給付一定金額之責。

年金保險係因應我國人口逐漸老化，個人須安排子女教育、養老、或企業配合員工退休、撫卹員工家屬等，維持其生活穩定最佳方式，可保障社會安定，參考美、日等先進國家之個人年金保險及企業年金保險有設立專節規定之必要，在民國 81 年 2 月 26 日修正公布時所增設之險種。

5. 受益人之特別規定：

《保險法》第 135-3 條對於年金保險之受益人有特別之規定：

• 於被保險人生存期間：受益人為被保險人本人。

• 保險契約載有被保險人死亡後給付年金者，其受益人準用第 110 條至 113 條規定。

也就是有指定受益人者就給付給受益人，沒有指定受益人者就作為被保險人之遺產。

保險節稅

保險的功能除提供意外事故保障外，是否可以「節稅」？

以下就保險費的繳納與保險金的理賠分別討論。

一、保險費的繳納：保險費每年每人可申報列舉扣除綜合所得稅 2 萬 4000 元。

二、保險金的理賠：身故保險金如果有指定受益人，保險金在 3330 萬元內免稅。

這個免稅之規定須符合下列要件：

1. 民國95年（2006年）1月1日，《所得基本稅額條例》施行後簽訂之保險契約。

2. 受益人與要保人非屬同一人的保險。

3. 必須是死亡給付保險。

還有一點要注意的是最低稅負制的部分，保險雖然是高資產客戶準備稅源的重要工具之一，早期遺產稅最高50％，如今遺產稅最高為20％，被保險人的死亡保險金在上述範圍內是屬於免計入被保險人的遺產總額，但對受益人來說，死亡理賠金於受益人次年度在申報所得稅時，需計入最低稅負制的計算，至於保險死亡給付每一申報戶全年領取合計在3330萬元以下，但要特別提醒的是，這些都僅限於民國95年（2006年）1月1日前購買的保單，才免計入最低稅負制。

如果超過3330萬元，扣除後，和海外所得等項一起納入當年度基本所得額；若再計算扣除免稅額670萬，合計保險身故理賠金超過4000萬元，受益人才計入最低稅負制，且計入不一定要繳稅，因為最低稅負制和所得稅是擇其高者來繳稅。

最低稅負制（所得基本稅額），所謂最低稅負，就是當納稅人實際繳納的稅負，若小於政府認為起碼應繳納的稅負，納稅人就必須補繳其差額。

係為使因適用租稅減免規定而繳納較低或無庸繳納稅負之高所得個人，都能繳納最基本稅額的一種稅制。

最低稅負制，係設計一套計算標準，得出個人至少應繳納的稅額，稱為基本稅額，若個人當年度應繳納之所得稅（稱為一般所得稅額）高於或等於基本稅額，則免再繳納所得稅；若個人一般所得稅額低於基本稅額，則應就基本稅額與一般所得稅之差額補繳所得稅。

例如，小陳前一年領取身故保險金超過 4000 萬，經計算後，今年最低稅負制若需繳 30 萬元，而小陳今年所得稅就得繳 38 萬元。因此，最低稅負制和所得稅擇其高者，繳一項就好，所以小陳只要繳交所得稅 38 萬元。同理，如果小陳今年所得稅只需繳 22 萬元，則還要再補繳 8 萬元。

「實質課稅」原則

雖然《遺產及贈與稅法》第 16 條有規定，指定受益人的人壽保險金額不計入遺產總額，但若國稅局認為，這張保單性質、投保動機有明顯逃稅意圖，國稅局可以根據「實質課稅」原則，認定該筆身故保險金須計入被繼承人遺產總額課徵遺產稅，而且如果被國稅局認為有故意逃稅疑慮，除了要補稅外還會額外加罰。

財政部在民國 102 年 1 月 18 日發布台財稅字第 10200501712 號函中，列舉出過去經常被認定為有避稅動機的投保行為，包括：重病投保、躉繳投保、高齡投保、短期投保、密集投保、舉債投保、鉅額投保、保費高於或等於保險金額等「8 大特徵」，都是決定是否課徵遺產稅的審核重點。

以下就這八種投保特徵，簡要說明如下。

1. 重病投保：雖被保險公司加費承保，但其動機還是令人疑竇。

2. 高齡投保：老年人或高齡 70 餘歲者，保費特別貴，自會增加稅務機關懷疑。

3. 短期投保：投保後不久被繼承人即發生保險事故身故，這個期間仍視個案而定，兩年是一個普遍使用的參考值，但可能更長。

4. 躉繳投保：一次性大額繳清保費，刻意降低遺產總額以逃避遺產稅。

5. 鉅額投保：數百萬至上億的保險費都可能被認定為鉅額，這還要搭配被繼承人其他資產而定。

6. 密集投保：在兩、三年內累積購買兩張到數十張保單，都可能被認定為密集投保。

7. 舉債投保：提高負債可以降低遺產總額，連帶降低遺產稅，而藉保險給付，又可將資產移轉給繼承人。

8. 保險費高於或等於保險給付：保障成分低，可能被認定為非屬保險。

以上來自財政部民國 102 年 1 月 18 日發布台財稅字第 10200501712 號函揭示。以下的案例可以給讀者參考：

實務上死亡人壽保險金依實質課稅原則核課遺產稅案例及其參考特徵

案例	案例說明	案例特徵或參考指標
1	被繼承人於 95 年 3 月 6 日死亡，生前於 93 年 12 月 14 日以其本人為要保人及被保險人，並指定受益人投保人壽保險（投保時約 84 歲），保險金額 20,000,000 元，以躉繳方式繳納保險費 20,000,000 元（保險部分及投資部分之保險費分別為 600,000 元及 19,400,000 元），被繼承人死亡日之投資部分保單價值為 22,789,772 元。（最高行政法院 100 年度判字第 1003 號判決）	1. 躉繳投保 2. 高齡投保 3. 短期投保 4. 鉅額投保 5. 保險費等於保險金額
2	被繼承人於 91 年 6 月 27 日死亡，生前於 90 年 2 月 7 日至 4 月 15 日期間因腎動脈狹窄合併慢性腎衰竭住院治療，同年 4 月 17 日至 28 日定期門診血析，其於 90 年 4 月 2 日以本人為要保人及被保險人，並指定其孫（即繼承人）為身故保險金受益人，以舉債躉繳方式繳納保險費 2,578 萬元（投保時約 77 歲），身故保險理賠金 2,509 萬 9,455 元。（最高行政法院 98 年度判字第 1145 號判決）	1. 重病投保 2. 躉繳投保 3. 舉債投保 4. 高齡投保 5. 短期投保 6. 鉅額投保 7. 保險給付低於已繳保險費
3	被繼承人於 92 年 11 月 21 日死亡，生前於 91 年 6 月 4 日贖回投資基金，以本人為要保人及被保險人，投保即期年金保險，指定繼承人為身故受益人，躉繳保險費 13,148,721 元，其於 92 年 11 月 21 日因急性心肌梗塞、心因性休克死亡，保險理賠金 11,421,560 元。（最高行政法院 98 年度判字第 1236 號判決）	1. 躉繳投保 2. 高齡投保 3. 短期投保 4. 鉅額投保 5. 保險給付低於已繳保險費

案例	案例說明	案例特徵或參考指標
4	被繼承人於 90 年 9 月 8 日死亡,生前於 88 年 3 月 24 日經診斷有其他慢性阻塞性肺疾病、氣管支氣管及肺之惡性腫瘤及瀰散性肺間質變等疾病,90 年 3 月至 9 月間陸續住院接受例行性化學治療及放射線治療,其於 89 年 3 月 3 日起至 90 年 8 月 21 日陸續以躉繳方式投保人壽保險,以其本人為要保人及被保險人,指定其女為受益人,躉繳保險費 3,526 萬元,身故之保險理賠金額約 3,602 萬 4,133 元。(最高行政法院 97 年度判字第 81 號判決)	1. 重病投保 2. 躉繳投保 3. 短期投保 4. 鉅額投保 5. 保險給付相當於已繳保險費加計利息金額
5	被繼承人於 91 年 9 月 8 日死亡,生前有鉅額財產 1 億 3 千 8 百餘萬元,其於 88 年 4 月 13 日向銀行舉債 29,500,000 元,以躉繳方式投保終身壽險 7 筆(投保時 77 歲),指定其子女等 5 人為身故保險金受益人,保險金額 20,950,000 元,躉繳保險費 29,447,949 元,嗣被繼承人死亡,保險公司於同年月 18 日給付受益人保險金計 32,730,185 元,繼承人於同年 10 月 2 日及 3 日按各自受益比例分別清償上開銀行借款本息計 37,164,150 元。(最高行政法院 97 年度判字第 675 號判決)	1. 躉繳投保 2. 舉債投保 3. 高齡投保 4. 保險費高於保險金額;保險給付相當於已繳保險費加計利息金額
6	被繼承人於 92 年 10 月 28 日死亡,生前於 91 年 11 月 7 日檢查證實罹患肺腺癌,並於同年月 27 日手術切除,92 年 1 月發現肺癌移轉至腦部,並於同年 6 月 17 日腦部手術,其於 91 年 11 月 4 日至 92 年 10 月 28 日間數度住院及作放射線治療;被繼承人於 92 年 5 月 13 日以躉繳方式投保即期年金保險(投保時 64	1. 重病投保 2. 躉繳投保 3. 短期投保 4. 鉅額投保 5. 保險給付相當於已繳保險費

案例	案例說明	案例特徵或參考指標
	歲），躉繳保險費 2,433 萬 5,000 元，並指定子女 4 人為身故受益人，保險公司依約按月給付年金 10 萬元，至 92 年 12 月 11 日止合計給付年金 70 萬元，並於被繼承人身故後理賠 2,363 萬 5,000 元予受益人。（最高行政法院 97 年度判字第 949 號判決）	
7	被繼承人於 93 年 6 月 9 日死亡，生前於 87 年 7 月間以其名下土地向銀行抵押借款 1 億 2,300 萬元，於 87 年 7 月 22 日投保即期年金保險 11 筆（被繼承人投保時 73 歲時），以其本人為要保人及被保險人，指定其子女及孫等 5 人為身故受益人，躉繳保險費計 1 億 2,283 萬餘元。（高雄高等行政法院 96 年度訴字第 434 號判決）	1. 躉繳投保 2. 舉債投保 3. 鉅額投保 4. 高齡投保
8	被繼承人於 92 年 4 月 2 日死亡，生前於 89 年 4 月 28 日經診斷為惡性腦瘤，同年 5 月 16 日開始接受放射治療，嗣於 89 年 12 月 22 日以其本人為要保人及被保險人，投保年金保險（被繼承人投保時 75 歲），躉繳保險費 6,585,900 元，並指定其子為身故年金受益人。（高雄高等行政法院 96 年度訴字第 470 號判決）	1. 重病投保 2. 躉繳投保 3. 高齡投保
9	被繼承人於 94 年 1 月 3 日死亡，生前於 92 年 1 月至 5 月經診斷為中風後之言語障礙和記憶障礙，93 年 4 月 20 日起至 5 月 29 日止住院期間意識狀態為不清楚，自行處理事務能力差，93 年 11 月 27 日起至 12 月 10 日止及 93 年 12 月 13 日起至 12 月 21 日止住院意識為可醒著，但因雙側大腦功能缺損無法言語溝通也無法以肢體表達所需。被繼承人分別於 92 年 6	1. 帶病投保 2. 躉繳投保 3. 高齡投保 4. 短期投保 5. 鉅額投保 6. 保險給付相當於已繳保險費

案例	案例說明	案例特徵或參考指標
	月 18 日及 93 年 2 月 26 日，投保吉祥變額萬能終身壽險（投保時 81 歲），以其本人為要保人及被保險人，並指定繼承人為受益人，自 92 年 6 月 27 日起至 93 年 5 月 13 日止，繳納保險費計 25,750,000 元；又因該保單屬投資型保險商品，繼承日價值合計 24,519,474 元。（高雄高等行政法院 95 年度訴字第 1150 號判決）	
10	被繼承人於 92 年 3 月 21 日死亡，生前於 90 年 6 月至 91 年 12 月間因胃造管需替換而住院 6 次，另其 87 年間中風，無法行動及表達，生活已無法完全自理。被繼承人於 90 年 6 月 26 日投保即期年金保險（投保時 65 歲），躉繳保險費 4,991,360 元，身故保險理賠金為 4,287,360 元。（高雄高等行政法院 96 年度訴字第 481 號判決）	1. 重病投保 2. 躉繳投保 3. 短期投保 4. 所繳保險費相當於被繼承人生前領取之生存保險金及受益人領取身故保險金總額
11	被繼承人於 97 年 12 月 19 日因肝癌死亡，其死亡前 2 個月至 1 年 2 個月間密集投保，以本人為要保人及被保險人，並指定繼承人為身故受益人，躉繳保險費 42,477,614 元，受益人所獲保險給付 44,358,797 元。（最高行政法院 101 年度判字第 201 號判決、高雄高等行政法院 100 年度訴字第 142 號判決）	1. 重病投保 2. 躉繳投保 3. 鉅額投保 4. 短期投保 5. 保險給付相當於已繳保險費加計利息金額
12	被繼承人於 92 年 10 月 3 日死亡，生前於 84 年發現罹有輕度慢性腎臟病、輕度阻塞性換氣障礙、十二指腸發炎、萎縮性胃炎等疾病，嗣於 88 年 5 月 28 日及 89 年 1 月 1 日，以其本人為要保人及被保險人，指定子女、孫子女及媳婦為滿期及身故受益人，投保養老保險 2 筆	1. 躉繳投保 2. 高齡投保 3. 密集投保 4. 保險給付相當於已繳保險費

案例	案例說明	案例特徵或參考指標
	（投保時 80 歲），保險費分 6 期繳納，截至被繼承人死亡日止已繳保費 7,206,420 元；另於 89 年 5 月 9 日投保年金保險 10 筆，躉繳保險費 10,950,000 元，受益人所獲得保險給付 17,884,816 元。（高雄高等行政法院 100 年度訴字第 247 號判決）	
13	被繼承人於 94 年 9 月 3 日死亡，生前於 89 年 3 月 15 日經醫院診斷罹患帕金森氏症，且 93 年 8 月至死亡日止係處於重病狀態而無自行處理事務之能力，其於 90 年 3 月 9 日投保終身壽險，保險金額 10,000,000 元，躉繳保險費 11,147,000 元。（台北高等行政法院 99 年度訴字第 616 號判決）	1. 重病投保 2. 躉繳投保 3. 短期投保 4. 已繳保險費高於保險金額
14	被繼承人於 96 年 1 月 1 日死亡，死亡前 2 年半（投保時 78-80 歲高齡）密集投保 26 筆保單，其中 1 筆養老保險，投保內容為 6 年滿期給付保險金予被繼承人本人及身故保險金給付指定受益人，保險金額 1,500,000 元，繳納保險費 2,986,335 元。另於近 80 歲高齡，身體狀況不佳之情況下，不到 2 個月內，投保 22 筆迄 94 歲始能領取之養老保險，支出保險費 6,000 萬元，保險金額 6,100 萬元，迄其死亡後，受益人取得之保險金約為已繳保險費總額。（台北高等行政法院 98 年度訴字第 446 號判決）	1. 帶病投保 2. 躉繳投保 3. 高齡投保 4. 密集投保 5. 鉅額投保 6. 短期投保 7. 已繳保險費高於保險金額

案例	案例說明	案例特徵或參考指標
15	被繼承人 96 年 6 月 8 日死亡,生前於 93 年 1 月至 94 年 3 月間,陸續以其本人為要保人及被保險人,指定其子為身故保險金之受益人,共投保 4 筆人壽保險,躉繳保險費 148,209,331 元,其繳納保費大部分資金來自售地餘款及向繼承人借貸而來;被繼承人生前投保時有高血壓、糖尿病及前列腺癌服藥控制等病況。(高雄高等行政法院 100 年度訴字第 584 號判決)	1. 重病投保 2. 躉繳投保 3. 舉債投保 4. 鉅額投保
16	被繼承人於 95 年 12 月 3 日死亡,生前於 95 年 2 月間至 6 月間投保人壽保險(投資型保單)3 筆,以本人為要保人及被保險人,指定繼承人為身故受益人,以躉繳方式繳納保險費共 6,885,000 元,其繳納保費部分資金來自售地餘款;被繼承人投保時年齡 75 歲,其於投保前有失智、記憶障礙、憂鬱症及曾罹患腦中風等病況。(最高行政法院 100 年度判字第 574 號判決)	1. 帶病投保 2. 躉繳投保 3. 高齡投保 4. 短期投保
17	被繼承人於 94 年 6 月 29 日死亡,生前於 91 年 7 月至 8 月間以其本人為要保人及被保險人投保人壽保險,指定其子及媳婦為受益人,躉繳保險費 223,083,425 元,投保時年齡 81 歲,其中 26.6% 保費資金來源係向銀行貸款,投保時健康狀況不佳且長期藥物治療,投保前更因腦力顯著退化,陷入憂鬱狀態。(最高行政法院 100 年度判字第 726 號判決、101 年度判字第 205 號判決)	1. 帶病投保 2. 躉繳投保 3. 高齡投保 4. 鉅額投保 5. 舉債投保 6. 短期投保 7. 已繳保險費高於保險金額

案例	案例說明	案例特徵或參考指標
18	被繼承人於 95 年 9 月 18 日因肝癌及敗血性休克死亡，生前於 89 年間經診斷有肝炎、肝硬化及肝癌，並於 89 年 5 月至 95 年 9 月間住院 6 次治療，其於 92 年 12 月 8 日投保人壽保險（投資型保單）（投保時 72 歲），以本人為要保人及被保險人，指定其子女為身故受益人，躉繳保險費 12,000,000 元，受益人所獲保險理賠金為 12,085,845 元。（高雄高等行政法院 97 年度訴字第 771 號判決）	1. 重病投保 2. 鉅額投保 3. 保險給付相當於已繳保險費
19	被繼承人於 94 年 4 月 11 日死亡，生前於 93 年 5 月間經診斷罹患肺小細胞癌，於 93 年 7 月 16 日投保人壽保險（投保時 72 歲），以本人為要保人及被保險人，指定繼承人為身故受益人，躉繳保險費 30,000,000 元，受益人所獲身故保險給付為 29,707,690 元。（台北高等行政法院 97 年度訴字第 2275 號判決）	1. 重病投保 2. 躉繳投保 3. 鉅額投保 4. 短期投保 5. 保險給付低於已繳保險費

綜觀上述的案例，之所以會被財政部實質課稅原則核課遺產稅，是因為這些個案投保時間太短，加上躉繳及鉅額投保，讓財政部有機可趁。所以關於財富傳承之保險的部分，還是不能因噎廢食，一定要記得 ASAP 原則（As Soon As Possible），也就是要盡早、盡快把該做的保險投保完成。

租稅法律主義

茲舉司法院大法官釋字第 705 號解釋簡要說明租稅法律主義：

《憲法》第十九條規定人民有依法律納稅之義務，係指國家課予人民以繳納稅捐之義務或給予人民減免稅捐之優惠時，應就租稅主體、租稅客體、租稅客體對租稅主體之歸屬、稅基、稅率、納稅方法及納稅期間等租稅構成要件，以法律或法律具體明確授權之法規命令定之；若僅屬執行法律之細節性、技術性次要事項，始得由主管機關發布行政規則為必要之規範。

從以上說明可知財政部所說的實質課稅原則，這是財政部自己歸納出來的東西，並非是法律，是否違反「實質課稅」原則，是否追討遺產稅或贈與稅，也未必是財政部說的算數，最終還是要經過行政法院的判決，不可不察。

雖然所謂「實質課稅原則」未必符合租稅法律主義，可能會有違憲之虞，但讀者在購入保險時，最好還是跟業務或經紀人仔細討論，避免上開行政法院判決認定之爭議狀況，也避免被國稅局查稅追稅之困擾。

境外保單

　　境外保險是指台灣以外地區的保險機構向出境人員銷售的保險，這類保單是境外保險機構簽發的，承保的是出境人員。

　　境外保單常用低保費、高保障來吸引客戶。但是如果你不清楚怎麼在買了保單之後保障自身權益，建議要問清楚境外保單的內容。這類保單不能在台灣銷售，如果自行購買國外保單，遇到保險理賠爭議，無法獲台灣法令保障，須自行承擔風險，自己跨海打官司、要求理賠。境外保單風險高，若發生糾紛理賠不易，就法律面或客戶面考量，建議跟您的律師，保險業務員或保險經紀人適度的溝通。

第六章

家族辦公室

家族辦公室的意義與現況

家族辦公室（Family Office），指的是那些為高淨值財富的家族提供有形及無形資產管理的專業機構，凝聚家族文化及財富並傳承給下一代。

家族辦公室起源於 19 世紀富裕的歐美家庭，由相關領域專家組成，致力於一個或多個富有人士或家族的財富管理，以及私人需求等事務的私人公司或組織機構。一般譯為「家族辦公室」，是為富裕家族管理財富的私人機構。在財富管理行業中，家族辦公室可以說是金融產業鏈的最頂端，家族辦公室是家族財富管理的最高形態。

Bessemer Trust Co.，這是我在演講中提過的全世界第一家聯合家族辦公室，成立於 1907 年，迄今已超過 100 年。

西洋天后小甜甜布蘭妮（Britney Spears）被父親聲請監護，由於這件新聞事件引發很大的迴響，布蘭妮的粉絲非常不滿，如果布蘭妮需要被監護，她是要怎麼開演唱會？怎麼在舞台上載歌載舞？家族辦公室這個名詞意外地再次登上版面。布蘭妮的家族每年花在 Bessemer Trust Co.及律師費用高達 120 萬美元（3341 萬新台幣）。

根據統計，有 80%的家族企業未順利傳到第 2 代，剩餘的13%則未能傳到第 3 代手裡。所以要讓家族企業永續經營，家族財富得以管理、傳承，一定要了解什麼是家族辦公室。

根據瑞士銀行（UBS）在 2020 年針對全球最大的 121 個單一家族辦公室（Single Family Office）所管理的總淨資產高達 1424 億美元進行調查，有近四成的家族辦公室打算在未來五年內以永續原則分配其大部分投資配置。有 62％的家庭認為永續投資對傳承給下一代是重要的，但不確定他們的善意是否會能開花結果。[1]

　　風行於歐美豪門的「家族辦公室」業務，目的在於協助富豪凝聚家族財富，並依其需求打造客製化的財富管理策略與擬定傳承計畫，以利順利交班。在亞洲新富崛起後，香港、新加坡即相當風行，台灣對於此業務的需求也開始逐年增加。

　　事實上，在台灣已經有許多家族也有自己的家族辦公室，由專人處理隱密、龐大又專業的家族事務，內容包括保險、信託、私人銀行、基金會，也有會計師、律師打理海內外資產，甚至連家族旅遊、藝術品的鑑賞、紅酒的品嘗也納入家族辦公室的服務範圍。

　　另外金融機構扮演專業顧問是家族辦公室走向制度化的幫手之一，服務家族辦公室客戶需要銀行強大的內部金融服務和外部顧問系統，許多跨領域的專業知識和整合協調，才能確保客戶能獲得客製化的支持和資源，從而有效管理、保護和發展家族資產。

1　〈主打傳承的家族辦公室如何投入影響力投資？〉／ 2020 年 12 月 16 日／社團法人 B 型企業協會。

家族企業在全世界的企業體中扮演著舉足輕重角色，美國75%以上的企業屬於家族企業，家族企業創造了美國 78%的就業機會，雇用了勞動力市場上 60%的就業者，創造了全美國 GDP 總值的一半。英國、澳大利亞、西班牙等地的家族企業比重更是超過 70%，義大利和瑞典的比例更高，超過 90%。

　　世界範圍內許多著名的家族，其家族歷史大多源遠流長。在美國《財富雜誌》提供的 500 家大公司中，約有 60%是家族企業。像是微軟、柯達、沃爾瑪、IBM、寶潔、摩托羅拉、迪斯尼等聲名顯赫的大公司都是家族企業。

　　1945 年，當美國占領日本時，強行肢解了原先日本的財閥家族中最霸道的 56 個家族，然而不出 10 年，這些家族集團又重新有效的形成，家族的凝聚力可見一斑。

　　傳統意義上的「家族」是圍繞一個核心家族成員或一個核心家庭，通常以血親為主，姻親為輔的方式構成的。隨著家族與家族企業的規模化擴張，對於「家」的範圍，已突破了傳統意義上姻親與血親的結合，「Family of Affinity」，即「親和力的家庭」開始受到關注，即「家族」範圍開始輻射到與家族保持親密關係的人員，這個就是我們在導論中提到的「暫時の表親」的概念。

全球最富有的十大家族

　　世界上最富有的家庭是財富世代相傳的家庭。這些家族擁有強大有力的名字，這些名字與成功的公司和品牌聯繫在一起，有

的時代久遠，已經淹沒在歷史的長河中了，有的至今還在影響著世界（排名不分先後[2]）。

羅斯柴爾德家族

在 19 世紀的歐洲，羅斯柴爾德家族幾乎成了金錢和財富的代名詞，也是地球上最為神祕的古老家族，至今家族資產至少超過 50 兆美元。

沙烏地家族

沙烏地家族統治著沙烏地阿拉伯，掌握著沙烏地王室在國外高達 6000 億美元的投資。

沃爾頓家族

沃爾頓家族原本只是一個小鎮上的店鋪，之後生意越做越大，創建了沃爾瑪這樣一家世界性的連鎖企業，沃爾頓家族持有沃爾瑪 48％的股份，是美國最富有的家庭之一。

摩根家族

摩根家族的先人於 17 世紀初在新大陸的淘金海潮中移民美國，到約瑟夫・摩根的時候，賣掉了在馬薩諸塞州的農場，定居哈特福。摩根家族的成功，是華爾街成功的縮影。

2　〈全球最富有的十大家族！中國僅一位上榜〉/ 2018 年 11 月 20 日 / 搜狐。

杜邦家族

杜邦家族是美國最古老、最富有、最奇特、最大的財富家族之一。20 世紀 90 年代杜邦家族擁有財富 1500 億美元，出了 250 個大富豪，50 個超級大富豪。

馬克斯家族

馬克斯家族是名震英倫三島的財富家族。這個財富家族主要經營服裝和食品。英國前首相柴契爾夫人，服裝都在他們家族的公司馬克斯斯賓塞公司購買。其創始人馬克斯靠 5 英鎊起家。

福特家族

福特家族已經是美國顯赫的財富家族。亨利·福特是這個財富家族的創始人，他成為汽車大王。

洛克菲勒家族

洛克菲勒家族，美國最富有的家族之一。約翰·洛克菲勒是這個財富家族的創始人，他也是人類有史以來第一位億萬富翁，美國石油大王。他創始的石油王朝在美國把持地位達 85 年之久。

高爾文家族

高爾文財富家族在美國影響巨大。其創始人保羅·高爾文從賣爆米花創業，在 1930 年代生產世界第一台車用收音機到成為摩托羅拉公司董事長，使這個家族顯赫至今。

李嘉誠家族

先創辦長江塑膠廠（製造）塑膠花，之後投資地產業致富，他創立的長江集團（長江實業）已成為香港最大企業之一。

在台灣，家族企業更是企業最典型的型態，台灣產業 90%為中小企業，70%為家族企業，很多台灣的中小企業家族其實是高資產客群，所謂「高資產客群」是指可投資資產超過新台幣 3000 萬元以上的客群。

資誠聯合會計師事務所與中國信託銀行合作，共同發布「2020台灣高資產客群財富報告」，報告中顯示，相較 2018 年，年資產達 3000 萬以上的人數可望達到 41.17 萬人，增加 9.47 萬人，成長率是 29.87%；至於管理資產方面兩年來的增幅也增加了 43.6%。也就是台灣有 88%的高資產客群財富持續成長，尤其是資產規模在新台幣 1.5 億元以上的客群，95%的整體財富都比前一年增加。

有些沒有成立自己的家族辦公室的家族，聯合家族辦公室是一項不錯的選擇，它可以提供成本更低、隱私度更高的服務，包括如何安排海內外投資、控股、稅務和信託保管銀行。

家族辦公室的範例

談到家族辦公室的範例，不得不讓我們提起前面的兩個著名的家族，一個是摩根家族，一個是洛克菲勒家族。

摩根家族是個商人家族，其祖先於 17 世紀初在新大陸的淘金浪潮中移民美國，大家耳熟能詳的美國紐約金融服務公司摩根史坦利，就是由 J.P 摩根（John Pierpont Morgan）的孫子在 1935 年創立，J.P 摩根這位在美國非常著名的金融家、銀行家，在美國南北戰爭時代，曾經調集現金解決美國軍隊薪水的問題，也曾經與羅斯柴爾德家族合作賣給美國政府黃金以換取美國公債的發行。摩根企業更是全世界第一個使用電燈的企業，那是在 1882 年，愛迪生在紐約華爾街摩根公司按下開關，106 顆電燈泡瞬間發亮，照亮了摩根公司，也開啟照亮世界的第一步。愛迪生發明了電燈，但真正賺到錢的應該就是這位幕後金主 J.P 摩根。現代繼承父業開創家族財團新局面的傑克‧摩根，繼續延續家族財富傳承百年的傳奇。

　　而洛克菲勒家族，打破了在華人文化中流傳千年的富不過三代魔咒，這家族不只打破魔咒，而且目前已「富過六代」。

　　根據美國商業雜誌《富比士》2016 年報導，洛克斐勒家族目前來到第七代，共有 174 位繼承人，共享 110 億美元（約新台幣 3200 億）的財產。令人驚訝的是，雖然整個家族成員有多達 250 人是約翰洛克斐勒與蘿拉（Laura S. Rockefeller）伉儷的直系子孫，但他們全部團結一致、潔身自愛，不像一些豪門子弟總是醜聞纏身，常染上緋聞、弊案、官司一身腥。

　　家族財富可以傳承百年，其中有重要的關鍵，就是他們都有成立家族辦公室來管理家族的資產。

我們之所以在家族辦公室這個章節，特別提到摩根家族與洛克菲勒家族，是因為這兩個家族都是銀行的股東，而且我們強調的是這個銀行可不是我們一般認知的銀行，不是我們台灣所謂的家族銀行例如新光銀行、國泰世華銀行、富邦銀行、中國信託，我們說的是中央銀行（Central Bank），簡稱央行，它是負責國家或地區（如歐盟）貨幣政策的主體機構，通常也是一個經濟共同體的唯一貨幣發行機構。正常的發行方式為貸款和買賣外匯，因此它也是外匯市場的參與者之一，另外也會處理政府的債券。

央行同時對於銀行和其他金融機構也有賦予監督權，確保它們不會莽撞行事或有欺瞞行為。最高長官是央行總裁（Governor），中華民國中央銀行、日本銀行、韓國銀行亦如此稱之，而中國人民銀行稱為行長（Governor），歐盟央行稱為主席（President），在香港金融管理局和新加坡金融管理局則是總裁（Chief Executive/Managing Director）。

在當今這個世界上，「最賺錢」的生意，莫過於開一家中央銀行了，我們台灣人民常說的一句俗語：「開銀行，印銀票」，也就是銀行才可以真正印鈔票。信用貨幣時代，接近零成本印鈔，有什麼生意比得上印鈔票？絕大多數國家的央行，都是純粹的政府部門，哪怕它們憑空印刷了無數的信用貨幣，造成了極為嚴重的持續的通貨膨脹，但它們都是打著為人民、為政府的口號。

但當今的地球第一央行 —— 美國聯邦準備銀行（Federal

Reserve Bank）是美國的中央銀行體系「聯邦準備制度」的運作分支，共 12 個銀行，每個銀行分管自己的聯邦準備轄區，各銀行股份為公私混合，並不是純粹的政府部門，非完全政府所有。

根據《聯邦儲備法案》，美聯儲由華盛頓的聯邦儲備局和 12 個聯邦儲備銀行構成，前者隸屬聯邦政府管理，後者則是私人非營利性組織管理。

12 個聯邦儲備銀行分別對應的 12 個聯邦儲備區，分布於美國本土全境。

它們是：波士頓、紐約、費城、克里夫蘭、里奇蒙德、亞特蘭大、芝加哥、聖路易斯、明尼阿波利斯、堪薩斯城、達拉斯和舊金山。

每一張美元紙幣，其實是由這 12 家地區儲備銀行發出的，而每個地方聯儲都有一個自己的編號，從 A1，B2，C3……L12，每張紙幣上都印有這個編號以便確認發鈔行。

相信大家對「紐約聯儲」毫不陌生。紐約聯儲的資產總量和活躍性在 12 家銀行中列首，被公認為美國聯邦儲備系統中最重要的、最有影響力的區域儲備銀行。紐約聯儲大樓坐落著全球最大的「黃金寶庫」，該金庫存放的黃金大約為 3 億多盎司，占全球官方儲備黃金的 25% 到 30%。

紐約聯儲的一舉一動都影響著全球金融市場。美聯儲的一個噴嚏足以在全球市場掀起驚濤駭浪，而紐約聯儲則正處於美聯儲系統的心臟地帶。

紐約聯儲背後的最大股東是誰？它們在多大程度上影響了紐約聯儲的決策？

報告指出，花旗銀行是占股份額最大的機構，持有紐約聯儲8790萬股，占總數的42.8%。

第二大股東是摩根大通，共有6060萬股，占總數的29.5%。換句話說，兩家銀行共同控制著該地區銀行近四分之三的股本。

另外在1914年5月19日的貨幣審計署（Comptroller of the Currency）檔案記載著紐約聯儲銀行是美聯儲系統的實際控制者，股份總數203,053股，其中洛克斐勒家族所控制的紐約國家城市銀行擁有30,000股。

從私人家族企業角度來看，私人企業可以大到擔任中央銀行的股東，跟政府一起「印鈔票」，你就會明白資本主義在美國，它的力量及影響是多麼的強大。

各位如果有看過布魯斯·威利（Bruce Willie）的《終極警探3》（Die Hard with a Vengeance），是於1995年上映的電影，也是終極警探系列的第三部，由布魯斯·威利飾演約翰·麥克連（John McClane），傑瑞米·艾倫斯（Jeremy Irons）則飾演恐怖分子賽門·格魯伯（Simon Gruber）。

故事大綱敘述紐約市一家百貨公司發生爆炸，紐約市警察局因此派人前往調查，此時一個叫賽門的人打電話給紐約市警察局，說爆炸案是他做的，並指定要找麥克連玩「Simon Says」的遊戲，要求麥克連執行他下的指令，解開他出的謎題，如果不

從，就要引爆另外一處的炸彈。賽門並聲稱，這一切都是為了替死於麥克連之手的哥哥漢斯報仇（漢斯就是第一集裡，從大樓掉下來的那個恐怖分子）。麥克連在無計可施的情況下，只好和無端捲入其中的雜貨店老闆（山繆・傑克森主演的那個角色）合作，設法解開對方出的謎題，以避免爆炸造成的傷亡。但在解謎的過程中，麥克連開始意識到賽門另有目的……

原來賽門真正的目的，是偷走紐約聯邦儲備銀行金庫裡面的黃金，引爆炸彈是為了製造一條運送黃金的地道，而所謂的「報仇」、「玩遊戲」都只是他用來掩飾其行動的幌子。麥克連發現賽門的目的後，便決定要全力阻止他的陰謀。但賽門用調虎離山之計，向紐約警方誆稱自己已在一間學校放置大量炸藥，不准警方疏散學生及使用無線電，否則就要直接引爆。無計可施的紐約警方只好採取最原始的地毯式搜索，想辦法在時限內翻遍所有學校，整個華爾街因此呈現「空城」狀態，賽門等人自然也就不費吹灰之力的把黃金全搬空了。

相信各位讀者都看過這部電影，裡面的這家中央銀行就是紐約聯邦儲備銀行，原來這個中央銀行是屬於私人所有，西方富豪家族竟有如此廣大之神通，也讓人對美國資本主義的自由程度刮目相看。

當我們了解到摩根家族與洛克菲勒家族是美國中央銀行的股東，您就會知道這兩個家族實力有多雄厚了，不過在資本市場極度自由的美國，大家還是有可能變成變成美國中央銀行的股東，

這兩個家族企業可都是標準普爾 500 指數（Standard & Poor's 500）裡面的成分股，這也難怪股神巴菲特，特別交代他的後代子孫，要把資金投在這裡。有關 S&P500ETF（Exchange Traded Fund）指數股票型基金要如何投資，除了開海外的證券帳戶以外，也可以透過國內股票券商以複委託的方式買進，在購買的時候要注意手續費及現金股利稅等問題，各位有興趣可以跟您的銀行、券商或投資顧問再做研究討論。

家族辦公室的功能與發展

1. 家族辦公室的功能

家族辦公室的功能是為富有的家庭提供全方位財富管理和家族服務，以使其資產的長期發展，並使其資產能夠順利地進行跨代傳承和保值增值的機構。舉例來說，1934 年小洛克菲勒為了避開高昂的遺產稅（1917 年遺產稅稅率從 10%上調至 25%；1924 年開徵贈與稅），在家族辦公室的建議下，1934 年小洛克菲勒設置了兩個信託基金（妻子和孩子、孫輩）。這些信託基金的設立，其家族辦公室直接擔任顧問工作，擁有設置信託資產的權利。通過這樣類似的方式，洛克菲勒家族實現完整的家族財富傳承。

同時，家族辦公室也是一個提供家族衝突的解決方案，因為企業中的的家族成員難免會有意見不一的時候，家族辦公室可以以科學方法，「組織化」和「制度化」來解決家族衝突。

2. 家族辦公室的發展

家族辦公室可以分為兩大類：單一家族辦公室（Single Family Office，簡稱為 SFO）和聯合家族辦公室（Multi Family Office，簡稱 MFO）。根據 Wealth-X（按：是美國一家專注於全球高資產人群的財富諮詢機構）和瑞銀發表的「2014 世界超級財富報告」中得知，在香港居住的億萬富翁共有 82 名，中國大陸有 190 名。富比士的億萬富翁排行榜則列出 50 位香港億萬富翁。有趣的是，香港的正式家族辦公室或 SFO（單一家族辦公室）不超過 50 間。當中引述瑞信估計全世界只有 3% 的 SFO 位於亞洲。

在 2017 年的「全球家族辦公室 2017 年報告」指出，家族辦公室的首要工作，依舊是制定財富傳承計畫，69% 的家族預期在未來 15 年進行世代交替。財富傳承計畫方面，亞太區家族辦公室略為落後其他地區，但已有 48.4% 的亞太區家族辦公室正在制定財富傳承計畫。顯示家財富傳承計算已越來越受重視。

根據 Wealth-X 的「2018 年十億萬富翁人口普查」，亞洲目前為全世界十億萬富翁（美元計算）增長最多的地區，在 2017 年超過北美。亞洲的十億萬富翁人口去年增加了近三分之一（29.2%），達到 784 人，超過北美的同比增長率（11.2%）和富豪總數（727 位十億萬富翁）。

3. 家族辦公室在亞洲正在興起

家族辦公室正呈現「西風東漸」的趨勢。

過去亞洲企業家財富創造主要靠主業，有剩餘的錢就放在銀行定存，對資本市場投入較低；此外，亞洲富豪可能因為「民族性」，關於錢的事「只相信自己」，即使有些富豪願意把錢放在私人銀行，但對於投資布局，他們也常自有盤算，這也是家族辦公室在亞洲發展較落後的原因。

家族辦公室最早是源起於歐洲，興盛於美國。18 世紀的歐洲，羅斯柴爾德家族（Rothschild）第一代崛起，透過家族辦公室成功傳承了財富。至 19 世紀時，羅斯柴爾德家族已創建了家族式國際銀行集團，成為近代史上最富有的家族之一。而在 19 世紀的同時，家族辦公室在美國發展起來。工業革命創造了大量的財富，富裕家族急需專業人士協助管理與傳承財富，因此這些富裕家族集合了金融專家、法律專家、會計專家等，成立家族辦公室，替其打理財務事務。例如美國知名的希爾頓家族皆設立法人實體，即所謂家族辦公室，財富成功傳承了好幾代，其企業影響力仍不停地擴大。根據美國家族辦公室聯盟（Family Office Association）的定義，家族辦公室是「專為超級富有的家庭提供全方位財富管理和家族服務，以使其資產帝國符合家族的長期目標，並使資產能順利地進行跨代傳承保值增值的機構」。也因此，有人稱家族辦公室提供了「從搖籃到墳墓」的服務。

瑞士信貸「2013 年全球財富報告」估計，全球淨資產高於

5000 萬美元的「超級富翁」約有 98663 人，美國占 45%，歐洲占 25%，不含印度與中國的亞洲區域則占 14%，中國占比約 5.9%（5830 人），而台灣約有 1370 位。Campden Wealth 研究機構估算，亞洲僅約 100 到 120 間家族辦公室，其中 75% 位在香港與新加坡，而歐美總計約 2000 間家族辦公室。以此數據來看，家族辦公室在亞洲，其實仍有極大的成長空間。

如今，家族辦公室在亞洲的時候到了！多數亞洲富豪第一代已屆退休年齡，隨著第二代、第三代陸續長大獨立，他們終於開始思考「傳承」的問題。亞洲富豪們極欲效法西方富裕名人，希望仰賴家族辦公室的獨立與專業，打破富不過三代的魔咒，為後代子孫保存財富與家族價值，所以家族辦公室正在西風東漸。

私人銀行
歐美家族辦公室，也能提供私人銀行服務

所謂的私人銀行（Private Banking），是針對高端客戶（High Net Worth Individuals）的財富管理需求所產生，就像是專屬個人的財富管家，量身訂做打造全方位的資產管理服務的金融機構。

關於私人銀行的起源眾說紛紜。一說私人銀行起源於 16 世紀的瑞士日內瓦，一些法國經商的貴族因為宗教信仰問題被驅逐出境，因此成為第一代瑞士的私人銀行家。歐洲皇室官員們隨即跟進享受此私密性強的金融服務。

另一說法為 17 世紀時，在外打仗的貴族將財產交由留守的

貴族代為管理，這些貴族因而逐漸成為第一代私人銀行家。可以確定的是私人銀行來自歐洲，專門向富有階層，為富豪們提供個人財產投資與管理的服務，一般需要擁有至少 100 萬美元以上的流動資產才可在較大型的國際金融公司或銀行中申請開設此類服務。私人服務銀行最主要的功能是資產管理，規劃投資，根據客戶需要提供特殊服務，也可通過設立境外公司、家族信託基金等方式為顧客節省稅務和金融交易成本。因此私人服務銀行往往結合了信託、投資、銀行、稅務諮詢等多種金融服務。通過私人服務銀行，客戶也可以接觸到許多常人無法購買的股票、債券等。而私人服務銀行的客戶們往往可以擁有投資一些私人有限公司的機會，並獲得許多優先購買 IPO 的機會。私人服務銀行最早由幾家大型的國際金融公司和銀行提供，目前世界最大的私人服務銀行提供者是瑞銀集團，瑞士也是世界私人服務銀行最發達的國家。此外包括摩根大通、花旗銀行等著名金融機構也提供此類服務。

相較於提供給一般大眾的零售銀行業務，私人銀行透過專門的財務顧問，為高資產淨值的個人量身打造全方位的資產管理與財務諮詢。而除了市場上一般的金融商品，私人銀行也能提供較為獨特的投資機會、稅務諮詢給這些高資產淨值客戶。

事實上，所謂私人銀行業務的提供者並不僅限於「銀行」，另一類能夠提供私人銀行服務的機構就是本章所說的家族辦公室（Family Office）。不論是法律諮詢、稅務規劃、財富管理，信託

計畫，還是家族事務，像是教育規劃、移民計畫等，家族辦公室有各領域的專家替富豪家族保護與管理家族資產和其龐大的商業利益。

當財富達到一定規模，一般的投資管理方式已不足以應付資產的保全與增長。唯有量身訂做、透過全方位的規劃與管理，才能達成長遠的資產保全與傳承目標。因此，除了一般常見的投資標的，通過私人銀行服務，高資產淨值客戶可以接觸許多一般投資人無法投資的股票與債券、獲得優先申購 IPO 或是投資一些私人公司、私募股權和對沖基金等另類投資的機會。透過稀有的投資機會，期望可以得到更豐厚的回報率。當然，這些客戶也要願意承擔較高的投資風險。當金融商品的投資組合建立起來，財富管理的地基打穩，高資產淨值客戶的事業、房地產，或生活資產也需一起串聯管理，以穩固並加強資產結構的完整性。

家族辦公室的目標與服務

家族辦公室的服務已經不僅僅是提供財富管理，而是由正直且經驗豐富的顧問人員，基於家族永續經營的長遠目的，將家族成員、家族以及家族企業於目前及未來所可能預見的問題和事物集合起來，通過協調各方面的專家，為家族成員、家族以及家族企業提供全方位的服務。家族辦公室通過構建法律籌劃、稅務籌劃以及財富管理的功能，實現保護、管理與傳承的目標。因此可以說家族辦公室是家族真正的全能管家。

家族辦公室的服務目標即是保護、管理、傳承

「保護」是家族辦公室的基礎目標。通過制度安排與機制設計，保護家族、家族企業以及家族成員的人參與財富的安全性與完整性。

「管理」是家族辦公室的核心目標。家族辦公室通過專業化的管理、治理及資本路徑，對家族成員、家族以及家族企業的事務及財富進行合理規劃，有效整合、促進家族事業的繁榮發展。

「傳承」是家族辦公室的最終目標。通過法律籌劃、稅務籌劃以及財富管理，確保家族成員、家族及家族企業的事務及財富能在規劃和控制下安全、順暢、有效的傳承；同時進一步推動非物質財富的傳承，即精神的傳承，實現家族精神的永恆。

家族辦公室根據家族成員、家族、家族企業的不同需求提供全方位菜單式的服務。家族治理、家族企業治理、家族信託、家族傳承規劃是家業長青的四大基石，家族辦公室所提供的服務將圍繞這四大基石進行更深的拓展。一般來說，根據客戶財富資產規模以及需求的不同，服務內容也有所不同。

不論是面向家族成員、家族或是家族企業，家族辦公室的服務主要涵蓋了四大板塊，法律籌劃、稅務籌劃、財富管理以及其他，這玲瓏滿目的服務項目具有很強的專業性，主要由單一的團隊完成，如由法律團隊提供專業的法律顧問服務；部分則需要由統籌下的多個團隊共同展開具體工作。

也包含家族憲法及附則之制定、稅務之規劃、保險之規劃、

信託之制定、遺囑之制定、事業之投資、公司之經營管理；甚至還有包括前面提到的生活安排，像是家族旅遊、藝術品的鑑賞、紅酒的品嘗。例如就曾經有一家數代同堂，經營非常成功的家族企業，有一次創辦人的母親 100 歲生日，經由家族辦公室的安排，包下專機前往日本旅遊，還特別讓家族成員每人都穿上紅色喜氣的衣服，上面依每個人對壽星的稱謂之不同，而有不同的 Logo，有些人穿的是「我的媽媽 100 歲」，有些人穿的是「我的阿嬤 100 歲」、「我的阿祖 100 歲」、「我的媗婆 100 歲」、「我的姑姑 100 歲」、「我的姨婆 100 歲」……等等，好不熱鬧。

另外，藝術品的鑑賞也是未來家族辦公室會著墨的一個重點。全球藝術品市場，再也不只是西方人的專利，無論是藝術家本身，或是收藏家，華人都積極地參與。有一個叫 ARTNET 的網站，每年都會公布全球最貴藝術家作品 TOP10，另外在兩岸目前也有一個叫 CANS 的網站在 2020 年首次發布全球藝術品拍賣成交十大排行。在 2020 年，十大排行中華人藝術家就占了三席，分別是吳彬的《十面靈璧圖》、任仁發的《五王醉歸圖》及常玉的《四裸女》。這些藝術品拍賣價格可以來到數十億台幣，以收藏家的立場來看，這是一門學無止境的課程，未來的財富傳承目標，可能都有必要讓每位未來的接班人從小都得開始從美學原理（Aesthetic Principle）開始學習對藝術品的鑑賞，無論在生活中的情趣、性情的陶冶或是財富的傳承，這個都非常值得花時間。如果你對於藝術品的鑑賞有獨到的品味跟鑑賞能力，自然就

會有機會發現瑰寶，那也就不用擔心，人云亦云胡亂跟從，受騙上當去買到假畫。

家族辦公室在台灣

受到新冠疫情及兩岸局勢的影響，並且在政府鼓勵下，台商帶回海外資金在台開設專戶，大型銀行和外商銀行規劃與這些客戶建立 5 年以上的長期關係，導引高資產客戶在台進行家族傳承與接班等理財需要。

作法上，外銀指出，鼓勵高資產客戶成立「家族辦公室」，統籌銀行與專戶間的財富管理、稅務規劃、信託等。

星展銀行私人銀行和安永會計師事務所最新報告指出，「家族辦公室」自 2010 年在亞洲地區浮現，關鍵在於亞洲的財富持續成長，尤其是集中在有企業經營的家族，同時，這些財富如同企業經營，正面臨世代承傳的挑戰，因為學術研究證明，不當或不順利的世代傳接，是家族財富重大損失的主因。

財富傳承向來是家族企業傳承焦點，調查顯示，台灣家族企業在金融方面的需求大，家族企業成員在事業經營與傳承上，最希望銀行提供的服務，前三名分別為「家族傳承議題交流」、「家族成員境內外資產配置服務」及「集團跨國金流服務」。

筆者從 2021 年 3 月分開始本書的編寫，到了 2021 年 6、7月間發現了一個重大的訊息，就是「國家發展委員會促進私募股權基金投資產業輔導管理要點」，以下把這個訊息內容分享給各

位讀者，各位有興趣的話，可以參閱本章後面的附註。

在討論本管理要點之前，要先討論一下我國的特別刑法之一的《銀行法》。

《銀行法》第 20 條

銀行分為下列三種：

一、商業銀行。

二、專業銀行。

三、信託投資公司。

銀行之種類或其專業，除政府設立者外，應在其名稱中表示之。

非銀行，不得使用第一項名稱或易使人誤認其為銀行之名稱。

《銀行法》第 29 條

除法律另有規定者外，非銀行不得經營收受存款、受託經理信託資金、公眾財產或辦理國內外匯兌業務。

違反前項規定者，由主管機關或目的事業主管機關會同司法警察機關取締，並移送法辦；如屬法人組織，其負責人對有關債務，應負連帶清償責任。執行前項任務時，得依法搜索扣押被取締者之會計帳簿及文件，並得拆除其標誌等設施或為其他必要之處置。

《銀行法》第 29-1 條

以借款、收受投資、使加入為股東或其他名義，向多數人或

不特定之人收受款項或吸收資金，而約定或給付與本金顯不相當之紅利、利息、股息或其他報酬者，以收受存款論。

《銀行法》第 125 條

違反第二十九條第一項規定者，處三年以上十年以下有期徒刑，得併科新台幣一千萬元以上二億元以下罰金。其因犯罪獲取之財物或財產上利益達新台幣一億元以上者，處七年以上有期徒刑，得併科新台幣二千五百萬元以上五億元以下罰金。

經營金融機構間資金移轉帳務清算之金融資訊服務事業，未經主管機關許可，而擅自營業者，依前項規定處罰。法人犯前二項之罪者，處罰其行為負責人。

銀行法在實務上的判決

《銀行法》第 125 條第 1 項之罪，在類型上係違反專業經營特許業務之犯罪，屬於特別行政刑法，其後段將「犯罪所得達新台幣一億元以上者」，作為非法經營銀行業務之加重處罰條件，無非係基於違法辦理收受存款、受託經理信託資金、公眾財產或辦理國內外匯兌業務所收受之款項或吸收之資金規模達新台幣一億元以上者，因「犯罪所得越高，對社會金融秩序之危害影響越大」所為之立法評價。就違法吸金而言，立法目的既在處罰達一定規模之吸金行為，則犯罪行為人於對外違法吸收取得資金時，犯罪已然既遂，即使犯罪行為人事後再予返還，仍無礙於本罪之

成立。從而本條項後段所稱「犯罪所得」,自係指犯罪行為人參與違法吸收之資金總額而言,即令犯罪行為人負有依約返還本息之義務,亦不得用以扣除,始符立法本旨(最高法院 102 年台上字第 3381 號刑事判決)。

從以上規範我們可以歸納幾項結論:

1. 不同於一般產業,金融業是特許行業、受主管機關高度監理,受司法機關高度審理。不是銀行、沒有證照、千萬不要違法吸金辦理收受存款、受託經理信託資金、公眾財產或辦理國內外匯兌業務所收受之款項。

2. 台商在大陸賺的人民幣,以私下匯兌方式在台灣換成台幣這樣就有可能違反《銀行法》,而且「犯罪金額」是以匯兌雙方加總計算,只要加總數字超過新台幣 1 億元以上者,就是 7 年以上有期徒刑起跳,得併科新台幣 2500 萬元,以上 5 億元以下罰金。

3. 私募並非是「私下募集」之意,絕非幾個人私自做些收款就為私募,各國主管機關對於有資格進行私募和有資格投資私募的主體,都有金融嚴格法規限制,必須取得許可和經歷特定程序,在正規有法定效力的契約環境和金融機構下運轉,國家發展委員會促進私募股權基金投資產業輔導管理要點,講白一點就是銀行法的法外施恩,提供各位讀者一個成立銀行的機會,為保險業及其他資金流向私募股權基金打開合法的大門。

4. 私募股權基金，投資範圍可以包括本要點所定重要策略性產業之種子期、初創期、成長期、擴張期、成熟期、Pre-IPO等階段。

5. 「私募股權基金」在投資時，必須考量未來的退場機制，像是透過：IPO上市、收併購（Mergers and Acquisitions，M&A）等方式，將持有的股份出售來回收獲利。

6. 私募股權基金可以在傳承的路上扮演重要的角色，讓傳承的事業不再侷限於家族企業的本業。

7. 被動的機構投資者（例如政府四大基金包括：郵匯儲金、勞保基金、勞退基金及公務人員退撫基金、保險公司）可能會投資私人股權投資基金，然後交由投資公司管理並投向目標公司。

8. 以往政府將私募股權基金視為洪水猛獸，現在把它看做是產業結構重整的機會：台灣有許多優質的企業同樣地面臨接班的問題，私募股權投資的本質提供了這些企業一個出路，除此之外，透過私募股權基金引入適當的資本及專業經理人，可以有效地幫助這些企業進一步擴張並在台灣創造更多的就業機會，若獲得國際知名的私募股權基金投資，亦能提高台灣企業在國際市場的知名度，私募股權基金可以不只是金融操作、謀取暴利的工具，也可以為實體經濟及社會帶來正面的改變。

9. 私募股權基金可以扮演天使投資人（Angel Investor），給予新創企業資本挹注。天使屬於早期階段投資人，通常指於新創公司創立初期就開始投資的投資者。而除了提供金錢的幫助以

外，天使投資人也會帶入一些人脈或是機會給新創公司。某種程度上天使投資人也會肩負輔導與顧問的角色，替新創公司尋找資源或是新創圈人脈網絡的建立。比較知名的例子如 Google 在當初創辦時，世界級專業運動員歐尼爾、阿諾史瓦辛格、老虎伍茲都有所資助，並且在日後走向公開上市發行時獲得高額報酬，Google 上市後，這些股票價值上升了一萬倍以上。

10.由於創業初期的高失敗性，高風險必須伴隨著高額報酬率，才得以早期吸引投資人青睞，而投資人一般退場時機大多在新創企業走向公開發行，或者被企業所併購時。對於早期投資人而言，新創企業還沒有明確的現金流產生，所以當然連財報都拿不出來供參考，更不用說估值的評估了。在市場缺乏一參考價值的情況，投資人評估這家公司是否值得投資，主要建立在行業經驗下，判斷這個團隊學經歷是否值得投資、團隊所開發的產品是否具有市場獨特性或成長性、整體行業狀況是成長還是萎縮，而這樣的評估可以透過私募股權基金專業化的運作來得到較佳的結果。

以上是有關此項國家發展委員會對促進私募股權基金投資產業所頒布的輔導管理要點，各位讀者有興趣可以進一步地去了解，在您規劃財富傳承的過程當中，或許也可以將此部分納入在整個財富傳承計畫中。

附註：國家發展委員會促進私募股權基金投資產業輔導管理要點

民國 110 年 6 月 10 日發產字第 1101000360B 號令訂定：

一、國家發展委員會（以下簡稱本會）為擴大保險業及其他資金，透過國內私募股權基金投資重要策略性產業，以促進產業及經濟發展，特訂定本要點。

二、本要點所稱私募股權基金，指在我國境內以非公開方式向特定人募集資金而設立，並符合下列經營型態之股份有限公司或有限合夥，其公司資本總額或有限合夥約定出資總額在新台幣十億元以上者：

1. 管理、運用基金之專業團隊應有三人以上，並具有管理股權基金或投資產業之專業知識，能對具潛力之投資標的事業進行評估及投資決策。

2. 對被投資事業之投資方式包括以資金投資並取得被投資事業之股權或具有股權性質之有價證券、以資金購買被投資事業原股東之股權、以資金投資有限合夥事業成為有限合夥人，或以資金購買被投資事業原有限合夥人之出資額。

3. 對被投資事業進行投資後管理，包括提供各種附加價值之服務或協助、企業查訪、出席被投資事業之董事會或股東會等。

三、本要點所定重要策略性產業之範圍如下：

1. 資訊及數位、資訊安全、精準健康、國防及戰略、綠能科技、民生及戰備、亞洲矽谷、生技醫藥、智慧機械、循環經濟、新農業產業。

2. 前瞻基礎建設計畫。

3. 促進民間參與公共建設法第三條第一項所定公共建設。

4. 具升級或轉型需求之產業。

5. 其他經中央目的事業主管機關認定符合政策方向之產業。

四、私募股權基金具備下列條件者，得向本會申請出具資格函：

1. 股東或有限合夥人之投資意向書投資承諾總額，或公司實收資本額或有限合夥實收出資額，應達資本總額或約定出資總額百分之二十以上。

2. 經營團隊應具投資或管理股權基金，或符合公司章程或有限合夥契約所定投資事業之經驗。

3. 籌資計畫之擬投資產業領域符合前點所定範圍，且應合理可行。

4. 具完整投資決策機制，包括投資決策程序，並設置內部投資審查編制。

5. 具完整投資後風險管理機制，包括定期審視被投資事業之財務報告、更新基金投資帳務明細及追蹤投資績效。

五、前點申請，應檢附下列文件：

1. 申請書。

2. 屬公司型態之基金，應檢附公司之章程、發起人、既有及預定之股東、董事及監察人名冊、受委託管理公司基本資料（包括公司章程、登記證照影本）；屬有限合夥型態之基金，應檢附有限合夥之預定代表人及出資額、既有及預定之有限合夥人名冊及各合夥人之出資額。

3. 主要經營團隊或普通合夥人履歷，包括符合第二點第一款規定之證明文件。

4. 委託經營管理契約或有限合夥契約。

5. 符合前點第四款及第五款規定之證明文件。

6. 籌資計畫書及投資意向書。

7. 其他經主管機關指定之文件。前項資格函之有效期限，自發文日期之翌日起算為一年。期限屆滿前，得檢附申請書及該資格函影本，申請延期，每次延期六個月，並以二次為限。

六、本會就第四點之申請案認定符合資格者，得出具資格函，以利取得保險業等民間資金。

本會得就前項申請案是否符合第二點及第三點規定，邀集經濟部、私募股權基金所投資產業之中央目的事業主管機關及相關學者專家協助；並得請私募股權基金相關協會、公會及法人提供意見。

前項協會、公會或法人對於所協助之申請案提供評估意見，如評估人員有自身利害關係時，不得參與評估，應行迴避。

前項評估人員之配偶、二親等內血親，或與該人員具有控制從屬關係之公司，就所協助之申請案有利害關係者，視為該人員就該案件有自身利害關係。

七、依本要點取得資格函之私募股權基金，完成資金募集後，應於一個月內檢附下列文件送本會備查；該文件內容於私募股權基金存續期間有異動者，亦同：

1. 屬公司型態之基金，應檢附公司股東、董事、監察人及實質受益人名冊。

2. 屬有限合夥型態之基金，應檢附有限合夥合夥人及實質受益人名冊。本會就前項文件內容，必要時得派員查核，私募股權基金應予配合。

八、依本要點取得資格函之私募股權基金，本會得協助其申請行政院國家發展基金投資。依本要點取得資格函之私募股權基金，如投資上市、上櫃公司股票，應以策略性投資為限。

九、私募股權基金於取得資格函後，應自開始投資之營業年度起五年內，每營業年度終了後六個月內，向本會申報業務報告及經會計師查核簽證之年度財務報告。本會就前項業務報告及年度財務報告，必要時得派員查核，私募股權基金應予配合。

十、為有效控管投資私募股權基金之投資風險，以維護投資人權益，私募股權基金應依其投資人目的事業主管機關所訂提供財務資訊之頻率與項目之規範辦理。

十一、私募股權基金投資人之目的事業主管機關對於投資人

與其利害關係人共同持有該私募股權基金或以其他方式對該私募股權基金達到控制與從屬關係另有規定者，應依其規定辦理。

十二、私募股權基金有未符合本要點規定之情事者，本會得通知限期改善；屆期未改善者，本會得撤銷資格函、通知其股東、有限合夥人、並於三年內不受理其申請案。

CRS 共同申報準則

講到海外投資，就不得不提到 CRS（Common Reporting Standard）。

CRS 全名是 Common Reporting Standard for Automatic Exchange of Financial Account Information in Tax Matters（共同申報準則），是由經濟合作暨發展組織（OECD）在 2014 年 7 月所發布的一種跨政府協議，主要目的在建立國際間金融帳戶資訊交換的機制，並與帳戶持有人的稅務居住國進行資訊交換的報告機制。有人稱它是台版的肥咖條款（FACTA），一套金融機構盡職調查和申報的標準，包括需要進行申報的金融機構、金融帳戶、盡職調查程序、應申報資訊等。

台灣已經在 2019 年開始正式實施，並於 2020 年 9 月與其他國家進行第一次稅務資訊交換。

筆者在書寫本書的時候，剛好遇到一位來自英國的客戶要我們幫忙處理他在台灣的資產，而剛好台灣的金融機構被財政部要求應於 2021 年 6 月 1 日至 30 日申報稅務用途金融帳戶（CRS）

資訊，2021 年與 2020 年申報有 3 項差異，包括新增應申報英國稅務居住者持有或控制帳戶資訊、應申報全部既有個人與實體帳戶資訊，及採用新版 XML 檔案申報格式規範等等。

財政部說明，該部於 2021 年 4 月 16 日更新公告與我國進行 CRS 資訊自動交換之應申報國名單，2021 年 6 月金融機構應申報屬澳大利亞、日本及英國（新增）稅務居住者持有或控制之金融帳戶資訊。

那時候這位客戶告訴筆者，原來在英國遺產稅稅率是 40%，所以未來在做財產規劃時一定要注意一件事就是課稅已經是全球的共同議題，目前全球已有超過 100 個國家（地區）承諾實施 CRS，有越來越多重的法規要求，其中針對洗錢防制、CRS 與 FATCA 等規範，要如何因應、以達成多重規範的要求，是未來國際發展與海內外資產配置的重要課題。

各位讀者在做海外資產規劃時，應注意資產配置於哪些國家會直接發生 CRS 的問題？

我們試舉新加坡為例。為解決未來 CRS 認定與通報，資產配置於新加坡再加上新加坡稅務居民，符合新加坡稅務居民者，可能不會被通報為其他交換國之居民。所以資產配置在新加坡，可解決 CRS 問題，其他第二國家護照取得，則要看看信託或家族辦公室及銀行能否接受，有些護照單純只是透過代辦取得，如果沒有取得實質營運及當地繳稅之證明，可能難以得到金融相關機構的認可。

CRS 表格填寫，看得是稅務居民身分，而不是看護照所屬國來申報，目前有些大陸客戶要的是能避開 CRS 通報之風險，所以有些客戶會前往新加坡註冊家族辦公室，換取稅務居民身分。

如果在新加坡成立信託其主要目的是委託資產管理，依信託合約分配受益人的權益，但背後身分如果是原母國國籍乃會被看透並呈報 CRS。

另一方面，如果是在新加坡註冊家族辦公室其主要則是取得合法身分，因為如果在新加坡有運營事實，有繳納稅負證明，有合規支出，支應各式開銷，符合新加坡稅務居民者，可能不會被通報為其他交換國之居民。

所以在家族傳承上，可善用信託加上家族辦公室，再搭配新加坡 2020 年 1 月 15 日正式推出的可變資本公司投資架構（Variable Capital Company，簡稱 VCC）和更優惠的移民方案，建立家族企業的亞洲營運中心。

另外根據一家成立於 1987 年的國際家族研究機構 Campden Wealth Research 在一份 2020 年的「全球家族辦公室報告」指出，在 2019 年有 360 個家族辦公室，平均管理資產為 9.17 億美元；亞太區共有 86 個家族辦公室，平均家族財富為 9.08 億美元，管理資產為 6 億美元。都遠高於 2018 年的 311 個家族辦公室，管理資產平均 8.08 億美元；亞太區家族辦公室 53 家，平均管理資產為 4 億美元。

研究報告又說 34％家族辦公室正參與永續投資，平均 19％的家族辦公室投資組合，專注於永續發展投資項目，且預計未來 5 年內將上升至 32％。亞太區家族辦公室在這方面的行動更為積極，40％已參與永續投資，也有 25％的家族辦公室參與影響力投資。

　　以上這些數字，足以說明家族辦公室在財富傳承這個領域的地位，除了歐美以外在新興的亞太地區，已經是水漲船高。[3]

3　〈辦公室的古往今來〉/ 2019 年 7 月 12 日 / 理財翻轉學院家族。

第七章

基金會

猶太教的經典中記載：「你能施捨多少錢，就有多少財富。」所以猶太人從小教育孩子：「慈善救濟是一種正義、義務、投資。賺錢從幫助別人開始，幫助的人越多，生意做得越大。」

由於經典的啟發，他們一直未改變喜愛救濟的善心、美德。

美國百大富豪中，猶太人占 30%。美國主要的大學教授中，猶太人占 20%。美國人獲得諾貝爾獎的學者，猶太人占 25%。猶太人在美國獲得科學和醫學大獎的，占全數的 40%。

此外，美國的開業律師與醫師，猶太人占 20%，比其他民族多 7 倍；哈佛大學及各名校教授，猶太人占 15%。美國 100 位參議員當中，猶太人占 15 位，為各民族之冠。美國政黨選舉捐款，半數以上為猶太人所捐。所以猶太人可以左右美國的政治法案。

而且，美國的知名大企業，由猶太人所開創，並擁有多數股權的有：戴爾電腦、甲骨文軟體、英代爾軟體、德州儀器、梅西百貨、米高梅電影公司、凱悅大飯店、迪士尼樂園、可口可樂、哥倫比亞廣播公司、百事達公司、花旗銀行、大陸航空、環球航空、美國鋼鐵公司、美國運通公司、LEVIS 牛仔褲等等。

至今，住在美國的 200 萬猶太人，只占美國 3%的人口，但是他們在美國成立的無息貸款協會有上百家，那是無息、無抵押的貸款，作為創業基金與急難救助之用。美國前一百的大善人中，猶太人就占了 35%，每年捐款 50 億美元，約新台幣 1700 億元以上，是捐款最多的民族。此外，全美有一萬家慈善機構是猶

太人設立的，為世界各民族之冠。[1]

　　猶太人的德行與布施足以印證，只要肯布施，就一定俱足一切福慧的道理。

　　在財富的傳承中，要讓後代子子孫孫發揚行善的美德與布施的福慧，有一種絕佳的方式就是成立基金會，透過基金會的運作去做善事。

　　當 2020 年新冠疫情肆虐全世界的時候，台灣在全民的努力下一開始還控制得相當不錯，但是在 2021 年的 5 月分，疫情突然變得嚴峻，大家才驚覺原來大家都還沒打疫苗，後來更發現疫苗的採購量嚴重不足。就在大家萬分驚恐之際，永齡基金會創辦人郭台銘首先跳出來，從 5 月 23 日向有關當局提出 BNT 疫苗捐贈方案，並自 6 月 1 日送件到食藥署，6 月 18 日行政院宣布正式授權，短短時間內讓國人感受到企業家及基金會的力量。後來永齡慈善基金會、台積電慈善基金會、慈濟基金會等三大基金會透過特殊管道採購共同捐贈 1500 萬劑 BNT 疫苗，適時緩和疫情，讓台灣再度通過疫情嚴峻的考驗。

　　我們今天在探討財富傳承的這個議題，實在無法忽略這三個基金會對台灣做出的無法形容的巨大貢獻。

　　財團法人永齡教育慈善基金會（Yonglin Foundation）為台灣企業家郭台銘及其第一任妻子林淑如在 2000 年創辦的基金會，

1　〈猶太人的布施與福報〉/ 2011 年 7 月 8 日 / 佛弟子文庫。

「永齡」一名是從郭台銘的父母名字「郭齡瑞」與「初永真」中各取「永」字與「齡」字組合而成，以表飲水思源與百善孝為先的理念。[2]

基金會致力於預防與治療癌症，支持研發並培育人才；在公共利益下積極投入急難者的救護與協助；保障更多兒童及青少年平等受教權，尤其是弱勢及貧窮的家庭激勵兒童與青少年的學習動機，提倡多元學習，多元成就激勵人們勇於夢想並採取行動。下屬三個基金，健康，教育，慈善。

財團法人中華民國佛教慈濟慈善事業基金會（Buddhist Compassion Relief Tzu Chi Foundation），於中華民國（台灣）以外之國家或地區稱作台灣佛教慈濟基金會（Taiwan Buddhist Tzu-Chi Foundation），簡稱慈濟，是由證嚴法師創辦，經政府立案的一個全球性佛教慈善團體，其總部位於台灣花蓮縣新城鄉的靜思精舍。慈濟名稱來源於「慈悲為懷、濟世救人」，其成立初期，即開始從事社會救助事業；時至今日，慈濟已名列當代台灣佛教四大教團之一。[3]

台積電慈善基金會則是台積電公司於 2017 年 6 月 14 日正式成立，由張淑芬女士擔任董事長，根據台積電企業社會責任政策與聯合國永續發展目標的使命，定義出慈善基金會的四大主軸：照護獨老、推廣孝道、關懷弱勢、保育環境，為創建美好台灣社

---

2 財團法人永齡教育慈善基金會 / 維基百科。
3 財團法人中華民國佛教慈濟慈善事業基金會 / 維基百科。

會而努力。[4]

這三個基金會透過管道共同捐贈 1500 萬劑 BNT 疫苗,適時緩和台灣的新冠疫情,根據台積電與鴻海兩家公司所發布的重大訊息顯示,台積電這次預估支出金額約達 49.22 億元,鴻海與永齡基金會同樣預估支出 49.22 億元,加上慈濟基金會,三方合計捐贈這批疫苗的支出將近 150 億元。

證嚴法師表示:「時光飛逝,我們要對自己的生命盤點,回頭看看自己做了什麼,慈濟為台灣做事,我自己盤點,為人間付出,此生無憾。」

郭台銘董事長在首批疫苗抵達台灣時說:「很欣慰今日終於能給社會大眾一個交代。但還不能放鬆,因為還要持續努力催促到貨時間和到貨數量,但這批來自德國原廠直送的疫苗,相信可以協助台灣社會面對疫情時增加信心並且得到喘息。在海外狀況下,台灣未來還是可能有第二波、第三波病毒的侵襲,大家仍應依循防疫規定。團結是克服逆境的解藥,台灣加油,期待疫過天晴。」

台積電董事長劉德音表示:「此次在台灣疫情嚴峻的時刻,能藉由捐贈疫苗協助抗疫是台積公司實踐企業公民角色的具體實現。相信當克服疫情帶來的挑戰之時,我們也會蛻變得更為強韌。」

4　台積電慈善基金會官方網站。

三大基金會的聯手解救大家再次印證了全世界的人對我們的評價，台灣最美的風景是人。

基金會是典型的財團法人

法律上的人除了我們人類活生生的自由之軀以外，還有另一種由法律所創設，作為權利義務的主體，就是所謂的法人，法人從其是否以營利為目的來看，又可分為以營利為目的就是公司，另外非以營利為目的就是其中有一大宗就是基金會。另外看它是人的結合或是財產的結合，又分為社團法人及財團法人。

- 社團法人：人的組織體（結合社員的組織）。
- 財團法人：財產的集合體（結合財產的組織）。

我們在這裡討論的是《財團法人法》裡面所說的為健全財團法人組織及運作，促進財團法人積極從事公益，增進民眾福祉，所設立的法人。財團法人之許可設立、組織、運作及監督管理，除民法以外之其他法律有特別規定者外，適用《財團法人法》；《財團法人法》未規定者，適用《民法》規定。這個是完全從事公益的財產集合體與社會上所指的掌控多家關係企業的大型集團，完全以營利為導向，在金融、工商界具壟斷或影響力的財團完全是不同的概念。

基金會是利用自然人、法人或者其他組織捐贈的財產，從事慈善、公益事業的非營利性財團法人，通常通過撥款為其他慈善組織提供資金和支持，但可以直接參與慈善活動。法人本身為抽

象的權利及義務主體，與各社員或財產分離，具有獨立的法人格，可以獨立為法律行為。

基金會的門檻

依基金會的性質、範圍不同而有很大的差異，基金的數額可能由新台幣幾百萬元至三千萬元不等。

若以全國性的基金會為例，屬於社福慈善類（內政部主管）、教育事業（教育部主管）、或文化藝術類（文建會主管）等均需要有三千萬元以上的設立基金。

其中教育性質的基金會，原本設立基金的額度為一千萬元，但教育部已在最近變更基金額度，將金額門檻提高到三千萬元。有關基金額度的變更及生效日期，請參考教育部網站。

若是屬於環境保護類基金會（環保署主管），其基金額度為新台幣五百萬元以上。至於交通、法務、新聞等各類基金會的設置門檻，則各有不同額度的標準，詳細規定可以聯繫主管機關。

基金會的營運

基金會的營運方式都很多元化例如：舉辦活動、申請政府補助、慈善結盟，以及個人捐款等等。

有時候必須開發出更多元及更多輔助活動增加收入，例如發放許可、締結盟友、授予特許經營權、顧問服務、研討會或工作坊開設訓練，或是其他以網路為基礎的機會，而且針對不同的捐

款人設計不同的策略找出更多的捐助。

基金會的節稅

茲就有關基金會節稅的相關法條，摘錄其要，說明如下：

一、《所得稅法》第 11 條第 4 項：

本法稱教育、文化、公益、慈善機關或團體，係以合於民法總則公益社團及財團之組織，或依其他關係法令，經向主管機關登記或立案成立者為限。

二、《所得稅法》第 17 條第 1 項：

納稅義務人、配偶及受扶養親屬對於教育、文化、公益、慈善機構或團體之捐贈總額最高不超過綜合所得總額百分之二十為限。但有關國防、勞軍之捐贈及對政府之捐獻，不受金額之限制。

三、《所得稅法》第 36 條：

營利事業之捐贈，得依左列規定，列為當年度費用或損失：

1. 為協助國防建設、慰勞軍隊、對各級政府之捐贈，以及經財政部專案核准之捐贈，不受金額限制。

2. 除前款規定之捐贈外，凡對合於第十一條第四項規定之機關、團體之捐贈，以不超過所得額百分之十為限。

四、《私立學校法》第 62 條：

教育部為促進私立學校發展，得成立財團法人私立學校興學基金會，辦理個人或營利事業對私立學校捐贈有關事宜。

個人或營利事業透過前項基金會對學校法人或本法中華民國九十六年十二月十八日修正之條文施行前已設立之財團法人私立學校之捐贈，於申報當年度所得稅時，得依下列規定作為列舉扣除額或列為費用或損失：

1. 個人之捐款，不超過綜合所得總額百分之五十。

2. 營利事業之捐款，不超過所得總額百分之二十五。

個人或營利事業透過第一項基金會，未指定捐款予特定之學校法人或學校者，於申報當年度所得稅時，得全數作為列舉扣除額或列為費用或損失。

第一項基金會之行政經費來源、組織、運作、基金之收支、分配原則、保管、運用、查核及管理辦法，由教育部會同財政部定之。

由以上法條可知，個人贈與教育、文化、公益、慈善機構或團體在所得總額 20%內，營利事業在所得總額 10%內可從所得扣除後計算所得稅，但是若透過「興學基金會」捐贈私立學校則個人的部分可扣抵最高所得額為「所得額 50%」，企業的部分透過「興學基金會」，可扣抵最高所得額為「所得額 25%」，如果沒有指定捐款給特定對象還是可以全數列為費用或損失。

至於個人「直接」捐款給私立學校，可扣抵最高所得額為

「所得額 20%」，企業「直接」捐款給私立學校，可扣抵最高所得額為「所得額 10%」。

所以同樣是捐款給私立學校，究竟是由個人或企業「直接」捐款給私立學校，還是透過興學基金會捐款給私立學校，其可扣抵最高所得額之比例完全不同，需特別注意。

在台灣透過基金會節稅的例子，應該屬台灣霖園集團董事長蔡萬霖先生的案例最經典。

2014 年，蔡萬霖先生過世時。身價高達 46 億美元的蔡萬霖原本政府依法可徵得 750 億台幣的遺產稅，結果國稅局只課到了 5 億台幣的遺產稅，也就是 750 億的 0.6%，剩下的 99.4%都經過基金會的安排省下來了。

霖園集團旗下擁有國泰綜合醫院、慈善基金會和文教基金會等三大財團法人組織，這三大基金會在完全合法的情況下每年接受蔡萬霖先生的現金、股票捐贈，雖然想節稅，依法這些捐贈每年都要花掉 70%、捐款人也只能占董監事三分之一席次、支出還得取得合法憑證，但霖園集團是個超大型家族企業，蔡萬霖先生雖然董監事席次僅有三分之一，但剩下的三分之二幾乎都是家族其他成員，想要花掉每年捐款的 70%不是難事。國泰綜合醫院在台灣共計三家醫院及一間診所，這四間醫院則是用另一種節稅手段分別蓋起來的。如果今天基金會打算新建立一家造價 10 億的醫院，但基金會本身只有 5 億，那剩下的 5 億可由其他四間醫院

分別出資，每間醫院的出資額都可以抵免所得稅。[5]

我們舉個基金會的例子：

某家企業在 2008 年（民國 97 年）獲利新台幣 10 億，而大股東王先生持股比例為 5%，雖然只有 5%，但王先生擁有企業實質控制權，是第一大股東。

若企業年度獲利不捐給基金會的話，直接領股利：

（A 部分：股利）

10 億×（1－25%）×持股比例 5%＝可領到 3750 萬

（B 部分：綜所稅）

10 億×（1－25%）×持股比例 5%×稅率 40%－97 年度（2008 年）累進差額約 72 萬－股東可扣抵稅額 1237.5 萬＝要繳綜所稅 190.5 萬

（A）部分－（B）部分＝實拿 3559.5 萬

結論：放棄掉幾乎已經是進到口袋的現金 3559.5 萬，可取得 10 億資產之配置權，而且也營造出無價的企業形象。

下頁所得總額比例可以投入基金會，股東可扣抵稅額 1237.5 萬計算過程：

5　〈台灣現代政治文化：基金會（二）〉/ 2018 年 10 月 2 日 / talk 市場。

10 億要繳納的營所稅 25%＝2.5 億

稅後可分配淨利 75%＝7.5 億

可扣抵稅額比例 2.5 億÷7.5 億＝33%

7.5 億×5%×33%＝1,237.5 萬

（股東可扣抵稅額現行已改為 8.5%）

　　教育需要企業的支持與關注，透過基金會辦理捐款既簡單又節稅。

財團法人私立學校興學基金會

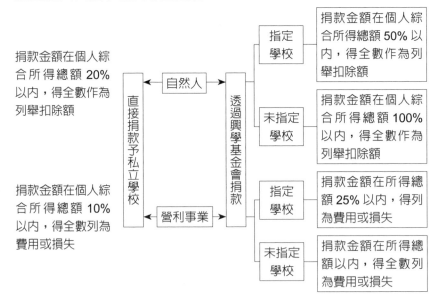

慈善與企業

比爾及梅琳達・蓋茲基金會

資本家賺錢天經地義，在當今世界最發達的資本主義國家，美國，也是這個世界上最熱衷於慈善的國家，根據美國霍普金斯大學的一項研究顯示，美國人每年捐出的善款總額占 GDP 的比例接近 2%，高於全世界其他的國家。

其實，在美國，慈善也是一門生意。

世界首富比爾・蓋茲創立的基金會致力於全球衛生保健、教育、圖書館設備、弱勢兒童和家庭的支持。

世界第二富翁巴菲特宣布將自己 85%的身家，約 370 億美元捐款給蓋茲基金會，使之成為世界上最有錢的慈善基金會。

單從蓋茲來說，有人曾經計算過蓋茲每捐出 1 美元，他通過微軟公司賺取的收益就超過 1 美元，這並不是說蓋茲不捐款微軟公司的產品就賣不出去，而是說蓋茲通過慈善積累的好名聲促進了微軟公司產品的銷售。

另外，美國的富豪設立基金會基本上都以自己的名字或公司的名字來命名，除了蓋茲之外，Google 創始人也建立一個慈善網站 Google.org，而先輩卡內基、洛克菲勒、梅隆等也無不如此。

成功之人傳承財富，實現天命之人立下典範，相信能將自己的財產拿來幫助他人的企業家，都是馬斯洛所講的自我實現的典

範，到了一個階段，企業家所做所為已經不是賺錢與否的問題，而是是否能實現最高無上的存在價值。

雖然蓋茲基金會屬於非營利組織，但其管理模式和營利性質的公司相當類似。基金會理事會相當於公司的董事會有三名理事，分別是比爾‧蓋茲本人、他的老婆梅林達和還有比爾‧蓋茲的父親老蓋茲三人。除了蓋茲夫婦之外，律師出身的老蓋茲對慈善事業其實也相當熱心，1994 年蓋茲成立第一個基金會時，領導工作其實是由老蓋茲來完成的。

在理事會下面設有 CEO，負責具體工作的執行，跟公司的經營方式沒有兩樣。現任蓋茲基金會的 CEO，之前就是蓋茲微軟公司的副總裁。

蓋茲這樣的基金會管理模式被很多人稱為慈善資本主義，也就是基金會的運作和商業公司差不多，啟用的職業經理人，只要這些人在基金會的資助宗旨下找到好的項目和好的專業慈善機構就可以了，至於這些善款該怎麼花，那就是專業慈善機構的事情了。

蓋茲基金會的工作人員除了知道怎麼找人，找項目之外，他們還有一項重要工作就是要懂得怎麼賺錢。

雖然慈善基金會不以盈利為目的，但這並不等於說慈善基金會就不能賺錢，相反，慈善基金會的一個重要內容就是要賺錢，不能坐吃山空。因此，基金會中還有一些工作人員要懂得投資。

2004 年蓋茲基金會就被中國證監會批准成為中國股市的合

格境外投資者，蓋茲基金會現在已經持有了多家中國公司的 A
股股票。

後來巴菲特把 370 億美元的善款捐給蓋茲基金會之後，善款
總額超過 600 億美元，蓋茲基金會輕鬆成為全球最富有的基金
會，在此之前，擁有瑞典宜家公司的英氏宜家慈善基金會
（Stichting Ingka Foundation）是全球最有錢的慈善基金會，其掌握
的善款總額接近 400 億美元。

全球根除小兒麻痺行動（Global Polio Eradication Initiative，GPEI）

在我們戰後嬰兒潮出生的這個世代，不管在國小、國中、高
中、大學的學生生涯，幾乎班上都會出現一兩位小兒麻痺的同
學。我們有好多好朋友都是小兒麻痺的受害者，我們對於小兒麻
痺帶來的衝擊與痛苦感同身受，後來及長，慢慢發現小兒麻痺的
案例逐年減少，才得知這項根除行動，是由扶輪社開始推動，並
且受到全世界各個慈善基金會的支援，及難以計數的人力投入才
把這個疾病一步一步從地球上消除。筆者也是因為扶輪社的這項
舉動才加入這個社團，畢竟要讓全球 30 億兒童使用到疫苗這樣
的行動，需要無法想像的組織與力量，我們有幸能參加這樣的行
動，也感到與有榮焉。

從 1985 年國際扶輪社開始推動根除小兒麻痺計畫，並於
1988 年發起全球根除小兒麻痺（即脊髓灰質炎）行動（Global

Polio Eradication Initiative，GPEI）。當時這項傳染病在全球 125 個國家蔓延，每天導致約 1 千名兒童生病癱瘓。其後，歸功於疫苗的普及，全球 30 億兒童小兒麻痺的發生率大幅下降 99.9%；到了 2015 年，小兒麻痺的發病案例，一年不到 100 例。全球首富比爾‧蓋茲與夫人梅琳達‧蓋茲的基金會（Bill & Melinda Gates Foundation），是這項行動的大力支持者，2013 年捐助了 18 億美元給 GPEI、相當於該計畫募款總目標的三分之一。蓋茲夫妻也常至非洲與印度等地區，親自為兒童投予口服疫苗。2015 年，非洲最後一個疫區西非奈及利亞，宣布根除小兒麻痺傳梁病疫情，比爾‧蓋茲例行年終在自己部落格評選年度最令人振奮的六大好消息，即把非洲根除小兒麻痺列為 2015 年排名首位的「好消息」。

目前，全球每年新增的小兒麻痺案例約在近百件個案，未根除的地區僅有巴基斯坦、阿富汗等 2 個國家。比爾‧蓋茲 2015 年 12 月在《辛迪加評論彙編》（Project Syndicate）發表一篇專文，名為〈小兒麻痺英雄〉（The Polio Heroes），內容指出，全球兒童因小兒麻痺而癱瘓人數達到史上新低，獲致耳目一新的突破性進展。

IKEA 基金會

以下再介紹一下 IKEA 基金會。

IKEA 這個以黃色藍色為基調跟瑞典國旗一樣色彩的商標，

大家應該不陌生，因為早在 1994 年就已經進來台灣，相信大家都有去逛過。宜家家居家具以其富有現代感且不尋常的設計而聞名。其中有很多是被設計成簡單套件，可讓消費者自行組裝的自行組裝家具，宜家家居的創建者稱他們的設計為「民主設計」，意思是宜家家居將製造和設計容為一體。逛過的人對於它的簡約美學及充滿北歐風情的設計都會有一種莫名的舒服感、幸福感。

1943 年，17 歲的英格瓦·坎普拉德（Ingvar Kamprad）在瑞典南部的埃爾姆胡爾特市創辦了一家郵寄公司，經營鋼筆、皮夾、手錶、尼龍襪等物品，他將公司命名為 IKEA 公司——由他自己的姓名（Ingvar Kamprad）、他生長的農莊艾爾姆塔里德（Elmtaryd）和牧區阿根納瑞（Agunnaryd）的首字母組合而成，這就是後來的英氏控股集團（Inska Holding）。

雖然其盛名遠不及比爾·蓋茲的基金會，事實上，在介紹基金會的時候，也一定要提到它，因為在宜家基金會控制著資產總值高達 370 億美元的宜家家具集團，巴菲特把 300 億美元的善款捐給蓋茲基金會之前，這是世界上資產規模最大的基金會。

IKEA 公司後來逐步發展成在全球 47 個國家共擁有 370 多家門店、年銷售額高達 2315 億元的商業集團。英格瓦·坎普拉德在 40 多歲的時候就開始思考宜家王國和手中巨額財富的未來，他渴望宜家集團永續存在，為了避免資本控制或者攫取宜家的財富，他拒絕把企業上市；同時迫於遺產稅的壓力以及對未來可能發生的家族成員爭產的可能，他最終決定在荷蘭設立了斯地廷·

英格卡基金會（Stichting INGKA Foundation），這家基金會的目標是「促進和支持建築和室內設計創新」。坎普拉德本人將擁有全部股權全部捐贈給了該基金會，從而使斯地廷・英格卡基金會實際擁有英氏控股集團（Inska Holding）。英特羅格基金會和宜家基金會也在企業運營中出於資本運作和開展慈善的需要而相繼設立。需要指出的是英特羅格基金會設立在列支敦斯登，在這裡設立的基金會既可以用來做慈善，也可以設定受益人，使家族成員得到股權分紅，照顧一家人的生活所需。

雙基金會與家族共同執政帝國

宜家通過品牌授權、宜家基金會、宜家集團運營三權分立的創新模式，編織出「公司與基金會」的交織網絡，形成了一個由坎普拉德家族牢牢控制的宜家王國。

宜家的兩個基金會分別控制著有形資產和無形資產，其中，斯地廷・英格卡基金會控制著英氏控股集團，後者是整個宜家「有形業務」（一切看得見的商店、商品等）的母公司，其目標在於妥善支持和管理宜家；而英特羅格基金會控制著英特宜家系統公司，後者擁有宜家的「無形業務」，也就是「宜家家居」品牌和零售概念。

宜家的基金會致力於為世界上最貧困社區的兒童和年輕人提供更好的機會，具體表現為四個最基本的元素：一個家、健康的人生起點、優質的教育、以及穩定的家庭收入。

不必像上面提到的這麼大規模的資產，事實上成立慈善基金會是很多人都可以做得到的事情。筆者在準備考試的時候，喜歡到處亂跑，其中有一處私人圖書館身居在台北市精華區的大樓裡面，我們常常會去那裡讀書，因為除了對面的排骨飯是台北市西門町的老字號以外，圖書館裡面有一位非常和藹的管理員養了一缸觀賞魚。那時候剛好自己也有養魚，我們就經常會聊到一些養魚的經驗，有許多的養魚知識都是從他那邊得來的，甚至有一次他還撈了許多魚缸裡的魚送給我，這個圖書館就是陳沼濤圖書館，圖書館是由陳沼濤基金會捐贈成立。

　　陳沼濤先生，民國 6 年（1917 年）出生於台北，台灣財團法人文教基金會董事長，祖籍就在福建祥華鄉珍山村。「家有兩鬥糠，送兒上學堂」。陳沼濤從小深受祖輩的教導，家風的薰陶，熱愛家鄉，捐資辦學。如今，由他捐資興建的安溪沼濤小學已是福建省示範實驗小學，沼濤中學則是省級「達標中學」，沼濤圖書館藏書達 8 萬多冊，發揮著良好的社會效益，成為鄉親們汲取知識營養、開啟智慧的殿堂。

　　據基金會現任陳世錦董事長表示：「父親小時候因家境貧困，只有小學畢業無法繼續升學，一路辛苦從挑磚工人、到建築公司老闆。因父親熱愛讀書及閱讀，在有能力回饋後，便開始幫助他人。父親特別注重教育問題，兒孫輩的要買東西沒有，但如果是買書或是受教育，父親一定大力支持。」因此基金會延續父親精神，長期贈書給需要的鄉鎮，並設立「財團法人陳沼濤文教

基金會」獎助學金，幫助有心向學之清寒學子，希望受幫助的學子，未來有能力以後，也能去幫助別人，讓這份愛的循環在社會中能生生不息。

基金會這樣的慈善活動，對於慈善家來說，當他仍活著時可以促進其旗下的事業，當他去世之後也能讓他流芳百世。更何況，捐款還能帶來稅收上的好處。這樣的好事何樂而不為？

此外，慈善活動本身也變得和商業活動越來越類似。哈佛商學院的管理學大師邁克‧波特認為，由於管理不善或者花錢不善，人類浪費的善款不下數十億美元，很多慈善活動根本就沒有什麼效果。為了改變這種現象，波特認為慈善活動應該向商業活動學習，很多慈善家已經在談論「投資」、「風險慈善」、「市場導向」等術語，這些詞原本屬於商業領域的概念。只有引進這些概念，慈善才會變得更為有效。

第八章

家族憲法

前言

國有國法，家有家規

當我們在審視西方百年企業的時候，發現他們有許多可以借鏡之處，除了最終走向企業所有與企業經營分離之原則以外，最重要的利器就是借助法律的規劃，建立一套能長治久安的家族憲法，落實家族企業的管理與傳承。

既然在眾多百年企業的傳承中，家族憲法占有如此重要的一席之地，那我們何不也來嘗試著揭開這個神祕的面紗。古語有云：「國有國法，家有家規，不依規矩，不成方圓」。談到國法自應以國之大法憲法為依規，所以談到家族憲法，我們就不得不談到我國的《憲法》。

《憲法》前言乃是制憲意旨，各國憲法大都列有前言，我國《憲法》亦不例外而定有前言，全文共六十六個字，內容為：

中華民國國民大會授全體國民之付託，依據孫中山先生創立中華民國之遺教，為鞏固國權，保障民權，奠定社會安寧，增進人民福利，制定本憲法，頒行全國，永矢咸遵。

美國憲法的前言只有一段文字，由 52 個字構成：

We the people of the United States, in order to form a more perfect union, establish justice, insure domestic tranquility, provide for the common defense, promote the general welfare, and secure the blessings of liberty to ourselves and our posterity, do ordain and establish this Constitution for the United States of America.

譯文如下：

我們合眾國人民，為建立更完善的聯邦，樹立正義，保障國內安寧，提供共同防務，促進公共福利，並使我們自己和後代得享自由的幸福，特為美利堅合眾國制定本憲法。

這篇前言並沒有賦予或者限制任何主體的權力，僅僅闡明了制定美國憲法的理論基礎和目的與許多國家的憲法不同。

前言之效力

憲法之前言，並未具有規範性之內容，而是一種政治作用或象徵，其表現之憲法精神，則為解釋憲法之依據。

美國憲法修正案並不對憲法本文進行修改，而是在憲法後進行增修（與《中華民國憲法》增修條文相近，但《中華民國憲法》增修同時凍結執行部分憲法條文，美國憲法所有條文至今仍然生效）。即使美國憲法的原文顯得過時或者應該被廢止，但仍然不能被直接刪除或者修改。

依照這樣的前言，家族憲法所要表彰的就是某個家族依據先人或創辦人要表彰的家族精神，或是家族傳承等等目的而製作的

一部家法。

截至目前為止，美國憲法共通過了 27 項修正案。

《中華民國憲法》是中華民國的根本法，現今的擁有最高位階的法律權力。中華民國建國時，一切法律制度都還沒有健全，國家仍然處於動亂之中，在這個情況下，孫中山於民國元年（1912 年）3 月 11 日公布由臨時參議院於 3 月 8 日通過的《中華民國臨時約法》作為國家的臨時基本大法，民國 35 年（1946 年）12 月 25 日由制憲國民大會於南京議決通過，民國 36 年（1947年）1 月 1 日由國民政府公布、同年 12 月 25 日施行。全文共 14章、175 條，主要特色為彰顯三民主義與主權在民的理念，明定人民自由權利的保障，規定五權分立的中央政府體制及地方自治制度，明示中央與地方權限劃分採取均權制度，並明列基本國策等。

《中華民國憲法》為中華民國建國以來第 3 部憲制性法律，取代了之前的《中華民國訓政時期約法》。然而在該憲法施行前，國共內戰全面爆發，國民大會因而在民國 37 年（1948 年）制定《動員戡亂時期臨時條款》，做為戰時的憲法附屬條款；但隨著中華民國在民國 38 年（1949 年）後因國共內戰失去對中國大陸的治權、以及有效統治區域限縮至台澎金馬，該條款的適用時間不斷被延長，而致憲政的實施有名無實。至民國 80 年（1991 年），國民大會始廢止《動員戡亂時期臨時條款》，並同時在憲法本文之外再另增訂《中華民國憲法增修條文》、以及凍結

部分憲法本文，以因應當前國情，現已經過 7 次修訂。

中華民國憲法及其增修條文的核心價值為：民主制度、法治規範、自由與人權保障、政府機關相互制衡、關懷婦女與弱勢以及少數族群、生態環境保護、社會福利與救助、義務教育實施、農業與科技以及經濟發展。

從中華民國憲法及美國憲法的前言以及制訂過程，我們可以歸納幾個重點作為我們在制定家族憲法的時候參考與借鏡。

1. 憲法制定過程曠日廢時，需要很多時間，要盡早啟動：

美國是在 1776 年就獨立的國家，但是美國的憲法是在 1787 年的費城會議才真正的制定，也就是建國 13 年後才完成憲法的制定，而《中華民國憲法》是在民國 35 年（1946 年）12 月 25 日由制憲國民大會於南京議決通過，民國 36 年（1947 年）1 月 1 日由國民政府公布、同年 12 月 25 日施行。建國 35 年後才完成憲法的制定。

說到憲法之施行，無從得知當初為何要挑選 12 月 25 日這個日子，但以前行憲紀念日是國定假日，不免讓人聯想到是不是與聖誕節有關係。

2. 家族憲法制定需要家族領導人的出面領導：

就像美國的國父華盛頓，中華民國的國父孫中山先生一樣，家族憲法的制定需要家族領導人，特別是那些白手起家的家族企業創辦人，適時跳出來領導家族成員，登高一呼，引領家族成員，共商此百年大計，如果家族領導人不及時跳出來，所有家族

的傳承將淪為一場空談。

3. 擴大家族成員參與度：

為了擴大家族成員參與度，凝聚家族力量可以採用憲法訂立的委員制，委員制（Council System）為瑞士所採用。此制有一民選之議會，掌握立法權，由議會選舉一個由 7 人組成的行政委員會執行議會決議，委員任期 4 年，分掌政務、軍事、司法及警察、財政及關務、內政、經濟、郵電交通等部，其中一人兼任聯邦總統，任期一年，不得於次年連任，總統僅以元首資格代表國家，非行政首長，各委員地位平等，行政委員會開會時，為會議主席，委員會以會議方式決策，無解散國會權，亦不能提出覆議。

4. 與時俱進：

家族憲法的制定保持著家族企業創辦人的精神，理念以及不可催的核心價值，這些要謹守憲法的固定性原則，其他核心價值以外的規定，特別是技術上的規範需要維持彈性避免僵化，所以要與時俱進，隨時適應社會環境或是商場上的的變遷適度做修正或是適度以新的規範來做補充，就如同我們提到的《中華民國憲法》及《美國憲法》一樣，雖然經過數十年甚至數百年的歲月，還是要有不同的修正條文以因應時代的變化。前面說到我們的憲法是在民國 35 年才完成，但是經過了 60 年，到了民國 94 年，我們還是有再修正憲法條文，在在證明憲法也是需要因應社會及時代的變遷，而不斷調整與修正。

家族憲法的定義

家族憲法是一份由同時是企業所有者的家族成員商定的書面檔案，家族憲法的主要目的是說明建立家族企業的共同願景，並確定家族成員在不同角色中的界限，並讓家族的精神、傳統、文化、財富能夠傳承給家族成員，達到家族永續經營的願景。

家族憲法是一份正式的文件，其中規定了適用於家族企業利益相關者的權利、價值、責任和規則，並為處理家族企業運營過程中出現的情況提供計畫和結構。

家族憲法的定義：

1. 家族憲法（Family Constitution）的名稱，實際上是西方關於家族治理文件的一個統稱，將其定義為「家族憲法是管轄家族與家族；家族與家族成員；家族與企業之間關係任何類型的最高指導書面規範。」而在家族憲法的位階下有家族法律，家族契約，家族附則（by laws）等等具體規範。

2. 家族憲法的核心服務內容便是協助家族實現家族憲法及各類家族法律、家族契約、家族事務規則、家族企業章程、投資契約、家族附則等等的制定。

3. 如果持有企業的家族規模較大，結構較為複雜，那麼家族憲法會明確表述適用於家族所有組織機構的治理機制與家族政策，這些組織包括家族基金會、家族辦公室、家族投資公司和家

族企業。另外，家族憲法也會對家族理事會與家族會議的職權與議事規則做出具體說明。

　　所以基於以上的這個定義，我們可以了解到西方的家族憲法這個說法，應該包含但不限於家族治理的相關一切規範，所以這裡的家族憲法指的應該是 Family Constitution & by laws，我們可以用廣義的家族憲法來理解這個名詞，另外，我們也要以狹義的定義來說明家族憲法這個名詞，這個狹義的家族憲法純粹是以法位階性的角度來看，指的就是一個國家的基本大法 —— 憲法（Constitution），也就是「家族憲法是管轄家族與家族，家族與家族成員，家族與企業之間關係任何類型的最高指導書面規範」。所以本章要討論的就是狹義的家族憲法也就是純粹的家族憲法，而不包括其位階下的其他任何家族法律，家族附則。因為這些具體的家法，內容非常鉅大、繁雜，無法在本章一一說明。

　　在適用法律優位原則前，應先確認法位階。因為憲法與國內其他公法，常發生犬牙交錯的複雜情形，因之，為建立法律的秩序，多數國家又建立一個原則，認為憲法為國家的最高法，一切法律的制定，皆應依據憲法的原則。

　　表示憲法的最高性，一般國家都在憲法中宣布「命令、法律不得牴觸憲法」，如我國《憲法》第 171 條規定：「法律與憲法牴觸者無效。」第 172 條規定：「命令與憲法或法律牴觸者無效。」

法律位階表

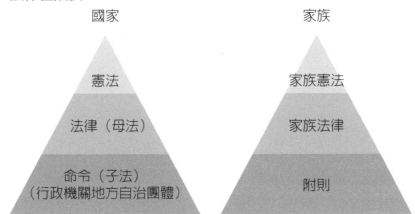

依我國現行體制，憲法下位的法律，指的就是立法院制定的法律，它的名稱就是四種：法、律、條例、通則。

- 法：凡法律所應規定的事項，屬於全國性、一般性或長期性事項，均得定名為法。例如：《土地法》、《專利法》、《民法》、《刑法》。
- 律：凡是含有正刑定罪的內容，且屬於軍事嚴峻罪刑者，其法律定名為律。例如：《戰時軍律》。
- 條例：凡就法律已規定的事項，屬於地區性、專門性、特殊性或臨時性事項，得定名為條例。例如：《海關緝私條例》。
- 通則：凡法律所規定的事項，僅為原則性或共同性者，得定名為通則。例如：《行政執行處組織通則》。

一般大家所熟悉的六法全書，包括的範圍就是《憲法》及這

四種法律，非常厚的一本。而在法律之下，還有一個位階就是命令，命令指的是行政機關或地方自治團體，根據立法院的授權（母法）所制定的命令（子法），命令還可分為授權命令，它的名稱有七種，規程、規則、細則、辦法、綱要、標準、準則；另外還有職權命令、行政規則規程、規則、細則、辦法、綱要、標準、準則，名稱更是玲瓏滿目，有要點、注意事項、程序、原則、範圍……等等，這些規定都需要在機關裡面才找得到，如果把這些全部攤開來看，各位讀者就會明白為什麼我們常說我們的法令多如牛毛。

我們今天要討論家族憲法，有這樣的概念就會比較容易了解。整部家法要包括的範圍，用一句形容草書的術語就是「小可方寸，大可及尺」，家族憲法可以是一張聲明，也可以是一部國家法律的縮影。

我們謹以位階理論來扼要敘述家族憲法之建立，那就是：

・家族憲法：家族大會訂立家族大法最高指導原則。

・家族法律：家族立法委員會制定之家法。

・附則：泛指家族大會及家族立法委員會以外單位所制定之規範。

這樣家族憲法所援引到的法律概念，就以此為統一標準。

家族憲法的內容

家族憲法可以包括：家族的簡史，家族的精神、道德、傳

統、文化、以及如何獲得財富;目的、願景、價值觀和信仰的聲明(如果家族有共同的信仰也可以將它詳細說明);家族的組織,以及詳細規定何時、如何以及在何種情況下將財富傳給後代或慈善機構;家族組織各自的角色與工作內容。

家族憲法可能是家族企業戰略規劃的最關鍵挑戰。它詳細說明了家族企業的核心價值、願景和使命。它定義了家族企業的治理結構,包括其角色、組成和權利與義務。

家族協議(Family Agreements)的形式,內容及名稱都大不相同,基於本書的立場,它指的就是家族憲法、家族法律及附則這些協議,為了要建立一套家族能夠長治久安的法律制度,需要創辦人結合家族成員及外聘的專業人士,來共同創造並制定這一套思想產物。例如股東之間的買賣協議、家族企業尋找 CEO 的具體標準、薪資條件,或是家族成員進入家族企業的準則等等具體規範,這些都屬於家族協議的一環,但為了讓整個家法建立的體系完整、明確,越具體的事項越要讓第二階及三階的家族法律及家族附則去規定,最高階的家族憲法則只規定抽象的、原則的、指標的方針,以及創辦人意志的展現,基於這樣的認知,就可以對家族憲法的內容做比較清晰的界線劃分。

由於事業版圖的擴張和世代變化的影響,家族企業有時候可能難以管理與永續經營。典型的家族企業在三代人的時間裡,從破爛到富有,又回到破爛,這個就是我們常常在講的富不過三代以及孟子講的「君子之澤,五世而斬」的道理,不管是三世或是

五世都應該不是企業創辦人所希望的。根據 2010 年的一項調查，只有不到一半的家族企業能夠在世代交替中存活下來，而在 2014 年進行的一項家族企業調查中，發現只有 12%的家族企業能夠超越第三代。2013 年的一項調查的受訪者表示，平衡家族和商業問題是他們最大的挑戰，然而這些受訪者中 84%沒有家族憲法。

　　管理家族企業的人應該考慮擁有家族憲法的優勢，以幫助計畫和管理企業的運作，並處理複雜或意外的情況，而事實證明西方百年企業甚至數百年企業，傳承超過五代的不缺乏其例，這部分我們會在後面舉幾個例子來做說明。

何時制定家族憲法

　　在家族企業的整個生命周期中，任何時候都可以簽訂家族憲法。然而，最好是在企業創建或任何重要過渡期之前儘早訂立。特別要強調的是，家族憲法的訂立需要很多時間，絕非一蹴可幾，除了家族成員要不斷的開會，尋求內部共識外，同時外部也要找來許多專業人士，學者專家，例如律師、會計師，以及企業管理顧問等人的諮詢與顧問。

　　重要的是，在起草憲法時，家族必須對企業的目標、家族成員的角色以及家族企業的內部結構有清晰的認識。

　　家族憲法可以超前部署家族企業或家族成員的突發事件。

　　企業必須能夠抵禦突發事件的影響，這些事件可能會使企業

的運作陷入癱瘓甚至存亡的危機，並且使現有的管理或法律結構解體，並在家族成員和其他與企業有利害關係的人中造成不確定性。

例如：家族成員死亡或遭受嚴重疾病或傷害；家族成員之間發生離婚或嚴重糾紛；債權人對家族或企業實施大量索賠。

這類的危機跟困難不勝枚舉，儘管並非可以為所有可能的情況進行徹底的計畫，但制定適當的流程和協議非常有用。例如組建一個委員會定期開會，限制在問題解決之前承擔任何重大責任，並諮詢專業律師或會計師。這些都可以在家族憲法中列出。

同時，家族憲法也可以作為一個寶貴的激勵工具，幫助家族成員保持一致，了解企業的目標，並鼓勵他們，教育他們積極參與未來的計畫。

家族憲法可以把它設計到具有法律約束力，而不只是讓它們具有「情感約束力」。在家族關係的基礎上，家族憲法會根據相關人員的良知行事。儘管不遵守其規定不一定就會導致法律制裁，但家族成員或其他僱員仍然面臨遵守憲法的壓力，就好像他們如果沒有遵守憲法，就會顯得似乎背離了家族的觀念和價值觀。

家族企業世代改變的成敗很大程度上不僅取決於企業問題，而且還取決於家族問題。當新一代家族成員進入企業時，這可能會導致：企業股東人數的變化、新的業務管理投入來源、業務拓展和管理有更高的要求。

考慮到與世代變化相關的可變性，以及可能涉及的新家族成員的觀點和價值觀，家族憲法不能只是制定可以嚴格遵守的全面規則。取而代之的是，家族憲法也要與時俱進，將家族的注意力轉移到需要解決的關鍵問題上，提供了治理變化的願景，並說明在處理特定情況（例如家族成員的糾紛、分配所有權權益）時可以參考的內部結構。

家族憲法可以規定非正式和內部爭端解決程式，以幫助最大程度地降低成本並避免將家務事公開，被八卦雜誌或嗜血的新聞媒體大作文章。雖然憲法不能完全防止衝突，但它為如何最有效地解決衝突提供了指導和機制。這可能涉及到一個強制性調解程序和任命一個公正的調解委員（例如家族中德高望重的大老）來處理爭端。

此外，僅憑憲法的存在就可以減少爭端，因為在企業的經營方式上不太可能出現混亂和模棱兩可的情況，當然前提是在制定家族憲法的過程當中把所有可能發生的問題列出，創辦人應該鼓勵大家集思廣益，動動腦筋，並且要與專業顧問保持溝通，時時請益。

家族憲法的任務說明

這部分是對企業長期目標、核心原則以及未來願景和戰略的簡要概述，說明應反映管理層希望在企業交易中施加的任何家族價值觀。

家族憲法要完成的任務常見的規定包括：

1. 受雇於企業的家族成員的招聘和薪酬規定。

2. 解決家族成員之間與企業有關的糾紛的規定。

3. 家族成員退休的繼任計畫、政策和程式。

4. 家族成員之間（包括受雇於或不受雇於家族企業的成員）之間資訊披露和交換的規則以及該資訊的機密性。

5. 規定對業務的定期審查。

6. 概述家族成員之間的資產劃分以及如何共用這些資產。

7. 諮詢家族成員以確定企業的目標和經營計畫。

8. 獲得有關如何起草憲法規定的專業建議。

家族憲法的成功企業

家族憲法對企業傳承的重要性，我們接下來舉二個例子來說明，一個是西方的法國企業穆里耶茲家族（Mulliez Family），一個是東方的李錦記家族。

西方的穆里耶茲家族（Mulliez Family）

各位都知道的大型超市「歐尚」（Auchan，法國量販店集團公司）和體育用品「迪卡儂」（Decathlon，也是來自法國，全台灣最大的體育用品店）這兩家知名企業，它們都隸屬於同一個家族——法國穆里耶茲（Mulliez）家族。這個家族旗下的企業共雇傭了 36.6 萬人，營業額 660 億歐元，規模在歐洲家族企業中名

列前茅。至今，穆里耶茲家族已經傳承到了第五代，有 780 名繼承人。雖然家族開枝散葉，但管理依然井井有條，沒有家族企業常見的「富不過三代」的危機。他們如何做到這一點的呢？

這個家族從第一代路易士・穆里耶茲做羊毛紡織廠開始白手起家起，就為穆里耶茲家族紡織企業奠定了一定的基礎。到了第二代家族事業拓展，開辦了第一家紡織服裝商店。這個家族支持後代追尋自己的興趣及愛好，鼓勵他們自行開創一番事業，穆里耶茲家族認為在外創業的成員，會給家族帶來更多的附加價值，所以盡量給予家族成員創業學習的機會。到了第三代，開辦了「歐尚」，成為法國第二大零售業。有人說孩子跟父母親一生都會有一場戰爭，如果父母贏了，就是悲劇，如果孩子贏了，就是喜劇。對於穆里耶茲家族，能夠在 100 多年前就鼓勵孩子追求自己的興趣跟愛好，並給他們支持創業，我們不得不佩服他們的高瞻遠矚。

比爾・蓋茲之所以能在電腦領域發展到成為世界首富，其實是在其中學時代（而且是在初中不是高中）就被湖濱中學鼓勵去發展自己的愛好與興趣有極大的關係。那是在 1968 年，那一年我國剛開始實施九年國民義務教育，我們的教育體制教導每個學生唸一樣的科目，進一樣的學校，學一樣的東西，考一樣的試卷。

湖濱中學鼓勵學生去破壞電腦系統，鼓勵學生們去發現電腦的問題，後來還和同學整理出來一本電腦問題報告書，也因為這

些經驗才有後來的創業。比爾・蓋茲甚至國中還沒畢業，就知道要拒絕一次性支付買斷版權，而是長期性的版稅收入。

看看西方充滿活潑的教育方式，所以在制定家族憲法時應鼓勵孩子們勇敢追尋自己的興趣。

我們台灣有一句話，「生意囝仔歹生」，第二代的接班人不一定就適合接第一代所創立的家族事業，這個狀況就好像王建民在投手丘上的表現跟張國煒的角色互換，可以想像這樣的接班到底是適不適合。

根據研究顯示，先入為主認定兒子的接班沒有問題，那才是真正的問題所在，這也是為什麼後來很多企業都採取企業所有與企業經營分離之原則。是否讓後代子孫放棄家族事業，鼓勵他們去做自己想做的事業，光是這點就考驗著創辦人的智慧。

同甘共苦強調家族的團結和凝聚，穆里耶茲家族傳承從家族成員自身信念和價值觀出發。在穆里耶茲家族裡，每個人應靠自己的勞動生活，通過勤奮工作獲取財富。穆里耶茲家族規定，任何希望參與家族企業的成員，必須遵守一個有宗教性質的憲章，信仰與核心價值觀的高度一致，是穆里耶茲家族能夠歷久不衰的祕訣之一。

穆里耶茲家族為了建立家族治理機制，成立了四大機構，分別為穆里耶茲家族聯合會、穆里耶茲家族顧問委員會、家族控股公司、家族私有基金：

1. 建立家族聯合會，確保家族利益為優先。

2. 建立穆里耶茲家族顧問委員會，其宗旨為「確保家族利益為優先大於個人利益」，有三大職責：

- 決定是否參與企業資本的投資活動。
- 判斷家族最終控股公司的戰略決策是否可行。
- 批准家族成員進入穆里耶茲家族聯合會。

3. 成立家族控股公司，控制家族股權和調節家族內部股權流動。目前穆里耶茲家族已擁有數十家子公司，包括家族成員的創業公司和收購的外部公司。

4. 成立家族私有基金，協助內部融資，為家族成員公司的建立提供經濟援助。

除了共同信仰和價值觀之外，穆里耶茲的家族憲法還明確了每個家族成員的權利、義務和行為規範，以及一套完整家族治理機制，確保創始人制定的價值觀能夠貫徹到家族成員的日常行動中。在經營權方面，穆里耶茲家族積極延攬優秀的人才擔任家族企業的專業經理人，負責家族企業的經營，達到所有權、經營權分離的規劃。而談到家族企業經營權和所有權分離原則，我們就不得不提到日本松下幸之助創辦的松下電器，在松下幸之助過世後的 30 年，也就是 2019 年的時候也開始採取「所有權與經營權分離」。

同樣的問題在台灣，我們小時候每個人家裡都有一台大同電

扇，大同公司也是在創辦人林挺生過世後的 15 年，也就是 2020 年 12 月 23 日的時候也開始採取「所有權與經營權分離」。

新任董事長盧明光，其實 50 年前就曾經在大同公司上班，當年他念大同工學院，課餘時間也有在餐廳打工，大同目前已經是第三代在經營了，但是好像經營的不是很理想。就在經過了 50 年之後，大同又把盧明光找回來擔任董事長，想想看，一間公司經營了 100 年，到最後還能想起 50 年前曾經有個非常優秀的員工，如果在 30 年前就把他找回來做專業經理人，或許大同公司也不必如此辛苦經營，每天擔心股票會跌，擔心被股東罵，甚至後來第二代接班人也因涉及司法事件而鋃鐺入獄，豈是財富傳承之本意？所以有很多歷史的經驗可以讓我們借鏡。

從穆里耶茲家族到松下幸之助家族，再到林挺生家族，最終百年企業都不約而同地走向「所有權與經營權分離」，足以說明你的後代不一定是代代出狀元，即便是出了狀元，他或她也不一定對家族企業有接班的興趣，所以倒不如提早把「所有權與經營權分離」原則好好規劃，並落實到你的家族憲法或家族企業規範裡面，可能會比較務實。在家族憲法或家族企業規範裡面，還規範家族企業股份的繼承和轉讓，家族所擁有股權的決策權、收益權及經營權的分離。同時，還規範家族內部股權流動和利益衝突解決機制，以有效的方式解決家族成員的矛盾，而且對股權持有時間、流動方向等有一定嚴格限制，以確保家族個人股東利益符合家族、公司整體利益。

另外也規範完善的家族成員退出家族企業機制，如果有成員要退出企業，應當提前告知家族委員會，然後由家族委員會是先評估好企業價值，再利用流動資金購買其股權。

穆里耶茲家族傳承的祕訣

1. 嚴格的家族教育計畫：嚴謹系統化的內部培訓制度「人力資源先生」，從青少年時期開始，年輕的穆里耶茲家族成員必須在家族委員會上提交一項個人專案，根據這個專案，他將被引導到一個特定的企業實習，在被賦予相關責任之前，他會先進行專業學習。如果被家族聯合會注意到，就可以加入這個家庭組織。

2. 貫徹執行所有權與經營權分離的政策：選任 CEO 堅持任人唯賢，不一定要家族成員擔任，穆里耶茲家族企業大部分員工都持有家族企業股份。持股員工雖然沒有家族的血脈，但實際上也像家族成員一樣，對企業付出其心血。家族成員要在企業裡證明自己的實力，反而比外人更為努力。

3. 超前部署後代繼承及接班規劃，堅持以「人」為本，降低傳承的不確定風險。在穆里耶家族，家族董事會最重要的任務之一，就是確定領導者人選，以及確保交班計畫能夠如期有序地進行。每一位指導委員的成員每年都要多次檢視自己的交接班計畫。對一個大型組織而言，總是將「人」放在第一位，如果沒有優秀的人才，企業將毫無價值可言。

4. 重視家族與企業元老的作用，是家族和諧的槓桿，家族元老或企業退休高階主管，曾經對家族及企業發展都做出過貢獻，經驗豐富，踐行著家族核心價值觀，在家族或企業內享有較高威望，當他們退居二線後，會繼續留在家族當顧問，傳承家族核心價值觀，協助家族成員教育與成長，增強家族凝聚力，助力家族企業基業長青發展。

5. 拒絕資本市場操作，穆里耶茲所有的家族企業均未上市，是穆里耶茲家族企業永續經營的基本原則。拒絕任何投機活動。

從此點來觀察日本的百年企業，確實非常有道理，日本的百年企業有超過 25000 家，您沒有看錯，是兩萬五千家，甚至還有八家超過一千年的企業，這些企業有三個特色，第一個是誠信原則。第二個就是堅持工匠精神，一生懸命，第三個特色就是不上市，不玩金錢遊戲，不忘本業，不忘初衷。

實際上，也不要小看台灣這個彈丸之地，其中也有五百家超過百年的企業隱身在市井巷弄當中。位在大稻埕永樂市場內一處不到三坪大的傳統攤位上，賣的是許多老台北人心目中魂牽夢縈的美味油飯。開業於 1894 年、迄今已傳至第四代的「林合發油飯店」，可不是因為創辦人的姓名叫做林合發，而是取自祖父輩希望「子孫合力就會發」的家訓。後代子孫每天都要跟阿祖問候請安，晨昏定省，家風父慈子孝，第三代林江峰是留美的法學博

士,現在任職於淡江大學,果然蘊育出優質的中下一代,傳承超過 120 年的家族事業,仍保初衷,堅守本業。

穆里耶茲家族創富及傳承主要優點的借鏡

創富部分:

1. 給予家族成員創業學習機會,鼓勵家族成員創業。

2. 家族成員各自創業有成,擴大家族事業版圖。

3. 家族企業退休高階主管雖退居二線,但家族仍然聘任他們繼續留在家族,擔任家族企業的顧問,此機制將能達到下列四項功效:
   - 讓現職員工有較強的向心力,積極任事為家族企業打拼。
   - 能夠吸引優秀的人才到家族企業任職。
   - 借重老臣的智慧與經驗。
   - 降低經驗豐富的老臣為其他競爭對手所用之可能性。

4. 家族企業經營權和所有權分離,延攬優秀 CEO 經營家族企業。

傳承部分:

1. 由家族憲法建構家族的價值觀,同甘共苦來凝聚家族團結。

2. 建立完善的家族治理機制,成立了四大機構,包括穆里

耶茲家族聯合會、穆里耶茲家族顧問委員會、家族控股
公司、家族私有基金。

3. 建構完善的穆里耶茲家族憲法,達成家族治理機制:
   - 包括家族企業經營權和所有權分離,延攬優秀 CEO 經營家族企業。
   - 家族企業股份的繼承和轉讓。
   - 完善的家族成員退出家族企業機制。
   - 嚴謹系統化的內部培訓制度,包括「人力資源先生」等機制。

4. 如果成員之間發生矛盾衝突,也有以下方法進行解決:
   - 成員溝通解決。
   - 家族委員會調解解決。
   - 協力廠商介入。
   - 如果最終協調未果,矛盾相關人員則可出售股權或離職。

東方的李錦記家族

百年企業李錦記,是華人家族治理的典範,也是華人家族治理最早實施家族憲法的企業。

1888 年,李錦記第一代的創辦人李錦裳,在珠海市南水鎮經營一間茶館,販賣茶水和蠔湯謀生。李錦裳有一次在熬煮蠔湯

時打了個瞌睡，熊熊柴火把蠔湯熬乾，驚醒後，他竟發現原本應呈現乳白色的湯汁已變成深褐色，而且香氣撲鼻口感鮮美，之後，李錦棠不斷改進方法，無意間，蠔油就此誕生，至今134年（1888-2022），李錦記成為一個家喻戶曉的醬料王國。

1902年，一場大火將李錦記蠔油莊毀於一旦，最後不得已只能攜妻小赴澳門求生。李錦棠在澳門開啟了第二次創業。這一次李錦棠已經開始了解要以商業模式經營李錦記的品牌。

1972年，由於香港的局勢動盪，到了第二代，李錦棠的長子李兆榮、次子李兆登、三子李兆南，在經營理念相違背，產生分歧，上演兄弟鬩牆的劇本，於是老大跟老二合謀，意欲聯手收購老三李兆南的股份，李兆榮、李兆登想聯合賣掉家業，移民海外，而李兆南認為應該守住家業。最後，李兆南的長子李文達買下二位伯伯的股權。

到了1986年，第三代李文達和弟弟李文樂因經營方向不同又起糾紛，最後李文達買下李文樂的股權。

李錦記在經過二次家族分裂，促成李錦記家族日後治理的規章制度，以及股權核心化的掌控。第三代的接班人李文達意識到「家和萬事興」的重要，他開始從家族內部尋找有效的解決途徑，避免李錦記再次發生類似的問題。

2003年，李文達與太太及五名子女組成家族委員會，並制定「李錦記家族憲法」。

李錦記家族委員會共有以下5大機構：

1. 李錦記集團董事會：家族企業內兩大事業體，李錦記醬料集團和李錦記健康產品集團的董事會。

2. 家族辦公室：負責提供所有行政支援及服務，如準備家族委員會的相關資料等。

3. 家族慈善基金會：負責家族公益事業，旨在推動家族凝聚力，促進關愛、溝通及跨代共榮。

4. 家族學習發展中心：負責各代家族成員的學習，培訓與價值觀建立。

5. 家族投資委員會：綜合管理家族成員在本業以外的其他投資等。

李錦記家族委員會成立之後的第一件事就是訂定家族憲法，但由於「李錦記家族憲法」內容並未正式對外公布，我們僅能根據《李文達傳》以及相關報導，整理以下資料：

一、堅持家族持股的公司治理

1. 堅持家族控股，具有血緣關係的家族成員才能持有公司股份。

2. 下一代無論男女，只要具有血緣關係，就具有股份繼承權。

3. 醬料和保健品兩大核心業務的主席必須是家族成員，家族委員會每兩年召開一次會議，選定董事會及各個業務主席，主席可以連任。

4. 李錦記集團董事長必須是家族成員，CEO 可以外聘。

5. 董事會一定要有非家族人士擔任獨立董事。

二、家族委員會、董事會與管理層的角色分工

1. 家族委員會主要關注家族價值觀的強化，家族憲法的訂定，協調家族關係和所有權問題，以及決定董事會的結構。

2. 董事會的主要職責是挑選企業專業經理人，監督企業業績，處理企業與社會的關係。

3. 管理層則負責企業策略的訂定與實行，企業的日常營運，員工的考核與聘用，以及確定企業文化與員工準則。

三、家族會議

1. 不定期召開家庭議會，討論需要所有成員共同參與的家族內部事務。

2. 家族議會之決定須經過家族委員會討論通過方能生效。

四、家族委員會會議

1. 每季召開一次家族委員會會議，每次 4 天。

2. 家族成員必須參加，前 3 天家族委員會核心成員參加，第 4 天家族成員（包括配偶及其子女）全部參加。

3. 會議設一個主持人，由委員會核心成員輪流擔任。

4. 專門討論家族的未來，而非企業的未來。

五、家庭內部規範

1. 不准晚婚，不准離婚，不准有婚外情。

2. 如果有人離婚或有婚外情，應自動退出董事會。

3. 如果個人原因退出董事會或公司的家族成員，股份可以賣給家族成員，但不准離開家族，仍是家族委員會成員，參加會議。

六、接班人培養

1. 至少要讀到大學畢業，之後必須要先在外部工作公司工作 2 到 3 年。

2. 應聘程序和入職後的考核，必須和家族成員相同，且必須從基層做起。

3. 若無法勝任工作，可以給一次機會，仍然沒有起色者，一樣會被解僱，若下一代在外打拼有所成就，李錦記需要時可將其聘回。

七、家族成員退休規定

1. 家族成員 65 歲時，必須自董事會和管理職務上退休。

2. 年屆 70 歲後，必須自家族委員會中退位讓賢。

八、家族憲法修改和決議執行

1. 憲法內容的訂定和修改，必須經家族委員會 75%以上通過。

2. 一般家族事務的決議超過 51% 就算通過。

綜上，李錦記家族傳承的優點：

1. 設立家族憲法也充分保障了李錦記家族的長期最大利益，最大的可能就是杜絕家族內鬥的發生。

2. 家族成員若無法勝任工作而留在公司，會造成公司治理和家族傳承的麻煩，因此李錦記家族憲法嚴格規定要進入家族企業的條件，即非常重視培養家族企業接班人。

3. 對於李錦記家族憲法非常強調血統又強調家族子女不能離婚這部分，是不是會讓接班人的選擇太過侷限，實際上是值得探討的。本書不斷強調的「生意囝仔歹生」（台語），這個在前面穆里耶茲家族就提到過，不一定非由自己的子女來接續家族企業之經營不可，事實上我們即曾經舉例松下幸之助的例子，日本人的婿養子概念，即使有了婿養子，松下企業最後還是走上企業所有與企業經營分離之原則。甚至已經傳承 46 代，經營超過 1300 的日本千年企業法師溫泉旅館，他們除了婿養子以外，要是沒有人繼承，還是會找養子，所以從延續家族企業精神、理念與文化的角度來觀察，家族憲法、血統固可保障後代子孫的受益權，但是要真正肩負起家族企業之經營任務，實在不必拘泥是否血統純正不可。

在中國，血統是個神奇的魔法師，它既能讓一個白癡坐上龍

椅，也能讓一個順民成為叛逆。明末崇禎皇帝的第三個兒子到了76歲隱居在鄉下將要渡過一生，最後卻還是被康熙處以凌遲的極刑，不全是因為血統惹的禍。因為如果後代子孫，對開創基業的先祖及其立下的規矩，無法自律，無心遵守，不思正事，徒以酒色為樂，則光有血統又有何用？明朝開國皇帝也是訂立了皇明祖訓，這也是歷史上少見的家族憲法，立法美意無法落實到下一代，弄到最後，福王還是被李自成處死，悲慘到和鹿肉摻雜在一起作為下酒菜，被稱為福祿宴。站在傳承的立場上，難保後代子孫個個子秀孫賢，歷史是一面鏡子，法師溫泉旅館的作法，也是一面鏡子。

關於繼承是否拘泥於血統這部分，見仁見智，端看家族領導人的格局與境界。

「楚人遺弓，楚人得之」，楚國的國王遺失了弓箭，下屬想要去找回來，楚王說：「一定是楚國的人撿到，何必尋找呢？」

孔子說：「人遺弓，人得之，何必楚也。」一定是人撿到的，何必一定是要楚國人？

老子說：「失弓，得弓。」反正會被撿到，被猴子撿到也沒關係，萬物平等。

佛家則說：「四大皆空，本來無一物，何處惹塵埃。」

不同的境界，不同的傳承思維，沒有說誰對誰錯。

影壇巨星周潤發將自己的財產約50億港幣，全捐給慈善機構，他說：「錢不是我的，我只是暫時保管它。」符合佛經說的

財富乃五家共享之物的道理。

惟無論是否捐給哪個機構，也都是要有財富傳承的規劃，要成立基金會便於管理，確保善行的落實，如果沒有繼承人又沒有事先規劃，可能到最後就會落入國庫（《民法》1185 條）。

以前我在大直住家的管理員，他是一位敦實、熱心的退伍軍人，早年孤家寡人隨著國民政府來到台灣。平日喜歡畫畫，大樓的大廳掛著他五顏六色的作品。他曾跟我提過希望我幫他立遺囑，那時候我已經結婚，只有在每個周末回大直，陪父母打麻將與家人相聚。還來不及幫他完成遺願時，他就忽然走了，後來一生的積蓄全部歸屬國庫，造成很大的遺憾。所以遺產的規劃要及時盡速完成。

家族憲法的範例

家庭治理文件，如《家族憲法》和《家庭附則》，可以成為家庭治理體系的重要組成部分。

用中華民國法律制度來比喻，如果說「家庭使命宣言」就像中華民國的「憲法前言」，那麼《家族憲法》就像《中華民國憲法》（一份創建或指定結構和分配權力的法案），而《家族法律》與《家庭附則》就像中華民國的法律，包括立法院制定的法、律、條例、通則，例如我們的《民法》、《刑法》、《公司法》等等以及行政機關頒布的行政命令等等。

立法院制定的法律就是前面講過的這四種：法、律、條例、

通則。

　　除了憲法高於立法院制定的法律以外，其他名稱的法規，位階都是在這個之下。

　　《家族憲法》和家族規章制度有助於落實家族的治國理念，通過創建組織，如家庭委員會或家庭諮詢委員會，並劃定這些實體的權力，制定規則在這些實體的成員上面，為家庭提供財富管理機制，或解決任何其他家族的紛爭。

　　我們接下來就說明一個《家族憲法》的範例，讓各位讀者參考，筆者要特別強調，此例僅供參考，真正的狀況因人而異，更重要的是，還需要各方面《家族法律》及《家族附則》的配合，才能算是一部完整的「家法」。

家族憲法：
前　　言

鑒於本《家族憲法》經家族各方之討論承認與決議通過，家族成員（詳細名單如附件）於年月日，在（　地點　）同意制定＿＿＿＿＿＿＿＿《家族憲法》，[家祖姓名：＿＿＿＿＿＿＿] 生於＿＿＿年＿＿＿月＿＿＿日，卒於＿＿＿年＿＿＿月＿＿＿日，他是家族企業的創辦人同時也是家族成員的共同祖先，通過他一生的努力和成功，因此也承認他對家族財富傳承與企業經營管理的理念以及他一生才德兼備的風範，將繼續作為其投資、教育、傳承和管理的指導原則。

鑒於 [家祖] 認為每個家庭成員通過團結的家族以及自我實現，充分發揮其潛力所獲得的成就遠遠超過了家庭財富的支持；一個人的主觀積極性、和雄心壯志，如果沒有經濟上的需要、個人及家族的支持，是很容易受到損害的；

和鑒於此，本協議家族成員各方都贊同此信念，因此，各方都希望避免以可能損害家庭成員成為社會上的有用的一分子的願

望並且能善加使用家庭財富；

　　鑒於本協議各方都希望在［家祖］的後代子孫的各房家庭中保持家庭認同感，以便爲共同投資和管理家庭財富提供一個框架，並對家庭財富的個人消費和慈善或其他用途施加某些限制；

　　以及鑒於爲實現前揭目標，家族成員各方希望向其他各房家庭成員承諾，按照本憲法和根據本憲法的精神，所頒布的家族法律與其他家族附則，法規，命令，協議，包括但不限於家族公司章程，家族企業股東協議，家族企業合夥協議，家庭附則，家族成員任用條例，家族基金會，家族急難救助金，家族教育基金等等的規定行事；以及鑒於此，本協議家族成員各方還希望承諾，不在法院訴訟，或其他程序中對任何家族成員，善意採取或不採取的任何行動或不作爲提出異議。

　　無論作爲受託人、投資顧問、普通合夥人、董事、經理、商業顧問或其他身分，對於任何家族信託、合夥企業、公司、基金會或其他實體，均同意遵守本憲法所揭示之法理，精神及原則；

　　因此，本家族成員各方同意，以下規定適用於家族財富的投資和管理、個人消費和慈善或其他用途。

第一章 | 總綱

第1條・目的

本《家族憲法》的目的是制定一份全面文件，作為規範本家族的所有一般和長期政策的最高指導標準。

第2條・解釋規則

本《家族憲法》所載的所有一般性規定，用語，和敘述均應以允許執行家族政策的方式解釋。單字用語，和敘述應按其普通或通常的含義使用，但法律或章程文件中具有特定或適當含義的技術，單字和用語，應根據其技術含義加以理解。如本《家族憲法》所用，「應」和「必須」等詞是強制性的，「得」和「可以」等詞是非強制性的用語。

第3條・法之位階

家族法律不得牴觸《家族憲法》，命令或附則不得牴觸《家族憲法》或家族法律。

> （說明）
>
> 本《家族憲法》就是法位階的最上位，最高性，狹義憲法的概念，這部分只是抽象性的，原則性的揭櫫，約束下位的家族法律，命令或附則之規定，不能違背《家族憲法》的精神。

第 4 條 · 法規條文應分條書寫，冠以「第某條」字樣，並得分為項、款、目、點。

項不冠數字，空二字書寫，款冠以一、二、三等數字，目冠以（一）、（二）、（三）等數字，並應加具標點符號。

前項所定之目再細分者為點，點冠以 1、2、3 等數字，點再細分以 1）、2）、3）等數字表示，再細分則以 1））、2））、3）），餘類推。

第 5 條 · 定義

在制定本《家族憲法》時，應遵守以下定義：

1.家族大會：家族最高權力機關。

2.家族最高領導人，對外代表家族。

3.行政委員會：家族最高行政機關。

4.立法委員會：家族最高立法機關。

5.司法委員會：家族最高司法機關。

6.理事會：家族理事會。

7.家族契約：家族立法委員會制定的家族契約。

8.家族附則：《家族憲法》與家族契約以外之家族規範。

9.家族基金會：家族成立之基金會。

10.家族企業：家族投資之事業。

11.房：家族各支以房劃分。

第 6 條 · 獨立性

　　本《家族憲法》的章，節，條和款是可分獨立有效的。

　　如果本《家族憲法》的任何章，節，條和款被任何法院或具有管轄權的其他機構的判決宣布無效，則此種無效不得影響本《家族憲法》其餘任何章，節，條和款。

　　如果本《家族憲法》的任何部分被任何具有管轄權的法院或機構宣布無效，則只有在該法院或機構的管轄範圍內才無效。

第 7 條 · 修正案

　　本《家族憲法》的內容涉及到基本原則及根本精神的部分稱爲憲章不可以修改，可以修改的條文稱爲憲律。憲律來自於憲章，修憲機關之修改對象只能根據憲律的部分，不得修改憲章。

第二章｜家族成員

第 8 條 · 家族成員：家族成員指的是先祖的後代子孫不分親生，收養，入贅，性別，國籍，種族，信仰，階級，黨派。

第 9 條 · 家族成員之生存權、工作權及財產權，應予保障。

第 10 條 · 家族成員有選舉、罷免、創制及複決之權。

第 11 條 · 家族成員有受家族教育之權利與義務。

第 12 條‧每位家族成員都與家族有直接關係和共同責任，每位家族成員都應遵守《家族憲法》及其他家族法規的規定，並參與家族的組織，架構和運作。

第 13 條‧家族或家族企業應提供家族成員之間的聯誼，確保每個家族成員都在家族或家族企業積極參予各種活動並實施全面的訓練計畫，為家族成員提供培訓，講習並提供教育機會，培養領導技能與參與家族事業之實習機會。

第 14 條‧家族成員對政治應保持超然立場，不得發表家族黨派政治聲明。並且禁止通過聲明，以便對政府或政治團體施加任何壓力。

第 15 條‧家族或家族企業應建立家族兒童及青少年保護政策，為所有家族的兒童及青少年創造和維持一個安全的環境。並且必須盡其所能，保護他們免受身體，性和心理虐待。

第 16 條‧家族對毒品，組織犯罪，性侵害實行零容忍政策，立法委員會應針對家族成員制定最嚴格的審查標準。

第 17 條‧家族年度行政會議，家族年度行政會議是所有家族成員的會議，包括家族成員，家族或家族企業每年都要參與，是給

與家族成員的計畫和活動或家族教育。

第 18 條・家族紀念日如下：

家祖逝世紀念日，每年 5 月 16 日。

家祖母逝世紀念日，每年 1 月 26 日。

每年紀念日家族皆應舉辦家族聚會，家族聚會活動之方式內容由家族立法委員會訂立。

（說明）

以上紀念日之日期為作者舉例說明。

第 19 條・家族企業認識

家族企業應安排家族成員認識家族企業，並協助家族成員鼓勵、培養和實踐其職業理想。

家族應建立家族成員專業的商業高道德標準以及建立合群的工作態度，忠實和忠誠的對待僱主，雇員和同事，公平對待他們和競爭對手，公眾，以及所有與任何人有任何業務或專業關係的人。

對家族企業的認識，應讓家族成員親自參與家族企業的運作，從小安排寒暑假的時間，讓家族的青少年到家族企業實習、見習、學習，這些經驗可以作為未來接班的考量標準。

第 20 條・財務認識

　　家族應安排家族成員認識財務，並從小培養財務專業知識，並建立正確金錢觀念。

　　財務是家族成員的必修課程，無論是否為接班人，對財務的認識以及培養正確的金錢觀念，是傳承課程最重要的任務，立法委員會務必要在這方面訂立最有時效性的課程及評量標準。

第 21 條・家族成員領導訓練

　　培養家族成員的個人領導能力，提升其職業生活，培養未來的企業領導人。

　　任何有興趣的家族成員可以自由參加。

　　訓練的內容：溝通技巧、領導風格、激勵他人、時間管理、組織管理、目標設定、策略規劃、建立共識、團隊合作。

第三章 ｜ 家族大會

第 22 條・家族大會由家族成員年滿十八歲以上者組成。

第 23 條・家族大會之職權如左：

　　一、選舉族長、副族長。

　　二、罷免族長、副族長。

　　三、修改憲法。

四、複決立法委員會所提之家族憲法修正案。

關於選舉罷免創制複決,由家族大會制定辦法並行使之。

第 24 條・家族大會每六年改選一次。

> (說明)
>
> 家族大會改選期間可以更久,以避免選舉的糾紛。

第 25 條・家族大會於每屆族長任滿前九十日集會,由族長召集之。

第 26 條・家族大會遇有左列情形之一時,召集臨時會:

一、應補選族長、副族長時。

二、依監察委員會之決議,對於提出彈劾案時。

三、依立法委員會之決議,提出家族憲法修正案時。

四、家族大會代表四分之三以上請求召集時。

家族大會臨時會,如依前項第一款或第二款應召集時,由立法委員主任委員通告集會。依第三款或第四款應召集時,由族長召集之。

第 27 條・家族代表

當家族成員超過第三代或家族所有成員已超過一百人以上,家族大會應由各房派出一位家系代表。

代表各房：族長的子女結婚分家後的每個家庭都有一名家系代表各房。

如果其中任何一個家系代表人死亡、辭職或喪失行爲能力，除非他或她在一份由他或她簽署並提交給家庭諮詢委員會的書面文件中作出相反的指示，他或她的配偶或子女將作爲他或她的繼任家系代表，直到該配偶或子女死亡、辭職或喪失行爲能力。

家族代表之任期爲六年。

（說明）
期間宜與第 24 條一致。

第四章｜族長

第 28 條‧族長之資格

家族成員年滿五十歲者，得被選爲族長、副族長。

有足夠的時間領導和執行家族的工作。

擁有《家族憲法》和《家族細則》的相關知識。

擔任過一個以上之家族企業董事長。

第 29 條‧族長之職責

一、族長爲家族首領，對外代表家族。

二、族長依法公布法律，發布命令，須經行政委員會主任委員之副署。

三、主持家族理事會，家族大會。

四、確保每次例會都經過精心策劃，開會和準時閉會。

五、主持家族理事會的定期會議。

六、任命家族委員會主委。

七、確保每個委員會都有明確的工作目標與工作任務。

八、確保家族行政團隊的運作與成功。

九、在卸任前與下任族長當選人合作，確保職權的平穩移轉，包括移交所有相關紀錄，文件和財務資訊。

十、族長對於各委員會間之爭執，除本憲法有規定者外，得召集有關各委員會主任委員會商解決之。

第 30 條・緊急命令

　　族長依本憲法之規定於家族遇有天然災害、瘟疫，或家族財政經濟上有重大變故，須為急速處分時，得依緊急命令法，發布緊急命令，為必要之處置。

　　但須於發布命令後一個月內提交立法委員會追認。如立法委員會不同意時，該緊急命令立即失效。

第 31 條・族長、副族長之選舉

　　族長、副族長之選舉，以法律定之。

　　族長、副族長之任期為六年，連選得連任三次。

　　族長、缺位時，由副族長繼任，至族長任期屆滿為止。

　　族長、副族長均缺位時，由行政委員會主任委員代行其職

權，並依本憲法第二十六條之規定，召集家族大會臨時會，補選族長、副族長，其任期以補足原任族長、副族長未滿之任期爲止。

族長因故不能視事時，由副族長代行其職權。族長、副族長均不能視事時，由行政委員會主任委員代行其職權。

遇有前項族長、副族長均不能視事之情況，應於三個月之內改選之。

族長、副族長於任滿之日解職，如屆期次任族長尚未選出，或選出後族長、副族長均未就職時，由行政委員會主任委員代行族長職權。

第五章｜房

第 32 條・房是父母均仙逝後的單位，房下之家族成員有未成年者，需寄房於其他成年之同輩兄長下，若無同輩兄姊或是同輩兄姊亦未成年，家族會議需指定壹位監護人代爲行使房之權利。

第 33 條・房的角色

房的角色是家族與家族成員之橋樑，家族依需要完成特定之服務專案或計畫可以房爲單位，房有權代表家族成員行事並與家族簽訂合同，其權利義務歸屬房之家族成員，各房爲參與家族大會，得推派家族代表，代表各房。

第 34 條・房設房長

　　房長由房中之最大兄姊擔任，兄姊不在，依序由其他年長之兄姊擔任。

第 35 條・爲符合法律之規範，房下之家族成員得以成立控股公司之方式參與家族企業之運作。

第六章｜家族青少年

第 36 條・家族應針對青少年設立組織，培養家族事業之接班人。

第 37 條・家族成員在未滿十八歲之前，爲家族青少年組織之當然成員。

第 38 條・家族青少年組織法由家族立法委員會訂立。

第 39 條・家族青少年組織法需規範家族青少年之組織、家族使命、管理、目標、領導、教育、學習、訓練、財務、會議及活動。

第七章｜委員會

第 40 條・家族應設立各種委員會，工作小組和類似的行動的團

體，以滿足特定需求，獲取某些資訊，執行特定任務執行家族政策。

一、行政委員會為本家族最高行政機關。

二、立法委員會為本家族最高立法機關。

三、司法委員會為家族最高司法機關。

四、監察委員會為家族最高監察機關。

五、家族教育暨學習委員會：負責家族成員之教育與學習，規劃家族成員之整體教育學習訓練計畫。

（說明）

　　教育科學文化依我國《憲法》第 164 條之規定：「教育、科學、文化之經費，在中央不得少於其預算總額百分之十五，在省不得少於其預算總額百分之二十五，在市縣不得少於其預算總額百分之三十五。其依法設置之教育文化基金及產業，應予以保障。」是教育、科學、文化之經費在中央不得少於預算總額百分之十五，再看我國《憲法》第 21 條之規定：「人民有受國民教育之權利與義務。」國家以人民為組成要件，國家之強弱取決於人民之優劣，現代化之國家憲法要求國家必須建立福利制度並提供各種必要之服務，使人民能享有符合人性尊嚴之生活條件，進而使人民能追求人生的幸福與快樂，這樣的社會基本權反應在《憲法》上就是生存權、受教育權、學習權，所以《憲法》才會規定：「人民之生存權、工作權及財產權，應予保障。（《憲法》第 15 條）」及「人民有受國民教育

之權利與義務。(《憲法》第 21 條)」這樣的概念反應在家族憲法裡，就是家族的長治久安非得建立教育暨學習委員會不可。

為什麼還要在教育委員會加上「學習」，那是因為如果只是教育，會侷限於家族中未成年的教育而且是學校的教育，但在家族傳承過程中，豈止是學校的教育，社會的教育才是重點，台灣有一句俗語說「生意囝仔歹生」，意思是會做生意的小孩不容易，這些都是要由家族另外給予教育及訓練的，而這當中多數的眉角都不是學校可以教的。

另外學習的部分不只是家族中的未成年人，事實上也可以涵蓋到成年人身上，就像我們在前面講到的百歲人瑞很後悔他沒有在 80 歲的時候下定決心去學鋼琴。在家族傳承的過程中，大大小小，老老少少，男男女女均要學習，所以在財富傳承一定要把教育暨學習委員會納入家族憲法中。

實際上，在美國 100 多年前就已經開始產生成年人的教育，1912 年戴爾・卡內基（Dale Carnegie）創立的卡內基訓練就是最早的成年學習，如今終身學習百花齊放，科目應有盡有，無論你想學什麼，都不會找不到老師的。

學習的過程何時結束？以我們常說的就是活到老學到老，高爾夫球的術語就是 Age Shot，就是在 18 洞標準桿 72 桿的球場，90 歲的時候打出 90 桿，100 歲的時候打出 100 桿，這也

是《天地一沙鷗》的作者李察巴哈說的，只要你還在呼吸就代表使命，及學習還沒有結束。

因應學習的要求，應建立一套師徒（Mentorship）的作法，讓家族成員能夠透過一對一的方式，在實際應用上跟著有經驗的師父學習，獲取實務的經驗與智慧，做為傳承的基礎。

六、家族形象委員會：應宣傳家族理念，凝聚家族向心力，建立社會良好公共關係和正面的形象。

七、家族活動委員會：應規劃家族之各項活動，家族年會、慶典、祭祀，推動設計良好的節日，擴大家族成員之出席。

八、選舉委員會：選舉委員會的職權範圍應訂明家族各項選舉之候選人資格，選舉程序、選務人員、選舉時間、選票製作等選務工作，並在家族年度計畫中揭示選舉公告。

九、家族財務委員會：提供家族成員之財務專業，知識諮詢，投資意見，協助家族及家族企業之預算，決算，稽核。

十、家族顧問委員會：根據家族及家族企業之需求，提供諮詢之臨時設立機關。

十一、執行委員會委員：理事會因應家族事務之需要可任命一個執行委員會。

第八章 | 行政

第 41 條・行政委員會爲本家族最高行政機關。

行政委員會設主任委員、副主任委員各一人，各部會首長若干人。

族長、副族長均缺位時，由行政委員會主任委員代行其職權。

行政委員會主任委員由族長提名，經立法委員會同意任命之。

行政委員會副主任委員，各部會首長，由行政委員會主任委員任命之。

行政委員會依下列規定，對立法委員會負責：

行政委員會有向立法委員會提出行政方針及行政報告之責。

行政委員會於會計年度開始六個月前，應將下年度預算案提出於立法委員會。

行政委員會於會計年度結束後六個月內，應提出決算於監察委員會。

行政委員之任期爲六年，連選得連任，其選舉於每屆任滿前六個月內完成之。

行政委員會之組織，以法律定之。

第九章 | 立法

第 42 條・立法委員會爲本家族最高立法機關，由家族成員選舉

之立法委員組織之，代表家族行使立法權。

　　立法委員會有議決除行政委員會之行政規則，各房之家規以外之家族法律案、預算案、契約案及家族其他重要事項之權。

　　立法委員之任期為六年，連選得連任，其選舉於每屆任滿前六個月內完成之。

┌───┐
│　（說明）   │
│   │
│　　立法委員會所制定之家族法律，可以說才是真正整個《家 │
│族憲法》是否能夠落實的關鍵，事實上也肩負著整個家族最核 │
│心的立法任務，此部分涉及之層面甚廣，且涉及專業技術，所 │
│以立法委員會也務必要廣納律師、會計師等專業人士，共同參 │
│與家族法律的制定。   │
└───┘

　　立法委員會設主任委員、副主任委員各一人，由立法委員互選之。

　　立法委員會得設各種小委員會。

　　各種小委員會得邀請專業人士及社會上有關係人員到會備詢。

　　立法委員會會期，每年兩次，自行集會。

　　立法委員會遇有下列情事之一時，得開臨時會：

　　一、族長之咨請。

　　二、立法委員四分之一以上之請求。

　　立法委員會對於行政委員會所提預算案，不得為增加支出之

提議。

　　立法院開會時，關係院院長及各部會首長得列席陳述意見。

　　立法委員會之組織，以法律定之。

第十章｜司法

第 43 條・司法委員會爲家族最高司法機關，掌理家族成員之懲戒與民事賠償。

　　司法委員會解釋家族憲法，並有統一解釋法律及命令之權。

　　司法委員會設主任委員、副主任委員各一人，由族長提名，經監察委員會同意任命之。

　　司法院及各級法院之組織，以法律定之。

> （說明）
>
> 　　司法委員會擔任之角色，並不是要取代國家的司法體制，因爲訴訟權是國家憲法規定的人民基本權利之一，事實上它比較像是仲裁委員會，調解委員會或是公務員，專門職業技術人員的懲戒委員會，一般是在前端程序，用以解決家族成員與家族成員間，或家族成員與家族企業間，甚至家族企業與家族企業間之紛爭。

第十一章｜基金會

第 44 條・家族應成立基金會，基金會之組織，由法律定之，家族基金會之設立、廢止、變更或捐贈，應由家族成員獨立運作。

家族基金會之運作得邀請家族投資委員會提供基金會配置策略。

家族投資委員會為提供前項之配置策略得請求本家族憲法所規定之各個個人，單位或組織提供各種不同之策略意見。

第十二章 | 教育

第 45 條 · 教育委員會為家族最高教育機關，掌理家族成員之教育、考試、任用、銓敘、考績、級俸、陞遷、保障、褒獎、撫卹、退休、養老等事項。

教育委員會設主任委員、副主任委員各一人，由族長提名，經監察委員會同意任命之。

教育委員會關於所掌事項，得向立法委員會提出法律案。

教育委員會之組織，以法律定之。

第十三章 | 監察

第 46 條 · 監察委員會為家族最高監察機關，行使同意、彈劾、糾舉及審計權。

監察委員會設監察委員若干人。

監察設主任委員、副主任委員各一人，由監察委員互選之。

監察委員之任期為六年，連選得連任。

監察委員會依本憲法行使同意權時，由出席委員過半數之議決行之。

監察委員會為行使監察權，得向行政委員會及其各部會調閱其所發布之命令及各種有關文件。

監察委員會對於族長、副族長之彈劾案，須有全體監察委員四分之一以上之提議，全體監察委員過半數之審查及決議，向家族大會提出之。

監察委員會設審計長，由族長提名，經立法委員會同意任命之。

審計長應於行政委員會提出決算後三個月內，依法完成其審核，並提出審核報告於立法委員會。

監察院之組織，以法律定之。

第十四章｜財務

第 47 條・為建立家族成員養成正確的財務觀念與知識，家族必須在家族成員十歲開始進行財務訓練與教育。

家族財務訓練與教育應不侷限於學校教育。

家族成員自開始領取零用金後就要養成記帳的習慣。

家族財務委員會與家族教育暨學習委員會，應就家族成員財務訓練與教育制定一套家族財務課程以及考核標準，做為家族成員進入家族企業與晉升之依據。

第十五章｜理事及理事會

第 48 條・家族理事會，設置理事不得少於三人，由家族代表選

任之。

第 49 條・理事資格

理事候選人應具備以下資格：

一、在商業，政府或家族事業或家族非營利部門擁有重大行政領導成就的專業經驗。

二、對家族和家族成員的承諾和理解。

三、個人正直，信譽和對家族的熱情。

四、了解家族企業的財務，營運和管理。

五、良好的溝通技巧與合作能力。

第 50 條・理事職責

理事之職責：

一、符合家族憲法的規定和理事會附則的職責描述。

二、與族長合作制定家族目標。

三、出席並參加講習會，理事當選人培訓講習，理事會治理訓練會。

四、準備並出席立法會議，並代表理事會在立法會議發言。

五、擔任家族企業或基金會委員會的聯絡人，並接受族長做出的理事會委員會的任務。

六、與理事會其他成員合作，為家族制定政策，訓練和願景。

七、爲家族的最佳利益作出決定；不是符合理事的私利。

八、在理事會和委員會會議之前審查議程和相關資料。

九、審議年度預算，稽核報告和其他重要業務事項。

十、與家族祕書長和其他理事合作，確保理事會決議之執行。

十一、履行族長或理事會指派的其他職責。

第 51 條・理事會之選舉及組織，以家族法律定之。

第十六章｜道德規範

第 52 條・家族成員除了家族憲法與家族附則以外更應遵守道德規範。

第 53 條・家族成員在進行私生活時，應維護和保護家族的正面形象。

第 54 條・家族成員若因爲違反道德規範，影響家族的正面形象應受到家族司法委員會的制裁。

第 55 條・家族立法委員會應制定家族道德規範之內容，標準與罰則。

第 56 條・家族司法委員應就違反道德規範之家族成員採取必須的法律行動。

第 57 條・家族成員在獲悉其他家族成員可能或已經違反「道德規範」時，應向家族司法委員會提供現有細節。

　　家族司法委員會將獲取所有相關資訊，並酌情採取適當行動，包括向被指控的違法者提出糾正的建議及採取紀律處分。

第十七章│投資

第 58 條・為家族企業與財富傳承的永續性，家族理事會應負責制定總體投資政策，包括投資目標和資產配置策略。

　　理事會為制定總體投資政策，應組織家族投資委員會。

第 59 條・家族投資委員會為一跨部會之組織，包含但不限於家族財務委員會，家族顧問委員會，家族基金會，家族投資盡職調查委員會的代表。

　　一、家族投資委員會的代表對家族投資組合的事項擁有表決權。

　　二、家族投資委員會每年必須向理事會報告投資表現與狀況。

　　三、家族投資委員會在三到五年的時間內對投資項目評估成效，但基於市場之變動性亦得定期審查短期成效，並根據需要儘

早採取應變措施。

第 60 條・投資目標得爲公開股票包括台灣股票，非台灣股票，全球股票和新興市場股票。

投資目標得爲房地產，房地產是允許作爲長期通貨膨脹對沖和當前收入來源以及資本增值的可能性。

房地產配置將以長期穩定爲投資原則。

投資目標得爲其他經家族投資委員會評估之金融商品，藝術品、公司、新創事業。

投資目標審查：每年將審查投資目標的實現情況。

投資顧問審查：每三至五年對家族的投資顧問進行正式的書面評估，但若情況緊急可隨時施行不定期的評估。

報告要求：在每季末四周內，家族投資委員會應出具一份季投資報告，載明整體投資業績的資訊，送交理事會。

第十八章 ｜ 風險管理

第 61 條・家族立法委員會應制定家族風險管理準則。

第 62 條・在訂立任何契約或其他正式協議之前，應讓律師、會計師或保險顧問審查任何有關對他人之人身和財產的損害或損害的賠償和責任的章節。

就任何可能引起賠償的任何請求，應在契約中限制最高賠償

金額的數額。

對於產品或服務提供者應要求其提供保險規劃,應索取保險單仔細審查並要求將保險內容簽訂在契約中。

第 63 條‧旅行營運風險管理:家族成員,家族企業高階職員,或其他幹部、資深人員、幕僚以團體形式旅行,不管航空或地面時,應分多組,每組獨立旅行。

第 64 條‧境外案件或居住在接待國境外的其他活動行為,應解決旅行醫療和意外保險問題。

醫療保險計畫對本國境外發生之費用應包括但不限於醫療後送,遣返福利,私人飛機或其他專用設備。

第十九章 | 家族企業

第 65 條‧針對家族企業之永續經營,家族應建立家族聯合會,家族顧問委員會,家族控股公司,家族基金會。

第 66 條‧前條組織及內容由家族法律定之。

第 67 條‧家族企業之經營權,不拘泥於血統上家族成員擔任。

家族企業應採經營權與所有權分離原則。

（說明）

是否以血統為經營權之原則，可依創辦人及家族成員討論決定。

第 68 條‧非血統上家族成員擔任企業要職，其權利義務之範圍及內容應由家族法律定之。

第 69 條‧家族企業訂立家族成員退出家族企業的機制。

第 70 條‧家族企業應對家族成員設立內部培訓制度，家族立法委員會應協同教育暨學習委員會及其他相關單位制訂接班人中、長期接班計畫。

第 71 條‧家族成員之培訓、聘任、就職、考核、退休均應由家族法律定之。

（說明）

家族企業，不論是獨資商號，企業社或公司型態，擁有全部的所有權是最高的指導原則，特別是創辦人自己「起家」的那個企業，既是家族的命脈，更應將所有權完全掌握，不管是要傳承或是貫徹企業所有權與企業經營權分離原則。

然而，由於家族開枝散葉，家族企業或是家族投資的其他

事業，將會有越來越多的合資形態，夥伴關係，甚至公司如果上市後股東關係更加複雜，伴隨著股東間的紛爭將會隨沓而至，所以在股東協議或合作契約的內容上，要預先做最壞的設想，並將內容反應在條款中，以備不時之需，筆者在實務上就看到許多原本相安無事並且賺錢的合作關係，因為最後股東不合，又缺乏解決方案而導致公司倒閉的下場，非常可惜。

有一種墨西哥槍戰（Mexican Shootout）的模式，可以放入未來規範家族投資的合作契約中，這個可以由家法的第二階層的立法委員來負責。

它的作法就是在一家公司的章程中加入一個條款，以解決嚴重的爭執，如果爭執不能解決，就由願意買下整家公司的股東，仔細考慮他們願意付整家公司多少錢，這與他們持股多寡無關，減去他們自己所持有的股份價值，他們必須能夠負擔自己提出的金額。然後再競標由中立的專業律師把信封當眾打開，不管是誰標到最高價，都會成為公司的負責人，並承購失敗者所持有的股份，而金額則是新負責人所提出的估價。

第二十章｜家族控股公司

第 72 條·家族應設立閉鎖性控股股份有限公司，家族閉鎖性控股股份有限公司之股份僅得轉讓給家族成員，家族投資之企業不得以合夥方式進行，家族投資之企業金額超出一定金額者，應以閉鎖型股份有限公司參與進行。

前項金額由理事會訂定之。

家族閉鎖性控股股份有限公司應對特定事項訂立特別股否決權。

（說明）

1.控股公司（Holdings）就是在家族中成立一家不自己生產商品或服務，而純粹是以擁有其他公司股票為目的之法人。

2.閉鎖性公司是我國自 104 年 9 月 4 日起施行之新型態公司類型，由於可以限制其股份的自由轉讓，所以非常適合家族企業之運作。

3.對特定事項之否決權是為貫徹家族事業掌握在家族成員中，貫徹創辦人之意志，避免門口的野蠻人（Barbarians at the Gate）爭奪、併購家族企業。

4.限制合夥型態的經營模式或是因為合夥之責任制度是無限責任，設立有限責任的投資方式，可避免因為合夥制度帶來無限責任的風險。

第二十一章│家族與各房之權限

第 73 條·家族事務有全體家族一致之性質者屬於家族，非屬於家族者再歸由各房或各個家庭管理。遇有爭議時，由立法委員會解決之。

第二十二章 | 選舉

第 74 條・本憲法所規定之各種選舉,除本憲法別有規定外,以普通、平等、直接及無記名投票之方法行之。

家族成員年滿二十歲者,有依法選舉之權,除本憲法及法律別有規定者外,年滿三十歲者,有依法被選舉之權。

本憲法所規定各種選舉之候選人,一律公開競選。

選舉應嚴禁威脅利誘。選舉訴訟,由司法委員會審之。

創制複決兩權之行使,以法律定之。

第二十三章 | 家族基本政策

第 75 條・合作事業應受家族之獎勵與扶助。

家族成員生產事業及創業,應受家族之獎勵、指導及保護。

家族應普設平民金融機構,以救濟失業。

家族對於家族成員,應扶助並保護其經濟事業之發展。

第 76 條・家族成員具有工作能力者,家族應予以適當之工作機會。

家族為改善家族成員之生活,增進其生產技能,應制定保護家族成員之法律,實施保護家族成員之政策。

婦女兒童從事勞動者,應按其年齡及身體狀態,予以特別之保護。

家族成員之間應本協調合作原則,發展生產事業。

家族成員之老弱殘廢，無力生活，及受非常災害者，家族應予以適當之扶助與救濟。

家族為奠定家族生存發展之基礎，應保護女性，鼓勵生產並實施婦女兒童福利政策。

家族為增進家族健康，應普遍推行衛生保健事業及公醫制度。

第 77 條・教育文化，應發展家族之精神、自治精神、家族道德、健全體格、科學及生活智能。

家族成員之受教育之機會，一律平等。

六歲至十二歲之學齡兒童，一律受基本教育，免納學費，並由家族供給書籍。

已逾學齡未受基本教育之家族成員，一律受補習教育，免納學費，其書籍亦由家族供給。

家族應廣設獎學金名額，以扶助學行俱優之家族學生。

精神、教育、科學、文化之經費，每年應編列入預算，其預算比例不得少於總預算之百分之十五，其依法設置之教育文化基金及產業，應予以保障。

家族應保障教育、科學、藝術工作者之生活，並依家族成員經濟之進展，隨時提高其待遇。

家族應獎勵科學之發明與創造，並保護有關歷史、文化、藝術之古蹟、古物。

家族對於左列事業或個人，予以獎勵或補助：

一、國內外經營之教育事業成績優良者。

二、於學術或技術有發明者。

三、從事非營利事業而成績優良者。

第 78 條・家族成員滿十六歲起，即應開始立遺囑。

家族成員自出生日起，即應購入保險，保險之種類、內容應以法律定之。

家族成員應以各房為單位，每年定期記錄各房成員生活狀況，各項事蹟，傳記。

前項之記錄方式得以文字、影像、音頻或電磁紀錄。

前條之家族成員紀錄和傳記，應交由獨立機構或家族辦公室統一保管儲存。

第二十四章｜家族辦公室

第 79 條・家族應建立家族辦公室，家族辦公室應以閉鎖型之股份有限公司組成。

家族辦公室之組織即內容以法律定之。

第二十五章｜信託

第 80 條・家族成員自出生到死亡，均應由其父母或監護人，擔任委託人與信託受託人，簽訂基本信託契約。

基本信託契約之內容由法律定之。

　除前條規定外，家族成員得簽訂其他信託契約。但其他信託契約不得違背基本信託對於受益人之最低保障。

第二十六章｜家族憲法之施行及修改

第 81 條・本《家族憲法》所稱之《家族法律》，謂經立法委員會通過，族長公布之法律。

第 82 條・《家族法律》與《家族憲法》牴觸者無效。

第 83 條・《家族法律》與《家族憲法》有無牴觸發生疑義時，由司法委員會解釋之。

　命令與《家族憲法》或《家族法律》牴觸者無效。

第 84 條・《家族憲法》之解釋，由司法委員會為之。

第 85 條・《家族憲法》之修改，應依左列程序之一為之：

　一、由家族大會代表總額五分之一之提議，三分之二之出席，及出席代表四分之三之決議，得修改之。

　二、由立法委員會立法委員四分之一之提議，四分之三之出席，及出席委員四分之三之決議，擬定《家族憲法》修正案，提請家族大會複決。此項《家族憲法》修正案，應於家族大會開會

前半年公告之。

第 86 條・本《家族憲法》規定事項，有另定實施程序之必要者，以法律定之。

第 87 條・本《家族憲法》施行之準備程序，由制定憲法之家族大會議定之。

第九章

意定監護

本章要討論意定監護，在討論意定監護時要先探討法定監護。

法定監護

以往我們的《民法》關於監護的部分有二個狀況：

第一個部分是指未成年的監護，各位都知道以前未成年人就是指還沒滿 20 歲，現在《民法》已修正第 12 條條文將成年年齡由 20 歲下修為 18 歲，並且已經總統於民國 110 年 1 月 13 日公布後，內政部合作及人民團體司籌備處即配合修正 4 項主管法規（包含《人民團體法》第 8 條、《工業團體法》第 16 條、《商業團體法》第 16 條及《教育會法》第 15 條），並皆於民國 110 年 1 月 27 日修正發布。

目前《合作社法》僅有第 11 條規定有行為能力者得為合作社社員，並未針對社員年齡有進一步限制，因此配合本次《民法》修正，亦得適用成年年齡下修至 18 歲。

另外，此次修法將人民團體之發起人、工業團體及商業團體之會員代表、教育會之個人會員，其年齡限制由「年滿 20 歲」修改為「成年」，可促進 18 歲至 20 歲間青年結社權，鼓勵我國青年積極參與公共事務。至於適用期間，則是配合《民法》本次部分條文修正上路，將自民國 112 年 1 月 1 日起施行。

所以從民國 112 年 1 月 1 日起，我國的成年年齡統一為 18 歲，以往許多人搞不清楚 18 歲為刑法之成年，20 歲為民法之成

年的混亂情形，將走入歷史。

　　未成年人沒有完全行為能力，所以需要有個監護人，實際上，未成年人的監護人當然就是父母親，那我們在〈親屬篇〉裡面規定的部分，指的是未成年人沒有父母親，或是父母親均不能行使負擔對未成年子女的權利義務，這個時候就要設立監護人。未成年已經結婚的話，那就算是成年，不用再設立監護人，除了這種狀況外，另外就是成年人的監護。

　　第二個部分是指成年人的監護，為什麼成年人也要監護？因為成年人也可能因為身心的問題，無法有完全的行為能力，所以在某些狀況下，也需要有個監護人。

　　這個在《民法》1110 條有講到，以前是「禁治產人」，後來修改成「受監護宣告之人」，那「受監護宣告之人」的狀況是因為精神障礙或其他心智缺陷致不能為意識表示或受意識表示，或不能辨別其意識表示之效果，這個時候法院就根據本人或是配偶或是四親等內的親屬，以及最近一年有同居事實的其他親屬，甚至檢察官或是主管機關或社會福利機關的申請為監護之宣告，這種狀況就是指成年人的監護，實際上這 2 種情形在法律上就是所謂法定監護的部分。

意定監護

　　後來發現，現在我們台灣的高齡化非常嚴重，而且現在成年人有很多人因為這樣的制度，就是要等成年人喪失意識能力，之

後才能啟動所謂的監護，那不一定就是符合受監護人的意願，比如說這個人和剛剛講的這些親屬根本處不好，或是早就沒有在家裡，像這樣的狀況如果說你今天沒有顧慮到他的意識，去做一個監護的宣告，那可能就會產生跟受任人跟當事人不一樣的意識，所以在民國 108 年我們台灣的法律就三讀通過增加「意定監護」，就是《民法》第四篇〈親屬篇〉，除了以上兩種法定監護人之外新增加的「意定監護」。

「意定監護」就是讓還沒有失能、失智的人，可以用契約的方式跟受任人約定，當自己發生不幸或喪失所謂的行為能力的時候，由法官指定受任人來當作自己的監護人。估計台灣每年宣告監護的申請就超過 6 千多件，這個數字將隨著高齡化而越來越多，但這當中有 3 到 5% 的人找不到適當的監護人，算起來就有好幾百個人找不到監護人。當法官要以受監護人之最佳利益來執行監護時，法官根本也沒有這麼多的時間去判斷什麼是符合最佳利益的狀況，也實在很難去做判斷。而且各位知道我們的法院程序是非常的困難、耗時又耗費，所以到最後甚至雖然有宣告監護，但還是承受非常多的訴訟。所以意定監護的制度，就是開放給當事人在有意識能力進行的時候，自己選擇監護人的監護契約，當然為慎重起見，照法院的規定我們會請公證人公證，但是也要受任人同意擔任監護人，就可以替代法院用職權來選定監護人，而且也是符合人性尊嚴基本利益。

法律監護人真的有缺陷，我們一定要把他改成「意定監護」嗎？「意定監護」到底真的需要去做嗎？

　　在 2021 年有部電影叫《詐欺女王》（I Care a Lot），羅莎蒙‧派克（Rosamund Mary Ellen Pike）主演，她是好萊塢少數有中文名字的國際巨星，中文名字叫裴淳華，畢業於英國牛津大學，演過很多部賣座的電影，相信大家都有看過她的電影。除了《007》以外，其中一部叫《控制》（Gone Girl），劇中她是個非常美豔的人妻，但是她最後發起狠來，讓她的先生吃不完兜著走，故事情節非常驚悚，她也因為該片獲得奧斯卡金像獎最佳女主角的提名。另外在《私人戰爭》（A Private War），她演一位帶著眼罩，披頭散髮，煙癮非常大的戰地記者的故事，我們看到西方的電影演員都不只是靠著美麗的外表而已，實際上很多都是實力派的巨星。

　　我們今天要談的是跟本章節的內容有 100%連結的另外一部電影，《詐欺女王》，是根據真人真事的小說所改編的，劇中羅莎蒙‧派克是靠向法院申請做「法定監護人」的方式來詐欺財產，我們剛提到在台灣現在每一年都有好幾百個人根本就找不到監護人，所以在美國也是有這種狀況。美國也是個高齡化的社會，他們會跟醫生、照顧機關勾結，捏造虛假的病例，讓法院來判定某一個老人喪失行為能力，把老人強制送到療養院去，甚至把老人的手機沒收，讓他沒有辦法跟外界聯絡。這部電影裡面的獨居老婦人，她雖然生活條件無虞，平時還以賓士車代步，沒事

就自己開車到大賣場買些自己喜歡的食材，回家自己做菜，日子過得非常舒服又自在。

但萬萬沒有想到，有一天婦人竟然收到法院寄來的公文書，說羅莎蒙‧派克是協助管理婦人的監護人，並處分她的財產。這部電影情節雖然很誇張，但實際上確實可能在未來的社會上發生，而且她是用保護當事人的安全為由來做執行目的。實際上本來是一個利益良善的監護宣告，後來竟變成奪取他人自由跟財產的工具，這種狀況將來在台灣也有可能會發生。更誇張的是，這部戲演到最後有一個鏡頭，這個獨居老人的兒子，他請律師要去會見他的媽媽，也都看不到，而且他還去法院申請要解除法定監護的宣告，也不得其門而入。我要告訴各位讀者這個狀況在台灣也會發生。確實會發生律師上了法院，如果當事人沒有來，一定要有委任狀，結果羅莎蒙‧派克當庭問他兒子請來的律師，你有沒有委任狀？但這個律師提不出來，結果法官請這個律師在期限內提委任狀，結果最後還是提不出來，因為老婦人完全被控制了。

這部戲令人省思的是，明明是一個很健康的人，到最後，法律制度卻讓她完全束手無策，這樣的狀況我們每個人都要引以為鑑，特別是我們台灣人的健康餘命，跟歐美一比差了 7 年的狀況之下，也許人生到了最後那幾年，可能是躺在病床上。如果沒有好好規劃，到最後可能連要不要插管、要不要找菲傭、看護或接受怎麼樣的治療，你都沒有辦法自主。

這部電影看起來是一個娛樂性電影，但實際上卻是發人省思，而且台灣現在的社會狀況已經到了高齡化的階段，我們每個人都會面臨到這樣的問題，所以一定要好好思考「意定監護」的問題，而且我們台灣實行「意定監護」也一段時間了，所以大家要好好利用這樣的制度。

　　在寫這本書的時候，剛好在 2021 年的 5 月 2 日又看到一個報導，西洋天后小甜甜布蘭妮，她在 2007 年的時候，因為精神崩潰被法院裁定由她的父親為「法定監護」，後來小甜甜布蘭妮好了，她試圖要解除監護管照監管，結果就跟父母對簿公堂，在英國的 BBC 紀錄片《布蘭妮之戰：粉絲、現金與監管》，這部紀錄片裡講述布蘭妮的父親在填寫所謂的監管文件時，勾選布蘭妮是失智的狀況，但這個說法讓非常多的粉絲完全不能接受，粉絲表示她真的失智的話，怎麼可能還能在公開場合唱歌跳舞，而且記得所有的演唱會中這麼多的歌詞跟舞步，甚至可以到世界各地去巡迴演唱，如果真的失智這些事是不可能做到的。但問題是，法院到最後還是把布蘭妮的請求解除監管的部分駁回。根據報導說，布蘭妮到 2019 年她的身家應該有約超過 16 億台幣，目前布蘭妮的財產是暫由父親及律師監管。[1]

　　布蘭妮每年花在訴訟及律師費用高達超過數千萬台幣，這個部分在前面已經有提到過了，所以像這樣的案件我們就會知道，

1　《蘋果日報》/ 2021 年 5 月 2 日。

有時候法律是沒辦法介入你們之間的監護關係，如果你沒有提早好好的規劃，到最後有可能這個監護人不是你想要的對象，甚至監護人所做的事情跟你想做的事情是不一樣的。到了最後，如果真的要把所謂法院的裁定跟監護宣告做解除的話，就要花很多的時間精力跟律師的費用去打這個官司，那為什麼不在你清醒的時候趕快做「意定監護」呢？所以從這點看起來，「意定監護」是未來我們應該要面對，而且應該要去做的法律行為，以避免我們剛剛講的例子發生。

關於羅莎蒙・派克，我再補充幾點，她因為《控制》這部電影得到奧斯卡金像獎最佳女主角的提名，也得到非常多影評人協會的最佳女主角，她不是空有美麗的外貌，演技確實是非常棒，在《詐欺女王》這部戲裡面，她所飾演的這個角色，非常美麗的外表下，其實就是一個心機深沉的詐欺犯。所以大家如果有看過這部電影，對於所謂的詐欺集團，應該要更警覺、小心應對，因為他們的外表並不是你所認為可以看的出來的騙徒，他們可能用很漂亮的包裝來做所謂法定監護的部分，筆者在實務上就接到許多詐騙集團的詐欺案，犯罪集團都是先以美女身分或圖像在網路上尋覓高齡人士，等到加 LINE 後，再用各種方式誘騙坑殺無辜老百姓，方法可能是利誘，例如操作股票、買賣外匯、誘以高額利息，什麼「MetaTrader4 外匯交易」平台、「Prorods 程式化客服」，都是詐騙的技倆，當事人得知受騙後都已經告訴他已經報警處理，甚至向檢察官提出刑事告訴，對方不僅不見收斂，還對

被害人嗆說「法院見」，以下這 2 個就是犯罪集團所發布的短訊：

「您說您被我們騙？證據呢？我司正大光明的經營，請不要誣陷我司，您說需要還您公道，我也需要檢察官還我司公道，我也有和你聲明保證金的事宜我們可以協商，如果您不與我方協商，那我們這禮拜法院見！」

「如果您想與我司溝通協商保證金的事宜，我們的處理方案最低底線就是您可在今日先繳納 50 萬台幣保證金，在繳納成功後，我司會在半小時內給您的金融卡匯款 500 萬台幣，依次類推。直到您的本金和獲利部分提現全部完畢！」

以上，大家要引以為鑑，不要再相信天上掉下來的「美女」或「高報酬」，有任何問題可直接打「165 反詐騙諮詢專線」，當銀行或郵局問你為何要提款或匯款，建議你還是要據實以告，千萬不要向詐騙集團教你的那套說詞，再拿去騙真正要幫助你的銀行行員，這個部分大家可以參考。

監護宣告與輔助宣告

父母已經失智，是否應該向法院聲請「禁治產宣告」？有人說要辦「禁治產」，有人說是「監護宣告」，也有人說是「輔助宣告」？究竟是哪個？

禁治產宣告

1. 「禁治產宣告」是我國過去的制度，但從民國 98 年 11 月 23 日開始，「禁治產宣告」已被「監護宣告」和「輔助宣告」取代。

2. 現在已經沒有「禁治產宣告」，申請人只能選擇「監護宣告」或「輔助宣告」。

3. 民國 98 年 11 月 23 日前受禁治產宣告的人，從民國 98 年 11 月 23 日開始，在法律上就自動會從「受禁治產宣告」轉變成「受監護宣告」，所有事項也都要照監護宣告的相關規定處理。

監護宣告

「監護宣告」的定義，來自《民法》第 14 條第 1 項：「對於因精神障礙或其他心智缺陷，致不能為意思表示或受意思表示，或不能辨識其意思表示之效果者，法院得因本人、配偶、四親等內之親屬、最近一年有同居事實之其他親屬、檢察官、主管機關、社會福利機構、輔助人、意定監護受任人或其他利害關係人之聲請，為監護之宣告。」

輔助宣告

「輔助宣告」的定義，來自《民法》第 15 之 1 條第 1 項：「對於因精神障礙或其他心智缺陷，致其為意思表示或受意思表示，或辨識其意思表示效果之能力，顯有不足者，法院得因本人、配偶、四親等內之親屬、最近一年有同居事實之其他親屬、

檢察官、主管機關或社會福利機構之聲請，為輔助之宣告。」

「輔助宣告」的條件是，有理解意思、傳達意思能力，但能力不夠好，或是不完全清楚自己表達的意思代表著什麼意義，在某些特殊的情況下需要有人「協助」他做決定。

「監護宣告」與「輔助宣告」之間的差別

可以被「監護宣告」的資格是，沒有表示或理解意思的能力，大部分時候需要有人「協助」他做決定，有的時候甚至要「代替」他做決定。

可以被「輔助宣告」的資格是，有表示或理解意思的能力，但能力不夠好，在某些特殊的情況下需要有人「協助」他做決定。

要為智能障礙者聲請「監護宣告」還是「輔助宣告」？在聲請監護和輔助宣告的過程中，通常是由精神科醫師負責鑑定，這個人需不需要「監護宣告」或「輔助宣告」。而做最後判斷跟決定的人，則是地方法院的法官：

- 如果聲請「監護宣告」，但法官看了精神科醫師的報告後，覺得智能障礙者的能力沒那麼弱，法官可以直接決判給「輔助宣告」。

- 如果聲請的是「輔助宣告」，可是法官看了精神科醫師的報告後，覺得智能障礙者的障礙沒那麼輕，法官可以直接決定判給「監護宣告」。

・家屬、社工，無法直接決定或得知聲請宣告的結果。在提出聲請後，法官會選擇給監護宣告或給輔助宣告，或是什麼都不給。法官做決定的時候，會考量精神科醫師的鑑定報告，跟法官自己的意見。

意定監護的受託人

《信託法》第 21 條，未成年人、受監護或輔助宣告之人及破產人，不得為受託人。

成人「意定監護」，自己的監護人自己決定

《民法》「意定監護」在民國 108 年 5 月 24 在立法院三讀通過，這是為了因應高齡化社會來臨，所建構最重要的法律制度。過去，在當事人失能後，由法院裁定監護人，而「意定監護」就是讓還沒有失能、失智的人，可以預先以契約方式和受任人約定，當自己發生符合《民法》規定意思表示能力受限時，由法官指定這位受任人為自己的監護人。

以往成年人的監護制度都是在成年人喪失意思能力後才啟動，未必符合受監護人的意願，鑑於台灣已進入高齡社會，而在法官要以受監護人最佳利益指定監護人時，在調查過程又特別困難、耗時，屢屢產生許多訴訟。

而「意定監護」制度，則開放當事人在意思能力健全時，自行選擇監護人訂定契約由公證人公證，於本人受監護宣告時，受

任人允為擔任監護人，以替代法院依職權選定監護人，較符合人性尊嚴及本人利益。

可以解決《民法》550 條有關委任關係因委任人喪失行為能力而消滅的問題。這將是我國成年及未成年監護制度自從民國 97 年從禁治產制度一級制改為監護和輔助二級制之後最大幅度的修法。

監護宣告的必要

為什麼要申請監護宣告？網路上流傳一個故事：美國德州一位 90 多歲的老奶奶從沃爾瑪購物中心出來，她看見 4 個小伙子坐在她的車裡，她毫不猶豫的拔出槍來，吼道：「我知道怎麼開槍！」4 個小伙子立刻跑走了。坐進車裡後，老奶奶手抖得厲害，鑰匙怎麼也插不進去，車裡東西也不對，出來一看，自己的車停在不遠處，老奶奶開上車直接去了警局。接案的警察笑個不停，指了指邊上 4 個跑來報警自己車被劫的年輕人，老奶奶沒有被起訴……。

「Senior Moment」是近年流行的一個詞，字面的意思是「高齡的一刻」，真正的意思是短暫的失憶。失智症是一個我們必須面對的事實，失智症患者除了記憶力受損，定向感、判斷力也會受到影響，他們會做出什麼行為，也許是超乎我們的想像的。

曾聽過一個親戚說，他們有一次去大飯店的廚房接回他媽媽，老人家不知為何自己跑去那裡。

失智症患者因為判斷力變差了，因此常成為詐騙的目標，尤其是手頭上擁有財富的人。《報導者》的文章，〈最難舉證的受害人——圍繞失智者的犯罪風暴〉即報導一位吳先生被詐騙上億財產，他太太花了 15 年四處奔走打官司的案子。在報導中提到，與失智有關的判決，地方法院民事案件自 2006 年的 115 件成長至 2016 年的 1990 件，件數增量高達 16.3 倍。

　　如果等到被詐騙或是發生什麼事情，再來亡羊補牢就太慢了，在法律上你可以採取一些行動來防範，同時也保護失智症的患者——去法院申請監護宣告。為了保障那些因為精神障礙或心智缺陷，導致無法像一般人一樣做出理智決定的人，透過法院指定一個監護人，來代替這個精神障礙者做所有法律上的決定。以下法條參考：

　　《民法》第 14 條：對於因精神障礙或其他心智缺陷，致不能為意思表示或受意思表示，或不能辨識其意思表示之效果者，法院得因本人、配偶、四親等內之親屬、最近一年有同居事實之其他親屬、檢察官、主管機關、社會福利機構、輔助人、意定監護受任人或其他利害關係人之聲請，為監護之宣告。

　　《民法》第 15 條：受監護宣告之人，無行為能力。

　　《民法》第 75 條：無行為能力人之意思表示，無效。

　　如上面的例子，吳太太去申請監護宣告通過後，失智的吳先生就變成無行為能力的人，所有可能牽涉法律效果的決定。例如簽訂投資、買賣契約等等，都必須由吳太太來代勞，吳先生不能

單獨為之。

　　一旦申請了監護、輔助宣告，其公告資料是否有受監護輔助宣告在法院的家事事件專區可查詢的到，同時資料也將傳送予財團法人金融聯合徵信中心。你也可以去聯徵中心申請當事人註記，保護當事人，防範被歹徒冒名到銀行貸款或申請信用卡，或受不了親友人情壓力，而出面申請貸款、信用卡或擔任保證人，因而可利用此「註記」資訊，讓金融機構注意或退件，可以向金融聯合徵信中心申請「當事人註記」。

　　法院若裁定監護宣告，受宣告之人在法律上就是「無行為能力人」，喪失自主決定權，不能做任何有效的法律行為。一切的意思表示，都必須由法定代理人（即監護人）為之，減少被詐遍集團誘騙提款，或是像上例吳先生被騙做投資，事後要告，舉證也困難的狀況，他可能在提款時就會被銀行行員擋住了。

　　但是以往的監護宣告制度，往往耗費蠻長的時間，在這過程中法院要進行精神鑑定、確認監護人是否有足夠資格等等，時間通常要數個月之久。它要當事人被診斷出發病後，才能由他的親屬或社工單位等人向法院聲請監護宣告。另外是聲請監護宣告的時候，當事人通常已經是意識不清的狀態，他也無法表達誰是適合自己的監護人。如果他名下有財產，可能就會出現家屬爭取監護權，實際是為爭奪財產，而且監護人也是由法官指派的人選，可能也不會是當事人所希望的。

　　為了解決這種成年人監護制度是在本人喪失意思能力才能啟

動，無法充分符合受監護人意願之問題，立法院在民國 108 年 5 月 24 日三讀通過意定監護的立法程序。

意定監護制度，是在本人之意思能力尚健全時，當事人與受任人約定，於當事人受監護宣告時，受任人答應擔任監護人，使本人於意思能力喪失後，可依其先前之意思自行決定未來的監護人。而不是法官依職權選定監護人，較符合人性尊嚴及本人利益，並完善民法監護制度現行民法規定。現有的「法定成年監護」只有在當事人喪失意思表達能力時，如重度失智、失能、癱瘓等情況下，經聲請人聲請，才能由法院依職權宣告監護；法院依職權選擇配偶、四親等內親屬、1 年內曾同居者等適當者為監護人。

意定監護是讓當事人先以書面方式指定，自己未來如果陷入精神障礙或心智缺陷，要由誰來擔任他的監護人。有一天如果他真的因為失智、失能，生活無法自理時，這個他指定的人就可以直接向法院聲請監護宣告，而法院的審查也會尊重當事人的意思，直接選任他指定的人（一人或是多人）做為監護人。這樣可以減少審查時間，另一方面也可以比較尊重當事人本身的意願，減少家族內部為了爭奪監護人地位的糾紛。

意定監護的辦理

意定監護要如何辦理？

1. 當事人取得受任人同意：當事人受監護宣告時，受任人

（可以是一人或數人）承諾擔任監護人，並與其簽定意定監護契約，以替代法院依職權選定監護人，法人亦得為意定監護之受任人。

2. 意定監護契約由公證人作成公證書始為成立，公證人作成公證書後 7 日內，以書面通知本人住所地之法院。前項公證，應有當事人及受任人在場，向公證人表明其合意，始得為之。

3. 意定監護契約於本人受監護宣告時，發生效力。

4. 受任人開始執行監護職務。

意定監護跟以往的監護制度到底有哪些改變？

1. 監護人之產生

以往是要本人喪失意思能力而受監護宣告時，由法院依職權選定監護人。意定監護是本人意思能力尚健全時，就先與受任人約定，在其受監護宣告時，由受任人擔任其監護人，因此監護人可以自己先決定好，不必經由法官指定。

2. 監護人之人選

以往限於一定範圍內之人選（配偶、四親等內之親屬、最近一年有同居事實之其他親屬、主管機關、社會福利機構或其他適當之人選），意定監護由自己選定，不限上述的人選。

3. 監護人執行職務之範圍

以往是由法院依職權指定，意定監護是依意定監護契約所定。例如你可選擇多位監護人，分別負責生活、護養療治及財產

管理等事項，可能醫療生活是 A 負責，B 則負責財產管理等。

4. 監護人處分財產之限制

《民法》第 1101 條有明定：監護人不得以受監護人之財產為投資，但購買公債、國庫券、中央銀行儲蓄券、金融債券、可轉讓定期存單、金融機構承兌匯票或保證商業本票，不在此限。

意定監護契約可約定受任人執行監護職務，不受《民法》規定之限制。如果本人於意定監護契約已特別約定監護人可以代理受監護人購置、處分不動產或得以受監護人財產為投資者，此時應優先落實當事人意思自主原則，可以投資的項目將不再只限於上述的公債等項目。

我們有一天可能會需要家人或朋友等，幫我們申請監護宣告，因為當我們失智、失能、癱瘓等情況下時，我們需要一個法定代理人，來幫我們行使法律、財務等相關的事務，以避免我們被詐騙、財產被侵占等等。意定監護是更方便，讓我們可以在健康意識清楚時，先找好監護人，以減少屆時法院還要做監護人資格審核，時間拖延許久，到時審定的監護人人選，可能也不是你屬意的，這是法律上的一大進步。

只是這些都是事後的防範措施，因應失能、失智等風險，你其實可以做更積極的規劃、未雨綢繆——先成立一個金錢型自益信託，把你名下的財產放入信託內。例如自己當委託人，以銀行信託部當受託人，到時定存、投資資產、保險給付等，都進入信託內變成信託財產，就不用怕說會受到詐騙、被侵占等，因為信

託財產只能依信託指示做管理運用。

意定監護制度的十大重點

　　法務部特別列出十大重點，讓民眾了解權益有何重大變革：

　　1. 明定意定監護受任人得為監護宣告之聲請人；並增訂輔助人及利害關係人亦得為聲請人。

　　2. 明定意定監護契約之定義，並規定受任人為數人時，除約定為分別執行職務外，應共同執行職務。

　　3. 意定監護契約之訂立、變更採要式方式，須經由公證人作成公證書始為成立，且於本人受監護宣告時，始發生效力。

　　4. 法院為監護宣告時，於本人事前訂有意定監護契約，應以意定監護優先為原則，以本人所定之受任人為監護人。但有事實足認意定監護受任人不利於本人，或有顯不適任之情事，法院得依職權選定監護人，不受意定監護契約之限制。

　　5. 意定監護契約訂立後，當事人於法院為監護宣告前，得隨時撤回。監護宣告後，本人有正當理由，得聲請法院許可終止之；受任人有正當理由，得聲請法院許可辭任其職務。

　　6. 法院為監護宣告後，監護人共同執行職務時，監護人全體或監護人數人分別執行職務時，執行同一職務之監護人全體有《民法》第 1106 條第 1 項或第 1106 條之 1 第 1 項之情形者，法院得另行選定或改定監護人。另監護人中之一人或數人有上開條文所定情形，則視情形由其他監護人執行職務；或由法院解任

後，始由其他監護人執行職務。

7. 意定監護人之報酬，倘當事人已約定者，自應依其約定；當事人若未約定，得請求法院酌定之。

8. 前後意定監護契約有相牴觸者，視為本人撤回前意定監護契約。

9. 意定監護契約約定受任人執行監護職務不受第《民法》1101 條第 2 項、第 3 項有關監護人處分財產之限制者，從其約定。

10.其他有關意定監護事項，準用成年人監護之規定。[2]

---

2 《自由時報電子報》/ 2019 年 3 月 20 日。

《民法》550 條條文說明：委任人如果喪失行為能力，之前做的各項委任關係都會失去效力。意定監護解決了這個問題，保障在喪失行為能力之前的委任，當未來失去行為能力時能啟動原來就決定的監護，使其在喪失行為能力之後仍能依照之前的決定執行。

《民法》

第 12 條　滿十八歲為成年。

第 13 條　未滿七歲之未成年人，無行為能力。

　　滿七歲以上之未成年人，有限制行為能力。

第 14 條

1. 對於因精神障礙或其他心智缺陷，致不能為意思表示或受意思表示，或不能辨識其意思表示之效果者，法院得因本人、配偶、四親等內之親屬、最近一年有同居事實之其他親屬、檢察官、主管機關、社會福利機構、輔助

人、意定監護受任人或其他利害關係人之聲請，爲監護之宣告。

2. 受監護之原因消滅時，法院應依前項聲請權人之聲請，撤銷其宣告。

3. 法院對於監護之聲請，認爲未達第一項之程度者，得依第十五條之一第一項規定，爲輔助之宣告。

4. 受監護之原因消滅，而仍有輔助之必要者，法院得依第十五條之一第一項規定，變更爲輔助之宣告。

第 15 條

受監護宣告之人，無行爲能力。

第 15-1 條

對於因精神障礙或其他心智缺陷，致其爲意思表示或受意思表示，或辨識其意思表示效果之能力，顯有不足者，法院得因本人、配偶、四親等內之親屬、最近一年有同居事實之其他親屬、檢察官、主管機關或社會福利機構之聲請，爲輔助之宣告。

受輔助之原因消滅時，法院應依前項聲請權人之聲請，撤銷其宣告。

受輔助宣告之人有受監護之必要者，法院得依第十四條第一項規定，變更爲監護之宣告。

第 15-2 條

受輔助宣告之人爲下列行爲時，應經輔助人同意。但純

獲法律上利益，或依其年齡及身分、日常生活所必需者，不在此限：

一、爲獨資、合夥營業或爲法人之負責人。

二、爲消費借貸、消費寄託、保證、贈與或信託。

三、爲訴訟行爲。

四、爲和解、調解、調處或簽訂仲裁契約。

五、爲不動產、船舶、航空器、汽車或其他重要財產之處分、設定負擔、買賣、租賃或借貸。

六、爲遺產分割、遺贈、拋棄繼承權或其他相關權利。

七、法院依前條聲請權人或輔助人之聲請，所指定之其他行爲。

第七十八條至第八十三條規定，於未依前項規定得輔助人同意之情形，準用之。

第八十五條規定，於輔助人同意受輔助宣告之人爲第一項第一款行爲時，準用之。

第一項所列應經同意之行爲，無損害受輔助宣告之人利益之虞，而輔助人仍不爲同意時，受輔助宣告之人得逕行聲請法院許可後爲之。

第78條

限制行爲能力人未得法定代理人之允許，所爲之單獨行爲，無效。

第 79 條

　　限制行爲能力人未得法定代理人之允許，所訂立之契約，須經法定代理人之承認，始生效力。

第 80 條

　　前條契約相對人，得定一個月以上之期限，催告法定代理人，確答是否承認。

　　於前項期限內，法定代理人不爲確答者，視爲拒絕承認。

第 81 條

　　限制行爲能力人於限制原因消滅後，承認其所訂立之契約者，其承認與法定代理人之承認，有同一效力。
前條規定，於前項情形準用之。

第 82 條

　　限制行爲能力人所訂立之契約，未經承認前，相對人得撤回之。但訂立契約時，知其未得有允許者，不在此限。

第 83 條

　　限制行爲能力人用詐術使人信其爲有行爲能力人或已得法定代理人之允許者，其法律行爲爲有效。

第 84 條

　　法定代理人允許限制行爲能力人處分之財產，限制行爲能力人，就該財產有處分之能力。

第 85 條

　　法定代理人允許限制行為能力人獨立營業者，限制行為
能力人，關於其營業，有行為能力。

　　限制行為能力人，就其營業有不勝任之情形時，法定代
理人得將其允許撤銷或限制之。但不得對抗善意第三人。

第 1113-2 條

　　稱意定監護者，謂本人與受任人約定，於本人受監護宣
告時，受任人允為擔任監護人之契約。

　　前項受任人得為一人或數人；其為數人者，除約定為分
別執行職務外，應共同執行職務。

第 1113-3 條

　　意定監護契約之訂立或變更，應由公證人作成公證書始
為成立。公證人作成公證書後七日內，以書面通知本人住所
地之法院。

　　前項公證，應有本人及受任人在場，向公證人表明其合
意，始得為之。

　　意定監護契約於本人受監護宣告時，發生效力。

第 1113-4 條

　　法院為監護之宣告時，受監護宣告之人已訂有意定監護
契約者，應以意定監護契約所定之受任人為監護人，同時指
定會同開具財產清冊之人。其意定監護契約已載明會同開具
財產清冊之人者，法院應依契約所定者指定之，但意定監護

契約未載明會同開具財產清冊之人或所載明之人顯不利本人
利益者，法院得依職權指定之。

　　法院爲前項監護之宣告時，有事實足認意定監護受任人
不利於本人或有顯不適任之情事者，法院得依職權就第一千
一百十一條第一項所列之人選定爲監護人。

第 1113-5 條

　　法院爲監護之宣告前，意定監護契約之本人或受任人得
隨時撤回之。

　　意定監護契約之撤回，應以書面先向他方爲之，並由公
證人作成公證書後，始生撤回之效力。公證人作成公證書後
七日內，以書面通知本人住所地之法院。契約經一部撤回
者，視爲全部撤回。

　　法院爲監護之宣告後，本人有正當理由者，得聲請法院
許可終止意定監護契約。受任人有正當理由者，得聲請法院
許可辭任其職務。

　　法院依前項許可終止意定監護契約時，應依職權就第一
千一百十一條第一項所列之人選定爲監護人。

第 1113-6 條

　　法院爲監護之宣告後，監護人共同執行職務時，監護人
全體有第一千一百零六條第一項或第一千一百零六條之一第
一項之情形者，法院得依第十四條第一項所定聲請權人之聲
請或依職權，就第一千一百十一條第一項所列之人另行選定

或改定爲監護人。

　　法院爲監護之宣告後，意定監護契約約定監護人數人分別執行職務時，執行同一職務之監護人全體有第一千一百零六條第一項或第一千一百零六條之一第一項之情形者，法院得依前項規定另行選定或改定全體監護人。但執行其他職務之監護人無不適任之情形者，法院應優先選定或改定其爲監護人。

　　法院爲監護之宣告後，前二項所定執行職務之監護人中之一人或數人有第一千一百零六條第一項之情形者，由其他監護人執行職務。

　　法院爲監護之宣告後，第一項及第二項所定執行職務之監護人中之一人或數人有第一千一百零六條之一第一項之情形者，法院得依第十四條第一項所定聲請權人之聲請或依職權解任之，由其他監護人執行職務。

第 1113-7 條

　　意定監護契約已約定報酬或約定不給付報酬者，從其約定；未約定者，監護人得請求法院按其勞力及受監護人之資力酌定之。

第 1113-8 條

　　前後意定監護契約有相牴觸者，視爲本人撤回前意定監護契約。

第 1113-9 條

　　意定監護契約約定受任人執行監護職務不受第一千一百零一條第二項、第三項規定限制者，從其約定。

《家事事件法》

第 164 條

　　下列監護宣告事件，專屬應受監護宣告之人或受監護宣告之人住所地或居所地法院管轄；無住所或居所者，得由法院認為適當之所在地法院管轄：

一、關於聲請監護宣告事件。

二、關於指定、撤銷或變更監護人執行職務範圍事件。

三、關於另行選定或改定監護人事件。

四、關於監護人報告或陳報事件。

五、關於監護人辭任事件。

六、關於酌定監護人行使權利事件。

七、關於酌定監護人報酬事件。

八、關於為受監護宣告之人選任特別代理人事件。

九、關於許可監護人行為事件。

十、關於監護所生損害賠償事件。

十一、關於聲請撤銷監護宣告事件。

十二、關於變更輔助宣告為監護宣告事件。

十三、關於許可終止意定監護契約事件。

十四、關於解任意定監護人事件。

十五、關於其他監護宣告事件。

前項事件有理由時，程序費用由受監護宣告之人負擔。除前項情形外，其費用由聲請人負擔。

第 165 條

於聲請監護宣告事件、撤銷監護宣告事件、另行選定或改定監護人事件、許可終止意定監護契約事件及解任意定監護人事件，應受監護宣告之人及受監護宣告之人有程序能力。如其無意思能力者，法院應依職權為其選任程序監理人。但有事實足認無選任之必要者，不在此限。

結語

　　在律師生涯當中經常會有人問：「你是專精什麼的啊？」「你們都是辦哪方面的啊？」「你們是不是像醫生那樣有分什麼科？什麼科的？」我好像經常有不同的答案，因為這也是我午夜夢迴時，常問自己的問題，因為我根本不知道下一個案件會是什麼樣的案件。

　　我們在受訓的時候就被教育要做個案研究，後來才知道，律師不能有業務行為，這一切的一切，都是因為這是個古老又保守的行業，一切講究的是井水不犯河水，所以以前還有限制登錄制度，也就是你只能選擇四個法院，選定後你就不能到第五個法院執行工作，甚至不能有商業行為，也不知律師都是怎麼去定義這些事。所以我常常思索著，我到底專精哪方面？另一方面，台灣的律師基本上是不能做廣告招攬業務的，有一次我的合夥人跟我說「Joseph，你為什麼覺得業務重要？」20 年過去了，到現在我還沒想到要怎麼回答他的這個問題。

我認識一位大姐，她看起來就是那種很像在菜市場買菜，還會跟攤商多要一些蔥薑的傳統婦女，她看起來非常平凡、低調，但是當你了解她的來歷後，你可能會嘖嘖稱奇，我們看到的大陸台商，通常都是把妻兒留在台灣，先生一個人去大陸打拼，而她卻是把丈夫跟兒女留在台灣自己去大陸打拼。北一女畢業，成大畢業，從大陸下單生產產品，然後外銷到美國，所有的客戶都是猶太人，是她告訴我要注意傳承這個領域，有一天我在一本《The Millionaire Next Door》這本書看到相同的建議，從那時候我就開始注意傳承這個議題。

在某個睡不著的夜晚，腦海中不斷浮現「富不過三代？」這樣的念頭，於是我很好奇地也想知道，對呀，「為什麼富不過三代」？我開啟電腦，隨著電腦螢幕一則一則的訊息，直到出現「家族憲法」這四個字，忽然讓我停止滑鼠的滑動。第二天上班的時候，我一進辦公室馬上請助理幫我上網買幾本「家族憲法」的書來看，沒想到助理回答我：台灣沒有這個書，但是大陸有。

我二話不說就把助理給我的書名，微信到大陸給我的姪子山僧，請他幫我買，事實上這位姪子還比我大 5 歲，他是我一位堂哥的兒子，由於我們小時候都還住在濱江街的四合院，所以感情非常好，同時他也是我們去大陸投資的合夥人。

幾個星期後，終於收到我訂的十幾本與家族憲法、財富傳承的書，感嘆大陸在這方面已經發展得比台灣更快，研究了一陣

子，再從 Amazon 買了幾本外國原文的《Family Constitution》，我自己就很大膽的立下願望，也要寫一本家族憲法，這是二年前的事了。

在寫這本書的時候，實際上我一直是在心力交瘁的狀態下，我的工作壓力大到一天要上 20 幾次廁所，在短短半年之內至少瘦了 10 公斤，因為有一件金額很大的跨國案件，案件在法院一年多，好像要被以無國際審判權駁回，我只能趕緊跟法院溝通，即使是無可救藥的樂觀主義者，對這些突發狀況也讓我很難招架。但隨著書的內容一步一步完成時，精神上的富足卻是越來越豐盛，說也奇怪，就在最後要進入尾聲時，特地又加入了矢作直樹及艾妮塔分別與其天上的媽媽及爸爸見面的情節。

在 2022 年 1 月 26 日這天，有一個生活上困擾我個人很久的問題，在這天獲得解決，忽然驚覺這天是我母親回到天上的那一天，我深深發覺原來我的媽媽也一直在天上守護著我，根本未曾離開過我們，就跟矢作直樹與艾妮塔的情形一樣。

我是個非常愛學習的人，很幸運能在蘭陽過著「中歲頗好道，晚家南山陲」的日子，周末假日，晴耕雨讀，天氣晴朗時就會騎著單車到濱海公路逛一圈。有一次還騎到蘇澳，身上帶著 2000 元，心想，如果騎不回來就叫計程車吧，後來有順利騎完，那次總共騎了超過 50 公里，但不論是走路或是騎車我都會聽上一段學習的視頻。現在的人真的太幸福了，竟然可以在晴天、雨天、室內、室外無時不刻閱讀，下雨天更不用講了，古今

中外下雨天都是讀書天。在本書即將要完成的這段日子，看到一則「要快樂就不要當律師」的文章，以及 Tim Ferriss 講了一個，律師放棄律師的工作，跑到巴拿馬去開衝浪店的故事。打了這麼多年的官司，不管勝敗都有不同的心情，最終發現不戰而屈人之兵才是兵法的上乘之道，而這個領悟似乎在傳承這裡找到答案。加上之前已看過的「猶太人教孩子一生當中要有二個工作」，一個是賺錢的工作，一個是興趣的工作，這幾個訊息讓我醍醐灌頂，大徹大悟。

在傳承這塊，我自己以身作則，將自己所知道的野人獻曝出來，接下來我要分更多的時間製作我自己的興趣與專長（不是工作上的，而是生活上的）跟大家分享，

所以我在本書付梓之際，要感謝芝芝，靜萍，雨欣及淑芳，這一年多來大家都辛苦了。

還有，最重要的是要把本書送給我天上的父親，母親，我完全可以感受到您們純粹的愛，守護與關懷。

接下來我要花一些時間在我的興趣上，開始著手西洋歌曲故事的介紹影片拍攝，這個內容與腳本已經從 2022 年 1 月 25 日開始進行，我第一首要介紹就是《Every Breath You Take》衍生而來的《I'll Be Missing You》，「To every one, that has lost someone that they truly loved」，獻給那些失去深愛之人的人們。

I know you're still living your live. 我知道你仍活在另一個世界。

Know you in heaven smiling down. 知道你在天堂對我們微笑。

　　我要告訴各位讀者，生命確實會以另外一種方式繼續，你可以放下思念，好好地活下去，然後把一生所學所得，做好規劃傳承給下一代，完成人生學習之旅。

參考書目

第一章	《戰勝黑天鵝》/ 2020 年 7 月 / 李建興，羅立群，鄧小燕 / 新陸書局股份有限公司
第一章	《大債時代：第一本看懂全球債務危機的書》（Whoops！：Why Everyone Owes Everyone and No One Can Pay）/ 2011 年 7 月 / 約翰・蘭徹斯特 John Lanchaster / 譯者：林茂昌 / 早安財經文化有限公司
第一章	《新譯顏氏家訓》/ 1993 年 8 月 / 李振興，黃沛榮，賴明德 / 三民書局股份有限公司
第一章	《這一生要做有錢人：賺錢是一種人人可學的技巧》（How to Get Rich：One of the World's Greatest Entrepreneurs Shares His Secrets）/ 2010 年 2 月 / 費利克斯・丹尼斯 Felix Dennis / 譯者：王永年 / 久石文化事業有限公司
第一章	《論語與算盤：改變近代日本命運的商業聖經》/ 2019 年 6 月 / 澀澤榮一 / 譯者：陳心慧 / 遠足文化事業股份有限公司
第一章	《對話私人財富管理：財富家族保護、管理與傳承的 21 篇實戰案例》/ 2018 年 4 月 / 謝玲麗，張鈞，張曉初，高梓怡，曹章瑩 / 廣東人民出版社
第一章	《百年企業的不老精神》/ 2010 年 4 月 / 張中孚 / 知青頻道出版有限公司
第一章	《好樣的！猶太商人》/ 2009 年 12 月 / 石向前 / 紅螞蟻圖書有限公司
第一章	《生死・享樂・自由》/ 1988 年 5 月 / 趙有聲，劉明華，張立偉 / 雲龍出版社
第一章	《塔木德：猶太人的致富寶典》/ 2020 年 8 月 / 趙凡禹 / 海鴿文化出版圖書有限公司

第一章	《這一生，你為何而來？》（The Highest Goal：The Secret That Sustains You in Every Moment）/ 2002 年 8 月 / 麥可・雷伊 Michael Ray / 譯者：李振昌 / 天下遠見出版股份有限公司
第一章	《發明未來的鋼鐵人──伊隆・馬斯克傳》/ 2014 年 8 月 / 竹內一正 / 譯者：連宜萍 / 時報文化出版企業股份有限公司
第二章	《中國親屬法》/ 1978 年 10 月 / 戴炎輝 / 台大法學院事務組
第二章	《民法親屬繼承實例問題分析》/ 2003 年 9 月 / 林秀雄 / 五南圖書出版股份有限公司
第二章	《民法繼承論》/ 1976 年 1 月 / 辛學祥 / 文武有限公司
第二章	《民法系列遺囑》/ 2006 年 5 月 / 王國治 / 三民書局股份有限公司
第二章	《中國法律通論（上）、（下）》/ 2009 年 10 月 / 王泰銓 / 新學林出版股份有限公司
第二章	《民法親屬論》/ 1977 年 6 月 / 辛學祥 / 維邦印刷有限公司
第二章	《繼承法實例解說（一）》/ 1997 年 7 月 / 戴東雄 / 三文印書館有限公司
第二章	《複利效益》（The Compound Effect）/ 2019 年 3 月 / 戴倫・哈迪 / 譯者：李芳齡 / 星出版
第二章	《死過一次才學會愛》（Dying To Be Me）/ 2021 年 8 月 / 艾妮塔・穆札尼（Anita Moorjani）/ 譯者：隋芃 / 大雁出版基地
第二章	《人，不會死：知道有靈魂的存在，你會活得不一樣嗎？》/ 2015 年 11 月 / 矢作直樹 / 譯者：桑田德 / 地平線文化漫遊者文化事業
第二章	《前世今生──16 堂生死啓蒙課》（Many Lives, ManyMasters）/ 2008 年 11 月 / 布萊恩・魏斯（Brian L. Weiss）/ 譯者：譚智華 / 江蘇人民出版社
第二章	《民法例題演練（上）》/ 1997 年 11 月 / 李淑明 / 保成出版事業有限公司

第三章	《諸子百家現代版》卷 1 卷 2 / 2002 年 11 月 / 鄧乾德，王飛，沈小惠，李景焉，李祥林，陳紹乾，曾亞蘭，劉洪仁，劉新生 / 薪傳出版社
第三章	〈希望之聲〉/ 2018 年 4 月 / 編輯：李靜柔，記者：慧明
第三章	中時新聞網 / 2017 年 5 月 5 日 / 黃以謙
第三章	〈貝聿銘家族〉/ 2019 年 5 月 / 小蜻蜓出版社
第三章	〈102 歲貝聿銘去世：中國唯一富過 15 代的家族家訓只有 30 個字〉/ 2019 年 5 月 / 哲理勵志美文
第三章	〈讀書的好處〉/ 2020 年 3 月 / IPIB BLOG 電子報
第三章	《科學證實你想的會成真》（Mind to Matter：The Astonishing Science of How Your Brain Creates Material Reality）/ 2021 年 2 月 / Dawson Church / 譯者：林瑞堂 / 三朵文化股份有限公司
第三章	《心靈能量：藏在身體裡的大智慧》（Power VS・Force：The Hidden Determinants of Human Behavior）/ 2019 年 11 月 / David R. Hawkins, M. D., Ph. D. / 譯者：蔡孟璇 / 方智出版股份有限公司
第三章	《萬能金鑰》（The Master Key System）/ 2021 年 1 月 / Charles F. Haanel / 譯者：周玉文 / 野人文化股份有限公司
第三章	《萬能金鑰》（The Master Key System）2019 年 10 月 / Charles F. Haanel / 譯者：李津 / 華志文化事業有限公司
第三章	《斯多葛生活哲學 55 個練習：古希臘智慧，教你自信與情緒復原力》（The Little Book of Stoicism：Timeless Wisdom to Gain Resilience, Confidence, and Calmness）/ 2020 年 11 月 / Jonas Salzgeber / 譯者：王瑞徽 / 時報文化出版企業股份有限公司
第三章	《活法》/ 2019 年 11 月 / 稻盛和夫 / 譯者：曹岫云 / 東方出版社
第三章	《心法》/ 2019 年 4 月 / 稻盛和夫 / 譯者：曹岫云 / 東方出版社

第三章	《諸子百家》/ 2002 年 11 月 / 鄧乾德 / 薪傳出版社
第三章	《全球風雲企業家傳奇》/ 1999 年 10 月 / 唐彥生 / 薪傳出版社
第三章	《心靈瑜珈》/ 2009 年 / Veda Bharati / 譯者：石宏 / 台灣明名文化傳播有限公司
第三章	《關於左巴佛陀》/ 2020 年 10 月 / 龍龍 / 探路客
第三章	《古典音樂對健康功效獨特》/ 2021 年 11 月 / 辛菲 / 新紀元週刊
第三章	《杜鵑不啼則待其啼》/ 2016 年 4 月 / 雪球 / 每日頭條
第三章	《實習神明手冊》（How to Develop Your ESP Power）/ 2018 年 1 月 / Jane Roberts / 譯者：王季慶 / 賽斯文化事業有限公司
第三章	〈范仲淹就是一個傳奇〉/ 2018 年 5 月 / 求研閱
第三章	《范仲淹家風：800 年興盛不衰的秘密》/ 2019 年 11 月 / 孫鍵 / 心和塾
第三章	《死過一次才學會愛自己》（What if this is heaven？原來，此生即是天堂）/ 2017 年 9 月 / 艾妮塔・穆札尼（Anita Moorjani）譯者：祁怡瑋 / 橡實文化
第三章	《當和尚遇到鑽石》/ 2001 年 10 月 / 麥可・羅區格西 / 譯者：項慧齡，吳茵茵 / 橡樹林文化・城邦文化事業股份有限公司
第三章	《早期課 1》（The Early Sessions Book 1）/ 2013 年 2 月 / Jane Roberts / 賽斯文化事業有限公司
第三章	《巴菲特寫給股東的信》（The Essays of Warren Buffett：Lessons for Corporate America —— Fourth Edition）/ 2017 年 9 月 / 華倫・巴菲特（Warren Buffett）/ 時報文化出版公司
第三章	《高爾夫54：每一桿都要有意義》（Every Shot Must Have a Purpose）/ 2008年10月 / 琵雅・妮爾森（Pia Nilsson），琳・瑪利歐特（Lynn Marriott），隆・西拉克（Ron Sirak）/ 譯者：王麗珠，林滄陳 / 聯經出版事業股份有限公司
第三章	《傳承中的創新——南僑 50 年以小搏大的致勝傳奇》/ 2002 年 5 月 / 洪榮昭，周翠如 / 時報文化出版企業股份有限公司

第三章	《榮格自傳：回憶・夢・省思》（Memories, Dreams, Reflections）/ 1997 年 8 月 / 卡爾・榮格（C. G. Jung）/ 譯者：劉國彬，楊德友 / 張老師文化事業股份有限公司
第三章	《尼采的思想》/ 1986 年 5 月 / 工藤綏夫 / 譯者：李永熾 / 水牛文化事業有限公司
第三章	《論語與算盤：改變近代日本命運的商業聖經》/ 2019 年 6 月 / 澀澤榮一 / 譯者：陳心慧 / 遠足文化事業股份有限公司
第三章	《死前會後悔的 25 件事》/ 2010 年 7 月 / 大津秀一 / 譯者：詹慕如 / 天下遠見出版有限公司
第三章	《心態致勝──全新成功心理學》/ 2017 年 3 月 / 卡蘿・杜維克（Carol S・Dweck）/ 譯者：李芳齡 / 天下遠見出版有限公司
第三章	《心靈能量──藏在身體裡的大智慧》（Power VS・Force：The Hidden Determinants of Human Behavior）/ 2012 年 7 月 / 大衛・霍金斯博士（David R. Hawkins, M. D., Ph. D.）/ 譯者：蔡孟璇 / 方智出版社股份有限公司
第三章	《賽斯速成》（100 The Expressway to Seth Teachings）/ 2016 年 12 月 / 王怡仁 / 賽斯文化事業有限公司
第三章	《人生勝利聖經：向 100 位世界強者學習健康、財富和人生智慧》（TOOLS OF TITANS）/ 2018 年 12 月 / 提摩西・費里斯（Timothy Ferriss）/ 譯者：林力敏 / 三采文化股份有限公司
第三章	《一週工作 4 小時：擺脫朝九晚五的窮忙生活，晉身「新富族」！》（The 4──Hour Workweek：Escape 9──5, Live Anywhere, and Join the New Rich）/ 2014 年 1 月 / 提摩西・費里斯（Timothy Ferriss）/ 譯者：蔣宜臻 / 平安文化有限公司
第三章	《川普策略：給房產投資人的建議》（Trump Strategies for Real Estate：Billionaire Lessons for the Small Investor）/ 2006 年 6 月 / 喬治・羅斯，安德魯・麥克連 / 高寶書版集團
第三章	《天生富有──在豐裕的收成中享受生活》/ 2012 年 12 月 / 王怡仁 / 賽斯文化事業有限公司

第三章	《心能源——信念的神奇創造力》/ 2016 年 6 月 / 許添盛 / 賽斯文化事業有限公司
第三章	《成大事者不糾結》/ 2015 年 11 月 / 羅振宇 / 遠見天下文化出版股份有限公司
第三章	《有錢人想的和你不一樣》（Secrets of the Millionaire Mind）/ 2005 年 12 月 / T‧Harv Eker / 譯者：陳佳伶 / 大塊文化出版股份有限公司
第三章	《老子》/ 2008 年 3 月 / 總策劃季旭昇教授，作者文心工作室（呂婉甄、吳雅萍、林翠呀、翁淑玲、曾家麒、黃淑貞、劉彥彬、魏旭妍）/ 商周出版 / 城邦文化事業股份有限公司
第三章	《美學原理》（AestheticPrinciple）/ 2014 年 4 月 / 葉郎 / 信實文化行銷有限公司
第三章	《基本六法》/ 2009 年 2 月 / 三民書局編輯委員會 / 三民書局股份有限公司
第三章	《強制執行法》/ 1990 年 6 月 / 張登科 / 三民書局有限公司
第三章	《富爸爸窮爸爸》/ 2016 年 7 月 / Robert T. Kiyosaki / 譯者：MTS 翻譯團隊 / 英屬維京群島商高寶國際有限公司台灣分公司
第三章	《傳承中的創新》/ 2002 年 5 月 / 洪榮昭，周翠如 / 時報文化出版企業股份有限公司
第三章	《傳承的力量：解碼中國化企業文化管理》/ 2013 年 1 月 / 段俊平 / 中國發展出版社
第三章	《傳承道》/ 2020 年 2 月 / 胡瑞志 / 布克文化出版事業部
第三章	〈資誠聯合會計師事務所——2020 台灣家族企業傳承白皮書〉/ 資誠聯合會計師事務所
第三章	《圖解心理學》/ 2014 年 2 月 / 編者：王美緒 / 華威國際事業有限公司
第三章	《與神對話》/ 1999 年 5 月 / Neale Donald Walsch / 方智出版社股份有限公司

第三章	《顏氏家訓》/ 2020 年 3 月 / 言之推 / 新譯：李振興，黃沛榮，賴明德 / 三民書局股份有限公司
第三章	《繼承法實例解說（一）》/ 1991 年 7 月 / 戴東雄 / 三文印書館有限公司
第四章	《現代信託法論》/ 2001 年 9 月 / 賴源河，王志誠 / 五南圖書出版股份有限公司
第四章	《家族信託》/ 2015 年 12 月 / 謝麗玲，張鈞，李海銘 / 廣東人民出版社
第四章	《保險節稅規劃》/ 2007 年 4 月四版 / 林隆昌會計師 / 永然文化出版股份有限公司
第四章	《信託 ‧ 保險 ‧ 節稅規劃》/ 2002 年 7 月 / 林隆昌會計師 / 永然文化出版股份有限公司
第四章	《對話家族信託：財富家族訂制信託的 21 篇實戰案例》/ 2017 年 9 月 / 張鈞，謝玲麗，李海銘 / 廣東人民出版社
第四章	《知識分類》/ 中聯不動產估價師事務所網站
第四章	《家族信託：全球視野下的構建與運用》/ 2015 年 12 月 / 謝玲麗，張鈞，李海銘 / 廣東人民出版社
第四章	《現代信託法論》/ 1996 年 2 月 / 賴源河，王志誠 / 五南圖書出版有限公司
第四章	《榮格自傳》/ 1997 年 8 月 / 卡爾 ‧ 榮格 / 張老師文化事業股份有限公司
第五章	《保險法體系》/ 1999 年 12 月 / 葉銘進 / 保成出版事業有限公司
第五章	《保險法基本理論》/ 1995 年 9 月 / 江朝國 / 瑞興圖書公司
第五章	《保險法》/ 1987 年 9 月 / 桂裕 / 三民書局
第五章	《保險法論》/ 1992 年 9 月 / 鄭玉波 / 劉春堂修訂 / 三民書局
第五章	《保險法論》/ 2002 年 10 月 / 林群弼 / 三民書局
第五章	《保險法》/ 1999 年 12 月 / 葉銘進 / 保成出版事業有限公司

第五章	《保險法基礎論》/ 1995 年 9 月 / 江朝國 / 瑞興圖書公司
第五章	財政部高雄國稅局，109‧7‧24 發布「實質課稅原則核課遺產稅案例及其參考特徵」，財政部 102 年 1 月 18 日發布台財稅字第 10200501712 號函揭示
第六章	〈理財翻轉學院，家族辦公室的古往今來〉/ 2019 年 07 月 12 日
第六章	《家族辦公室——家族（企業）保護、管理與傳承》2013 年 11 月 / 謝玲麗，張鈞，廖丹，孫琳玲 / 廣東人民出版社
第八章	《憲法之理論與實務》/ 2003 年 8 月 / 許劍英 / 今古文化股份有限公司
第八章	《家族憲法——保護與延續家族與企業的契約》/ 2016 年 7 月 / Daniela MontemerloJohn L. Ward / 譯者：賴逸凡 / 張東蘭 / 北京電子工業出版社
第八章	《現代憲法論》/ 1999 年 9 月 / 許志雄，蔡茂寅，蔡宗珍，陳銘祥，周志宏 / 元照出版公司
第八章	《帝國的黃昏》/ 2011 年 8 月 / 聶作平 / 靈活文化事業有限公司
第八章	《The Family Constitution：Agreements to Secure and Perpetuate Your Family and Your Business》/ 2011 年 1 月 / Palgrave Macmillan
第八章	〈迪卡儂就是他家的！全球最神祕的家族企業〉/ 2020 年 2 月 / 林妍伶 / 風傳媒
第八章	《KPMG 家族辦公室季刊》/ 2019 年 / AUTUMN，林妍伶 / KPMG
第八章	〈李錦記堅持永遠創業〉/ 2018 年 8 月 / 薛偉傑 / 明報
第八章	《中國憲法與政府》/ 1998 年 3 月 / 董翔飛 / 三民書局股份有限公司
第八章	《中華民國憲法精編》/ 徐喬 / 保成出版事業有限公司
第八章	《 Family Constitution and Family By——Laws》/ 2017 年 / Morgan stanley smith Barney LLC, Member sipc

第八章	李錦記官方網站 / 李錦記 Facebook 專頁
第八章	《門口的野蠻人 —— 歷史上最經典的公司併購爭奪戰》（Barbarians at the Gate：The Fall of RJR Nabisco）/ 2007 年 6 月 / 布萊恩・伯瑞（Bryan Burrough），約翰・赫萊爾（John Helyar）/ 左岸文化
第八章	《公司法論》/ 1984 年 4 月 / 柯芳枝 / 三民書局股份有限公司
第八章	《公司法論》/ 2006 年 8 月 / 王文宇 / 元照出版公司
第八章	《公司經營與股東權益》/ 2002 年 8 月 / 陳峰富 / 永然文化出版股份有限公司
第八章	《門口的野蠻人》/ 2007 年 6 月 / Bryan Burrough, John Helyar / 遠足文化事業有限公司
第八章	《原來有錢人都這麼做：效法有錢人的理財術，學習富人的致富之道》（The Millionaire Next Door）/ 湯瑪斯・史丹（Thomas J. Stanley.），威廉・丹柯（William D. Danko）/ 譯者：凌瑋 / 久石文化事業有限公司
第八章	《孫子兵法與人生》/ 1989 年 8 月 / 編者徐如林 / 漢欣文化事業有限公司
第八章	《家族企業戰略轉型》/ 2016 年 7 月 / Craig E. Aronoff、John L. Ward / 譯者：張曉初、李海銘 / 電子工業出版社
第八章	《家族憲法——保護與延續家族與企業的契約》/ 2016 年 7 月 / Daniela Montemerlo John L. Ward / 譯者：賴逸凡，張東蘭 / 北京電子工業出版社
第八章	《家族辦公室——家族（企業）保護、管理與傳承》/ 2013 年 11 月 / 謝玲麗，張鈞，廖丹，孫琳玲 / 廣東人民出版社
第八章	《現代憲法論》/ 1999 年 9 月 / 許志雄，蔡茂寅，蔡宗珍，陳銘祥，周志宏 / 元照出版公司
第八章	《證券交易法論》/ 1996 年 10 月 / 吳光明 / 三民書局股份有限公司

文化思潮 207

江山不能留與後人愁：財富傳承與家族憲法

作　　者—陳明正
圖表提供—陳明正
責任編輯—陳萱宇
主　　編—謝翠鈺
行銷企劃—陳玟利
封面設計—陳文德
美術編輯—菩薩蠻數位文化有限公司

董 事 長—趙政岷
出 版 者—時報文化出版企業股份有限公司
　　　　　一〇八〇一九台北市和平西路三段二四〇號七樓
　　　　　發行專線　（〇二）二三〇六六八四二
　　　　　讀者服務專線　〇八〇〇二三一七〇五
　　　　　　　　　　　　（〇二）二三〇四七一〇三
　　　　　讀者服務傳真　（〇二）二三〇四六八五八
　　　　　郵撥　一九三四四七二四時報文化出版公司
　　　　　信箱　一〇八九九　台北華江橋郵局第九九信箱
時報悅讀網—http://www.readingtimes.com.tw
法律顧問—理律法律事務所 陳長文律師、李念祖律師
印　　刷—勁達印刷有限公司
初版一刷—二〇二二年八月十二日
定　　價—新台幣四八〇元
缺頁或破損的書，請寄回更換

時報文化出版公司成立於一九七五年，
並於一九九九年股票上櫃公開發行，於二〇〇八年脫離中時集團非屬旺中，
以「尊重智慧與創意的文化事業」為信念。

　江山不能留與後人愁:財富傳承與家族憲法/陳明正著. --
初版. -- 台北市：時報文化出版企業股份有限公司,
2022.08
　面；　公分. -- (文化思潮；207)
　ISBN 978-626-335-637-5(平裝)

1.CST: 財產繼承 2.CST: 法規

584.5　　　　　　　　　　　　　　111009526

ISBN 978-626-335-637-5
Printed in Taiwan